Christina Bylow
Kristina Vaillant

Die verratene Generation

Was wir den Frauen in der
Lebensmitte zumuten

Besuchen Sie uns im Internet:
www.pattloch.de

Inhalt

Warum wir dieses Buch geschrieben haben

Wer heute von Geschlechtergerechtigkeit, von Frauen-Emanzipation und der Gleichbehandlung von Männern und Frauen spricht, gilt als hoffnungslos rückständig. Nur verbitterte Altachtundsechzigerinnen können noch so reden, wo doch alles erreicht ist und nun sogar die Jungen und jungen Männer im Nachteil gegenüber den Alphamädchen und ehrgeizigen jungen Frauen sind.

Diese Behauptung wird seit Jahren in den Medien und in Büchern verbreitet und inzwischen auch von jungen Frauen geglaubt. Frauen, heißt es, können heute alles haben, alles erreichen, wenn sie nur wollen. Wenn sie es nicht erreichen, wollten sie es selbst nicht oder waren einfach nicht genügend qualifiziert. Denn schließlich hätten sie die »Wahlfreiheit«.

Doch wie passen dazu die erschreckenden Ergebnisse der ersten wissenschaftlichen Studie, die sich eingehend mit den Renten von Frauen der geburtenstarken Jahrgänge beschäftigt? Das Resultat: Über vierzig Prozent der Frauen, die zwischen 1962 und 1966 in den alten Bundesländern geboren wurden, müssen mit einer gesetzlichen Rente von unter 600 Euro im Monat rechnen. Bei den gleichaltrigen Frauen, die in der DDR geboren wurden und aufwuchsen, sind es nur 20 Prozent. Sie waren fast immer berufstätig, die Kinder betreut.

Von beiden, den Ost- und den Westfrauen der Babyboomer-Generation, könnten die jungen Frauen und Männer in Deutschland viel lernen. Denn mit der Wahrheit über die Renten ist die Gleichberechtigungs-Lüge, der die westdeutschen Frauen dieser Generation aufgesessen sind, endgültig aufgedeckt. Damit ist der Verrat an ihnen in Zahlen festgeschrieben.

Wirklich zum Zug gekommen sind die Frauen der geburtenstarken Jahrgänge nicht. Selbst die gut ausgebildeten gelangten nicht immer in gut bezahlte, anspruchsvolle Positionen, vor allem dann nicht, wenn sie Kinder bekommen haben. »Vater Staat« hat seine Töchter, vor allem die wissbegierigen unter ihnen, mit einer äußerst rückständigen Familienpolitik im Stich gelassen und damit selbst dafür gesorgt, dass ein großer Teil gebildeter Frauen kinderlos blieb. Er hat es sich geleistet, auf ein riesiges Potenzial zu verzichten. Jetzt macht er das Maß voll: Gerade diese Generation ist nun von Gesetzesreformen wie dem neuen Unterhaltsrecht und der Rentenreform betroffen. Dabei hat der Staat die Eigenverantwortung, die nun proklamiert wird und im Sinn der Gleichberechtigung auch konsequent ist, vorher ausgehebelt, wo es nur ging. Die Doppelzüngigkeit ist geblieben: Der Staat lockt Frauen weiterhin mit dem Ehegattensplitting und dem Betreuungsgeld in die Versorger- und Hinzuverdiener-Ehe. Die Gesetzesreformen aber bewirken vor allem eines: Sie verschärfen die Kluft zwischen Arm und Reich – unter Frauen sowie zwischen Frauen und Männern. Eines ist inzwischen klar: Nur eine ununterbrochene, ausreichend bezahlte eigene Erwerbstätigkeit schützt vor Altersarmut.

Wir sind viele, aber auf sonderbare Weise unsichtbar. Wir haben uns nicht, wie die zehn bis fünfzehn Jahre Jüngeren, mit Generationenbüchern, sei es »Golf«, »Ally« oder die »F-Klasse«, selbst bespiegelt. Wir waren einfach da und haben uns irgendwie arrangiert. Manche von uns waren, was ihre Vorstellung und Durchsetzung von Autonomie betrifft, halbherzig, viele von uns wider Willen und wider besseres Wissen. Als mit dem ersten Kind klar war, dass uns der Staat im Stich ließ, indem er uns dank mangelnder Kinderbetreuungsmöglichkeiten auf die häuslichen Pflichten zurückwarf, stieg bei vielen erstmals Wut auf. Aber die Lebenslagen von Frauen sind zu unterschiedlich, als dass zwischen ihnen wirklich Solidarität aufkäme. Diejenigen, die Geld hatten, organisierten die Kinderbetreuung privat, andere konnten auf Großmütter, wenige sogar auf Großväter zurückgreifen. Und manche ergab sich bereitwillig in die Rolle als Frau an seiner Seite und nannte sich Familienmanagerin.

Wie es in der endlosen Kohl-Ära üblich war, galt Familie als Privatsache, und in der ebenfalls zu lange währenden Schröder-Fischer-Periode war Familienpolitik dann nur »Gedöns«, wie Alt-Bundeskanzler Schröder blaffte. Viele Frauen haben ihren Beruf trotzdem ausgeübt, haben ihn unterbrochen, sind erneut eingestiegen, ohne je wieder da anschließen zu können, wo sie aufgehört hatten, und viele von ihnen verspüren jetzt eine deutliche Verdrängung am Arbeitsmarkt. Die wenigsten waren einfach Hausfrau und Mutter, viele haben sich aufgerieben zwischen Kind und Beruf – und tun es noch. Und nicht wenigen wird jetzt zusätzlich die Pflege der Eltern angetragen. Ihnen steht eine Dreifachbelastung bevor.

Natürlich trifft die Altersarmut viele Frauen nicht: Lehrerinnen, Richterinnen, Frauen im öffentlichen Dienst und Beamtinnen der mittleren bis hohen Besoldungsstufen. Aber auch den Frauen, die einen gut verdienenden Mann an ihrer Seite haben, geht es, finanziell betrachtet, besser – solange die Ehe hält. Unterstützt wird dies nicht zuletzt durch das Ehegatten-Splitting, das Einkommensunterschiede in der Ehe großzügig ausgleicht, während Alleinerziehende fast wie Singles besteuert werden.

Gerade die Frauen der geburtenstarken Jahrgänge hätten einiges zu sagen über »Geschlechtergerechtigkeit« und über ihre Selbsttäuschungen. Aber sie reden nicht darüber, vor allem nicht diejenigen, die eine Stimme in der Öffentlichkeit haben. Journalistinnen und Regisseurinnen dieser Jahrgänge stellen stattdessen penetrant und mit aufgesetzter

Selbstironie den körperlichen Alterungsprozess in den Mittelpunkt. Für die soziale Realität jenseits der Körper sind sie vermutlich nicht blind, sie tun aber so, weil sich die ernsthafte Betrachtung der Lebenslagen von Frauen offenbar nicht auszahlt.

In Deutschland ist der weitverbreitete Blick auf die Frau um die fünfzig ein diagnostischer, ja klinischer. Biedere Fernsehserien inszenieren das Leben dieser Frauen als großes Hormon-Wetterleuchten und machen Frauen zu Karikaturen. Wer darüber nicht lacht, gilt als verbissen. Aber hat man jemals Männer in der Andropause als lächerliche Figuren dargestellt gesehen? Nein, warum auch, denn der gebildete, gut verdienende Mann um die fünfzig steht im Zenit seines Lebens.

Erst die Brüchigkeit der Lebensläufe arbeitsloser und niedrig qualifizierter Männer hat den Blick auf das Thema Altersarmut gelenkt. Und obwohl Altersarmut Frauen weit häufiger trifft als Männer, wird dies in den Medien nicht ausdrücklich erläutert. Illustriert werden die Berichte über schon existierende oder künftige Altersarmut fast immer anhand von Frauen. Als Beispiel sind Frauen gut genug.

Wir schreiben dieses Buch, weil wir über die Frauen, die so viele sind, anders berichten wollen, als es bisher geschehen ist. Wir werden sie nicht als besondere Exemplare weiblichen Muts und Pioniergeists feiern, die Hindernisse überwinden. Nein: Wir beschreiben die Hürden als das, was sie sind: Zumutungen. Dazu gehören ein Renten- und Steuersystem, das sie zu Anhängseln des Ehemanns macht. Dazu gehören die Betreuungskatastrophe und ihre Folgen in der Zeit, als ihre Kinder aufwuchsen. Dazu gehört, dass es vorwiegend Frauen sind, die in Minijobs abgeschoben werden. Dazu gehört die Diskriminierung von Frauen, die älter als vierzig sind.

Frauen im mittleren Alter, von vorzeitigem Ausschluss aus dem Arbeitsleben und von Altersarmut bedroht, sollten sich auf anderes besinnen als auf ihre angeblich sinkende äußere Attraktivität. Für sie muss es darum gehen, ihre Ressourcen zu bewahren und wieder zu entdecken.

Es wird viel von Geld die Rede sein in diesem Buch. Das ist notwendig. Weil Frauen in Deutschland doppelt so viel unentgeltliche Arbeit leisten wie Männer. Sich mit Zahlen zu beschäftigen mag auf den ersten Blick lästig sein, und jeder weiß, dass sich Statistiken auch manipulieren lassen, um Verhältnisse zu verschleiern. Für uns waren die Zahlen immer wieder Augenöffner, weil sie die Ungerechtigkeit so klar und nüchtern belegen. Aber genauso wichtig ist es uns, die Geschichte dahinter zu erzählen.

Dieses Buch ist in enger Zusammenarbeit entstanden. Unseren Kenntnissen und Interessen entsprechend haben wir die Themenbereiche unter uns aufgeteilt; an den Kapitelanfängen ist jeweils angegeben, wer das betreffende Thema bearbeitet hat.

Christina Bylow und Kristina Vaillant
Berlin, im Oktober 2013

Kapitel I

Ausgebremst – die Frauen der Babyboomer-Generation

Christina Bylow

Der Party-Parcours –
wie wir fünfzig werden

D er fünfzigste Geburtstag ist keine Kleinigkeit. Er lässt sich nicht wegschieben, übergehen, niedermachen. Er schreit nach einer Bilanz. An dieser Stelle könnten Margot Käßmann und Petra Gerster übernehmen, mit tröstlichen, aber auch mahnenden Worten über die Veränderungen »in der Mitte des Lebens«, oder die »Reifeprüfung« der »Frau von fünfzig Jahren«. In ihren Büchern zur Lebensmitte steht viel Kluges über Verluste und Geglücktes, über Erreichtes und Aufgegebenes, über neue Kräfte, das Schwinden der äußeren und das Wachsen der inneren Schönheit. Melancholie nistet zwischen den Zeilen, in seltsamem Widerspruch zu den Cover-Fotos mit lachend gebleckten Zähnen und weit geöffneten Augen, als wolle man das Unausweichliche, das Altern, hypnotisieren und damit auf Abstand halten.

Der fünfzigste Geburtstag trägt vor allem in den Reflexionen der 1958 geborenen Theologin Margot Käßmann das Pathos des Endgültigen in sich, es hat etwas von Rilkes »Herbsttag«: »Wer jetzt kein Haus hat, wird sich keines bauen. Wer jetzt allein ist, wird es lange bleiben.« Endzeitstimmung, die letzte Strecke wird beschworen, fünfzig werden ist hier kein Grund, sich zu feiern, wahrlich nicht. »Wer sich in der Mitte des Lebens befindet, muss sich der Frage nach dem Tod stellen«, schreibt Käßmann.[1] Das erfordert Innerlichkeit, Rückzug. Es erinnert an die Gepflogenheiten der Frauen, die ein paar Jahre vor uns fünfzig wurden. An ihre Fluchten an Sehnsuchtsorte früherer Jahre. Sardinien, Korsika. Lanzarote. Inseln, die etwas Wüstenhaftes haben, erschienen vielleicht besonders tröstlich, wenn man nicht mehr die zu sein glaubte, die man einmal war: die Unbe-kümmerte, Verspielte, Hoffnungsvolle. Die Verführerin, die Begehrte, die Kraftvolle, die Unbesiegbare. Die Trauer über alles angeblich Unwiederbringliche zelebrierte man lieber alleine.

Frauen, die jetzt fünfzig werden, verstecken sich nicht, sie geben eine Party. Wie Eva, wie Annette, wie Sabine, wie Andrea, wie Susanne und Jeanette. In den nächsten Jahren folgen Nicole, Kathrin, Kerstin und Jana, Ülker, Emine, Di-lek, Maria und Marta.

Wir sind viele, aber das ist beileibe nicht unsere hervorste-chendste Eigenschaft. »Nicht, dass sie besonders Bedeuten-des geleistet hätten: Es ist ihre schiere Zahl, die sie auszeich-net«, schreibt der Redakteur Rainer Hank über die Baby-boomer in der »Frankfurter Allgemeinen Sonntagszeitung«.[2] Da hat er bei den Frauen offensichtlich nicht hingesehen. Die Frauen der geburtenstarken Jahrgänge in Deutsch-land – und dazu gehören Ost wie West ebenso wie die Töch-ter aus Einwandererfamilien – waren sehr oft die ersten, die einen guten Schulabschluss hatten, die ersten, die studierten, die ersten in einer Politikredaktion, die ersten Richterinnen, die ersten Musikerinnen in einem Spitzen-Orchester – und mussten dafür nicht ganz Unbedeutendes leisten. Auch die, die keinen neuen Weg gingen, trugen und tragen andere Bürden als ihre Mütter, die sich auf die Sicherheit einer Er-nährerehe verlassen konnten, auch wenn diese aufgekündigt wurde.

Zurück zur Party. Jeanette war unter ihren Freundinnen die Erste, die feierte. Es war der Auftakt einer Serie von Fes-ten, die vieles über die Gastgeberinnen erzählten. Zu Jea-nettes Fünfzigstem reisten sechzig Gäste aus allen Lebens-phasen und Lebensorten an, aber aus ihrer Familie war bis auf ihre halbwüchsige Tochter niemand dabei. Keine Ge-schwister, keine Eltern, von entfernteren Verwandten ganz zu schweigen. Nicht, dass diese nicht eingeladen waren –

ihre Abwesenheit sagte etwas über die losen, wenn nicht gänzlich aufgelösten Familien-Beziehungen der Gastgeberin aus. Ob das etwas mit ihren Pseudo-68er-Eltern zu tun hatte, auf die sie in früheren Zeiten gern hinwies mitsamt dem bei solchem Hintergrund nicht unüblichen Rattenschwanz aus Scheidungen und Zerwürfnissen – darüber konnten die Gäste nur spekulieren. Was sie nicht taten, dafür tranken und tanzten sie zusehends enthemmt. Der DJ legte Oriental-Beat auf, die Gesellschaft hüpfte in eierndem Kreistanz durchs Lokal.

Bei Eva ging es kultivierter zu. Eine stilvolle Bar in einem alten Fabrikareal. Mediterrane Speisen, gute Weine, Champagner zum Anstoßen. Drei Reden. Lustig, warmherzig, liebevoll wie die ihres Ehemanns, der sagte, wie glücklich er mit Eva sei. Immer noch und immer von neuem. Seit zwölf Jahren sind sie ein Paar, nahezu gleich alt, ohne Kinder, etabliert in ihren Berufen. Wie die Mehrzahl der anderen Gäste in ihren hellen Anzügen und Sommerkleidern. Haben sie Kinder, sind es eher Solitäre. Eva dagegen wuchs mit drei Geschwistern in einer großbürgerlichen Familie auf. Im Hintergrund lief eine Dia-Show in Endlosschleife über die Leinwand. Bilder aus fünf Jahrzehnten mit hohem Wiedererkennungswert für alle, die in den sechziger Jahren zur Welt kamen und ohne materielle Sorgen aufwuchsen. Strandurlaub an der Adria, Winter auf Sylt, Wandern im Tessin, in den achtziger Jahren als Studentin in New York. Das Leben als Fest der Freundschaft und der Genüsse. Eva sah an ihrem fünfzigsten Geburtstag umwerfend aus, sie war unbefangener als an ihrem dreißigsten, fröhlicher als an ihrem vierzigsten. Freundinnen schenkten ihr eine silberne 50, die sie an einer Kette um den Hals trug.

Man könnte den Anhänger als Wanderpokal von Fest zu Fest weiterreichen – denn eine Woche später war schon Sabine dran. Sie feierte draußen, an langen Biertischen, gleich am Ufer eines Sees. Sabine war eine der ersten Frauen in einem höchst riskanten Beruf. Mehr im Ausland als in Deutschland unterwegs, hielt sie dennoch Verbindung zu guten, zuverlässigen Freunden, zu ihren Geschwistern. Eine ganze Reihe ehemals gefragter Kollegen saß bei Leberkäs und Kartoffelsalat auf der Bank, beruflich befinden sich viele im Sinkflug, nicht weil sie nicht mehr können, sondern weil die Zeitungsbranche den Bach runtergeht. »Wir waren mal wer« – der Satz, ausgesprochen von einem einstigen Star des Metiers, wurde zum trotzigen Refrain des Abends. Man kann uns ja vieles nehmen, die Aufträge, die Spesen, aber nicht den Witz. Nachrichten von Verschollenen und Untergegangen schlichen sich in die Gespräche. Die M. hause jetzt in einem Wohnwagen. Ihre Eigentumswohnung – ein Erbe der Eltern – habe sie vermietet, davon zahle sie ihr Essen und was sie zum Überleben braucht. Das macht Angst oder führt zu Überdruss, ein paar gehen vor Mitternacht. Auch der noch immer wohlsituierte IT-Manager mit seiner mindestens 15 Jahre jüngeren Gefährtin, die den Müttern heranwachsender Kinder am Tisch zuvor bekundet hatte, wie froh sie sei, von der Pubertät der Kinder aus der Ehe ihres Freundes verschont zu bleiben. Die lebten zum Glück bei der Ex-Frau.

Sabine lässt sich von alldem nicht beirren, sie ist mit sich im Reinen. Kinder wollte sie nicht. Tatsächlich stellt sich jemandem, der so gefährlich lebt wie sie, die Vereinbarkeitsfrage nicht, egal ob Mann oder Frau.

Susanne, die als Nächste feierte, wollte hingegen eine Familie gründen, fand in ihren Anfangsdreißigern aber niemanden, der verbindlich genug war, um ein oder zwei Kinder gemeinsam großzuziehen. Mit Ende dreißig traf sie einen Mann, der in dieser Frage immerhin nicht ganz ablehnend war. Als die Tochter vor 13 Jahren zur Welt kam, blieb der Vater dann doch nicht, was Susanne ins eisige Wasser des Alleinerziehens unter schwierigsten Bedingungen warf. Kein Unterhalt für die Tochter, keine Familie in der Nähe.

Und als Krankengymnastin in Teilzeit miserabel bezahlt. Ihr Fest aber war ungetrübt von all den Mühen. Schon um zehn Uhr tanzte sie mit ihrem Vater zu Gloria Gaynors »I will survive«. Die Gäste spendeten Quiche und Schokoladenkuchen fürs Büfett und fütterten ein Pappmaché-Schwein diskret mit Euro-Scheinen. Susanne strahlte auf ihrem Fest nicht weniger als Eva und Sabine an ihren Jubeltagen – und weitaus entspannter als seinerzeit Jeanette, die ihr Festbudget aus alter Gewohnheit überstrapaziert hatte. Viele Jahre zuvor hatte sie ebenso wie ihr damaliger Ehemann zu den Besserverdienern gehört. Nachdem sie Mutter geworden war, brach ihre Auftragslage als freie Grafikerin drastisch ein. Trotz ihrer unablässigen Bemühungen, auf dem Markt zu bleiben. Unterhalt an die alleinerziehende Ex-Frau musste der Ex-Mann nach dem neuen Unterhaltsrecht von 2008 nicht bezahlen. Während sein Lebensstandard weiterhin konstant auf hohem Niveau blieb und sogar noch anstieg, lag ihr Einkommen vier Jahre nach der Scheidung deutlich unter dem, das sie vor der Heirat hatte.

Vier Frauen, vier Lebenssplitter. Sagt das etwas aus über eine ganze Generation?

Chronisten und ihre Selbstbilder

Der Begriff Babyboomer stammt aus den USA, beschreibt dort aber eine Generation, die deutlich älter ist als das deutsche Pendant. Die geburtenstarken Jahrgänge werden für den deutschsprachigen Raum je nach Quelle zwischen 1955 und 1965 verortet, dann wieder reichen sie von 1958 bis 1968. Die »Zeit« schließlich ging mit dem Begriff Babyboomer im April 2013 so unorthodox um, dass sie unter anderem Iris Berben (62), Meryl Streep (63), Peer Steinbrück (66) und Katja Riemann (49) auf einer Seite ihres Dossiers abbildete.[3]

Eines ist unumstritten: Am Ende der sechziger Jahre schlug die Wirkung der zu Beginn des Jahrzehnts auch in Deutschland allmählich eingeführten hormonellen Verhütungspille für Frauen voll durch. Danach fiel die Geburtenrate stark ab. Im Jahr 1964 hatte sie ihren historischen Höhepunkt erreicht: Über 1,51 Millionen Geburten im Jahr. Im Jahr 2011 sackte Deutschland mit 663 500 Neugeborenen auf den historischen Tiefstand seit Gründung der Bundesrepublik. Die Babyboomer sind eine Massenerscheinung, aber die Generationsbücher, die in steter Folge und mit immer neuen Begriffen für dasselbe Phänomen herauskamen, erschienen wie um sie herumgeschrieben. Die geburtenstarken Jahrgänge blieben darin seltsam diffus.

Mama heizt das Badezimmer vor

Im Jahr 2000 erschien »Generation Golf« von Florian Illies, im Jahr 2003 »Generation Z« von Reinhard Mohr, im Jahr 2004 folgte »Generation Reform« von Paul Nolte. Die Verfasser gehören jeweils der Altersgruppe an, über die sie schreiben. Das macht ihre Selbstverortungen – denn das verbindet alle Generationsbücher – keineswegs zu historisch verlässlichen Chroniken. Zielscheibe von »Generation Golf« waren die ominösen 68er und ihre blassen Nachfahren, genau genommen die Babyboomer-Jahrgänge, die älteren Geschwister der »Generation Golf«. Mohr bezeichnet die Babyboomer als Generation »Z«. Das Initial stand für »Zaungäste«, weil sie nirgends so richtig dabei waren, selbst die Frankfurter Spontis unter ihnen – zu denen Mohr selbst einmal gehörte – hielten klammheimlich ironische Distanz, wenn sie gegen Pershings und atomare Wiederaufbereitungsanlagen demonstrierten. Florian Illies sieht in deren politischem Rest-Bewusstsein nur Überheblichkeit und ästhetische Zumutung. Der Kiefernholz-Hölle, in der die Generation der wenig Älteren ihre WG-Gespräche zelebrierten (»Du musst dich einbringen«), hält er einen Warenkatalog von Lifestyle-Produkten entgegen. Narzisstisch gekränkt nimmt er es denn auch einer Redakteurin der Zeitschrift »Psychologie heute« besonders übel, dass sie das Markenzeichen seiner Generation, den VW Golf, in einem Atemzug mit anderen Autofabrikaten nennt, die, so die Redakteurin »dem kleinbürgerlichen Milieu angehören«.

Die Rache des Beleidigten kehrt sich dann aber nicht gegen die Unkenntnis dieser fehlgeleiteten Redakteurin, sondern gegen ihre Erscheinung als Frau:

»Die Dame, die dies schrieb, heißt Gabriela Wischeropp, und das sagt ja im Grunde schon alles. Sie ist höchstwahrscheinlich in dem Alter, wo man aufhört, danach zu fragen, also 48, fährt immer morgens mit dem Rad in die Redaktion, kauft vorher auf dem Wochenmarkt Cherry-Tomaten und liest abends Bücher über emotionale Intelligenz (…).«[4]

Eine Seite später geht es weiter mit den »Altersgenossinnen von Gabriele Wischeropp«, »unseren Angstgegnerinnen«, die mit den Doppelnamen und dem SPD-Mandat. Erstaunlich: Der damals 29-jährige Illies schreibt hier wie ein peinlicher Onkel, den man bei Familientagen lieber stehen lässt, wenn er über Frauen zu schwadronieren beginnt. Der abgestandene Ton zieht sich durch, gleichgültig, was da an weiblichen Figuren noch auftaucht – »Schlampen« aus dem Sonnenstudio, »Alpha-Mädchen«, »Feministinnen« und die immerzu politisch korrekte Frau des älteren Bruders (er ist Jahrgang 62) – all diese sporadisch auftauchenden Gestalten weiblichen Geschlechts werden mit größerer Herablassung bedacht als der Rest des Personals.

Ist das wirklich nur ironische Rollenprosa? Oder schon der Ton des anbrechenden Jahrzehnts, in dem der gemeine Antifeminismus nicht nur im Netz gedeihen wird? Bei Illies war es vielleicht nur die Rache dafür, dass Mama, wie gleich auf der ersten Seite zu lesen, immer das Badezimmer für den Jungen vorheizte und ihm den vorgewärmten Frotteemantel reichte.

»Generation Golf« ist Fiktion – und als solche zu betrachten. Merkwürdig, dass das Buch wie eine fundierte soziologische Studie gelesen wurde. In der »Generation Golf«, zu der Illies die Jahrgänge 1965 bis 1975 zählt, kommen die nur wenig älteren Geschwister, also wir, nur am Rande vor. Das sind die, die immer »Angst vor dem Atomkrieg« hatten. Stimmt, hatten wir. Die Frauen unter uns hatten zudem ihre eigenen Anfechtungen.

Hedonisten und junge Konservative

Auch »Generation Z«, erschienen im Jahr 2003, handelt von Männern, mit denen wir nichts gemein haben. Hier sind sie Mitte vierzig – also nur wenig älter, als es die Babyboomer um die Jahrtausendwende waren – und haben Angst vor dem Noch-älter-Werden. Denn das ist, wie einem der Untertitel entgegenjammert, die eigentliche Zumutung. Mohr, geboren 1955, schreibt über die verschämte Sehnsucht des reifen Mannes nach junger Haut, über die Blessuren, die Geli, Sigrid und Simone ihm zugefügt haben, über die Unfähigkeit, sich festzulegen, über das gelungene oder vielleicht auch traurige Ausweichen gegenüber der Ehe, dem Kinderzeugen, der Verbindlichkeit. Ausgenommen von so viel mangelndem Engagement ist nur der Beruf, in dem man es sich komfortabel eingerichtet hat. Prestigeträchtige Festanstellung, Reisen ohne Blick aufs Budget, Delikatessenläden, Wohnen in Berlins teurer Mitte. Die ironisch gebrochene Behäbigkeit des Mittvierzigers verlässt den eigenen Erlebnis-Kiez nur selten. Gleichaltrige Frauen kommen vor, ja doch, aber nur um vom »Wahrnehmungsloch« zu berichten, in das sie »immer häufiger fielen, wenn sie in der Öffentlichkeit unterwegs seien: Gleichaltrige Männer, jüngere erst recht, zielen mit ihren allzeit fixierbereiten Blicken haarscharf vorbei an den weiblichen Mittvierzigern, die sich plötzlich im Niemandsland zu bewegen scheinen, jenseits von Gut und Böse. No woman, no eye.«[5]

Nun, es gibt weitaus existenziellere Zumutungen als das angebliche Ignoriert-Werden bei Herumstehereien der Kunst- und Medienszene.

Der Historiker Paul Nolte, geboren 1963, gehört zu den wenigen, die sich nicht ins Zentrum ihrer Generationsbetrachtung stellen. Er hat vielmehr das Gemeinwesen im Blick. »Jenseits der blockierten Republik«, wie es im Untertitel heißt. Das 2004 erschienene Buch lieferte sicherlich das Rüstzeug für manche politische Weichenstellung im vergangenen Jahrzehnt. Er fordert Verantwortung anstelle des individuellen Hedonismus. Sicher, wer mag dagegen protestieren. Betrachtet man aber, wie er den immer größeren Abstand »zwischen den unteren und mittleren sozialen Lagen« erklärt, liest sich das so:

»Ein Grund dafür ist die Massenarbeitslosigkeit, ein anderer die Zunahme familiärer Instabilität in der Unterschicht –

Stichwort: alleinerziehende Mütter. Andererseits nimmt die Kinderlosigkeit besonders in der (akademischen) Mittelschicht deutlich zu, die sich damit auf Kosten der Allgemeinheit einen höheren Wohlstand finanziert.«[6]

Dreist, wie kinderlosen Akademikern – und vor allem ist wohl die kinderlose Akademikerin gemeint – hier antisoziale Beweggründe unterstellt werden und jeder Blick auf die Realität (zu wenig Betreuungsmöglichkeiten, keine Ganztagsschulen, das ganze deutsche Struktur-Mängelwesen) gänzlich fehlt. Der damals 39-jährige Nolte klingt wie ein Vordenker des eine Generation älteren Thilo Sarrazin, der mit seinem Bestseller »Deutschland schafft sich ab« sechs Jahre später ein Manifest der Menschenfeindlichkeit gegen Gruppen[7] – Alleinerziehende, Migranten, Hartz-IV-Empfänger – in die Welt setzte. Man könnte Sarrazins Tiraden gegen geschiedene und alleinerziehende Mütter abtun als Symptom einer generations- und herkunftsbedingten Borniertheit. Die »Süddeutsche Zeitung«[8] hat in einer Untersuchung jedoch genau eruiert, wer dem Sarrazin-Buch zu einem so durchschlagenden finanziellen Erfolg verhalf: Es waren deutsche männliche Leser im mittleren Alter, mit mittleren und höheren Einkommen. Männer der geburtenstarken Jahrgänge.

Frauen im Zweifel

Doch wo sind die Frauen, die vollmundig Generationsporträts entwerfen? Gehört die Geschichtsschreibung dann doch den Männern, selbst wenn manche da etwas verwechseln und immerzu nur von sich selbst reden? Die Historikerin Miriam Gebhardt, geboren 1962, spürte als wissenschaftliche Mitarbeiterin sehr wohl, dass ihre Kollegen mit anderen Maßstäben gemessen wurden als ihre Kolleginnen und dass die »harte« Geschichtswissenschaft doch eher den Männern zugeordnet wird.[9] Warum dann nicht auch die weichere Variante der journalistischen Geschichtserzählung?

Die Frauen zogen nach. Nicht diejenigen der Babyboomer-Generation, sondern deren jüngere Schwestern. Katja Kullmann mit »Generation Ally«, Thea Dorn mit »Die neue F-Klasse«, die allerdings dezidiert keine Generationsbetrachtung sein wollte. Kullmanns Untersuchung ihrer eigenen, der um 1970 geborenen Altersgenossinnen, ist in ihrer Hingabe an Stilfragen die weibliche Entsprechung zu Illies. Nur dass sie im Gegensatz zu diesem eine dumpfe Ahnung davon hat, dass mit dem Hype um die »Alpha-Mädchen« etwas nicht stimmt. Sie verweigern sich dem Kinderkriegen, und sie wissen auch, warum.

»Erst wenn das Kinderkriegen kein privates Managementproblem mehr ist, erst wenn nicht jede Frau für sich kämpfen muss, sondern wenn alle an der Fortpflanzung Beteiligten ganz selbstverständlich miteinbezogen werden, erst wenn die Aufzucht eines Erdenbürgers im Lebenslauf von Top-Managern und Top-Managerinnen mehr zählt als der Besuch von Coachingkursen oder das Engagement im Rotary-Club, ist es kein Nachteil mehr, ein Kind zu bekommen.«[10]

Wie wir wissen, kam es anders, die Geburtenrate sank weiter.

Inzwischen ist auch die »Generation Ally« bald von der Vereinbarkeitsfrage befreit – aus biologischen Gründen. Wenn sie bis jetzt gestreikt und verschoben hat, erledigt die Natur den Rest. An Büchern wie diesem zeigt sich die Langlebigkeit des Faktischen über Frauengenerationen hinweg. Dass die jüngeren Frauen nichts von den Älteren wissen wollen – und sich damit automatisch für emanzipierter halten –, ist eine von vielen Ursachen dafür.

Erweckungserlebnis Gleichstellungsbericht

Die Abgrenzung zu anderen Frauen ist erfolgreichen Frauen in Deutschland eine echte Herzensangelegenheit. Keinesfalls wollen sie mit denen in einen Topf geworfen werden, die weniger erfolgreich, weniger klug, weniger frei, weniger gebildet, weniger geschickt und weniger mutig sind. Deshalb neigen insbesondere Journalistinnen einerseits zur Stilisierung anderer Frauen ins Vorbildhafte, andererseits aber zu ausgeprägten Frauen-Beschimpfungen wie Bascha Mika in »Die Feigheit der Frauen«.

Wenn schon Frau, dann will man wenigstens zur »F-Klasse« gehören. Und so ist Thea Dorns Galerie der selbstverantwortlichen, starken, unabhängigen, meist öffentlich bekannten Frauen geradezu ein Beispiel dafür, wie stark Frauen unter Druck stehen, wie groß ihr Hunger nach Identifikationsfiguren ist. »Denn dieses Land braucht Vorbilder, die gerade den jüngeren Frauen leuchten können, die im Durcheinander der auf sie einstürmenden Forderungen: ›Du musst die Deutschen vorm Aussterben bewahren!‹ ›Du musst die erste Chefin von Daimler Chrysler werden!‹, ›Du musst beides machen!‹ immer weniger wissen, wie ihr individueller Weg aussehen könnte.«[11]

Traurig, dass Frauen noch immer Vorbilder brauchen, wo sie doch so viel anderes dringender bräuchten. Zum Beispiel eine Politik, die ihre Belange nicht mit Füßen tritt, wie wir in den folgenden Kapiteln sehen werden. Müssten sonst überall Ausnahme-Frauen gefeiert werden? Männer dieser Generation (Dorn wurde 1970 geboren) haben nicht das Bedürfnis nach lebensechten Rollen-Modellen und schon gar nicht lesen sie den »Gender-Datenreport« des Familienministeriums und haben ein Erweckungserlebnis dabei.

Es gibt Bücher, die das Leben verändern oder zumindest ein paar grundlegende Gewissheiten. Für Thea Dorn warf die Regierungsbroschüre von 2005 alles über den Haufen, was sie bis dahin über die Gleichberechtigung von Frauen und Männern in Deutschland gedacht hatte.

»Zu meinem absoluten Lieblingskapitel im *Datenreport* wurden die ›Geschlechtsspezifischen Einkommensunterschiede bei unterschiedlichen Beschäftigungsgruppen‹.«[12]

Damit beginnt ihr seitenlanges Referieren dessen, was längst bekannt ist: Das äußerst vereinzelte Vorkommen von Frauen in Vorständen börsennotierter Unternehmen und das umso zahlreichere in Niedriglohngruppen. Die um mehr als 20 Prozent niedrigeren Löhne, und zwar auch bei Bauingenieurinnen und Physikerinnen. Schon wieder dieses Schlechte-Laune-Thema!

Offen gesagt: Die schlechte Laune hatte eine von uns schon 1992, als sie eintausend Deutsche Mark weniger auf dem Gehaltszettel hatte als ihr gleichaltriger und gleich qualifizierter Kollege, der ihr aus unerfindlichen Gründen vorgesetzt worden war.

Doch das eigentliche Erweckungserlebnis in Sachen Gleichberechtigung haben sich die meisten Publizistinnen, die in Sachen »Emanzipation – oder warum die Frauen selbst schuld sind, dass sie es nicht schaffen« – unterwegs sind, erspart: das Kinderkriegen.

Aber bevor wir der Kinder und/oder Karriere-Hydra ins

Auge sehen, fangen wir ein paar Jahre früher an, bei uns. Und damit keine Zweifel entstehen, wer hier spricht:

Wir sind keine F-Klasse-Frauen, keine Lifestyle-Postfeministinnen, keine »klimakterischen Klageweiber« – wie Frauen um die fünfzig einmal in Doris Dörries TV-Serie »Klimawechsel« genannt werden. Wir sind keine privilegierten Töchter aus Familien mit besten Beziehungen. Wir sind vor allem keine Vorbilder. Denn das, was wir erlebt, was wir getan und gelassen haben, teilen wir mit vielen Frauen. Wir sind keine Ausnahmen, und wir haben es satt, dass man immerzu nur von den Ausnahmen hört. Während die vielen unter uns verschämt verstummen, weil sie nicht geschafft haben, was die Ausnahmen stolz vor sich hertragen. Weil die vielen glauben, es wäre ihre eigene Schuld. Das hat man ihnen in den vergangenen zwanzig Jahren auch mehr als deutlich suggeriert.

Hürdenläufe

Ganz besondere Vorbilder. Von Müttern und Lehrerinnen

Bleiben wir bei den Vorbildern. Wir haben dafür eine andere Definition. Frühe und deshalb umso machtvollere Vorbilder sind diejenigen, die man jeden Tag vor Augen hat: unser Mütter, unsere Lehrerinnen, Frauen aus dem Bekannten- und Verwandtenkreis. Beispiele energischer, fröhlicher, selbstbestimmter und finanziell unabhängiger Lebensgestaltung waren allerdings kaum darunter. Unsere Mütter hatten das Studium (Pädagogik, Pharmazie) spätestens nach der Geburt des zweiten Kindes abgebrochen und als Sekretärinnen Geld verdient, während die Ehemänner im Wirtschaftswunderland Diplom-Ingenieur wurden und in auskömmlich bezahlte Posten gelangten. »Es war damals klar, dass die Karriere des Mannes vorging«, sagt eine Modeunternehmerin aus unserer Müttergeneration.[13] Die Frauen, die von ihrer Arbeit leben konnten, waren in den siebziger Jahren in westdeutschen Reihenhaus-Biotopen von Beruf fast ausschließlich Lehrerin. Vorwiegend an der Grundschule, weniger am Gymnasium. Dort unterrichteten sie vor allem neusprachliche Fächer, manchmal auch Kunst und Biologie. Es gab: Die französische Lehrerin, die Häschenwitze erzählte, auf Deutsch. Wahrscheinlich, weil ihr Akzent dabei besonders zur Geltung kam. Die Lateinlehrerin, die in Tränen ausbrach, als die Jungs aus der letzten Reihe ihre Handtasche auf dem Pult auskippten. Die Biologielehrerin, die keinerlei Regung zeigte, als ihr Mann in der Funktion des Begleiters bei einem Schulausflug von einem Wespenschwarm überfallen wurde. Ach, diese Gymnasiallehrerinnen. Viele von ihnen schienen den Beruf aus Sicherheitsgründen gewählt zu haben. Kinder waren hier kein Risiko. Im pädagogisch empfohlenen Abstand von zweieinhalb Jahren brachten die Jüngeren unter ihnen zwei, drei Kinder auf die Welt. Während der meist ebenso verbeamtete Ehemann – oft ein Richter oder Lehrer – seinen Dienst am deutschen Staat ohne Unterbrechungen versah. Die Frauen setzten jeweils drei Jahre aus und waren auf diese Weise mehr zu Hause als in der Schule. In den heimischen Wänden ging es ja auch übersichtlicher zu als in unseren Wimmel-Klassen mit bis zu vierzig Schülern. Die Schwangerschaftsvertretungen kamen und gingen. Keine hatte die Chance, ein Kind länger zu beobachten, Talente zu entdecken und zu fördern. Das allerdings traf beide Geschlechter, aber wir hätten es nötiger gehabt.

Die wenigsten unserer Lehrerinnen zeigten so etwas wie pädagogische Leidenschaft, Freude am Weitergeben und an der Förderung – bis auf eine Musiklehrerin, die eine wundervolle Sopranstimme hatte und mit den Schülern manchmal auch zu Hause Musik machte. Oder die Kunstlehrerin, die uns Mark Rothko nahebrachte und nicht den damals populären Marc Chagall. Auch eine promovierte Lehrerin, die in der Oberstufe das Fach Psychologie unterrichtete, hatte mit ihrem weit über das Schulpensum hinausreichenden Horizont das Zeug zur Mentorin. Aber sie hatte nur ein Stundendeputat und verschwand irgendwann. Wir hörten bei ihr die Grundlagen der Freudschen Drei-Stufen-Lehre von Ich, Es und Über-Ich. Das Über-Ich war den Mädchen unter uns jedenfalls schon in jungen Jahren besser antrainiert worden als unseren Brüdern. Sollen kam vor Wollen, vor allem bei den Töchtern aus »bildungsferneren« Elternhäusern, wie eine arrogante Mittelschicht heute Nicht-Akademiker nennt. Eine der wenigen Mitschülerinnen aus Arbeiterfamilien musste als Teenager die Zimmer ihrer Brüder putzen. Ja, das gab es und fiel ihr erst Jahre später als Anomalie auf.

Die aufkeimende Frauenbewegung war für die Siedlungsmütter so weit weg wie der wenige Jahre zuvor betretene Mond. Nur selten flatterten Botschaften aus Sodom und Gomorrha (Berlin!, Frankfurt!) in die noch ungebrochene Ordnung. Eine Tochter von Nachbarn war nach Westberlin gezogen und ließ der Siedlungsmutter, in der sie eine potenzielle Überläuferin sah, ab und zu ein Exemplar der »Courage« zustellen. Die links-feministische Zeitschrift »Courage« beschäftigte sich mit Themen, die in den siebziger Jahren tabu waren: Lohnungleichheit, Zwangsprostitution, häusliche Gewalt. Doch die Ideen des Berliner Frauenkollektivs, das die »Courage« herausgab, trieben die Hausfrauen in der Provinz nicht um. Die hatten ihre eigenen Malaisen.

Frustrierte Mütter, abwesende Väter

Bei einer Frau aus der Nachbarschaft rief schon der Wunsch, einmal in der Woche abends zum Kirchenchor in die nahe gelegene Kreisstadt zu fahren, eine Ehekrise hervor. Der Mann arbeitete als Ingenieur bei Daimler. Sie, Tochter aus schwäbischem Grundstücks-Adel, schwärmte zeitlebens von ihrer »besten Zeit« als Au-pair-Mädchen in Montreux. Diese Familie war so schief gewickelt wie viele andere auch in jener Zeit, in der nicht wenige Frauen nur in einer Art »Kadavergehorsam« bei Männern mit autoritärem Hausvater-Gehabe verharrten und die Kinder mit ihrer schlechten Stimmung und Frustration malträtierten. Heute, wo nicht nur die Konservativen die Scheidungsraten und die Zunahme von Eineltern-Familien beklagen, sollte man sich ins Gedächtnis rufen, dass die Babyboomer später die Ersten waren, die sich en masse scheiden ließen, und das, obwohl sie aus vollständigen Familien kamen. Diese Familien hielten nach außen dicht, wie ihre Bungalows mit den Alu-Rollläden. Erst Ende der siebziger Jahre bröckelte der Putz. Da hatte manche Hausfrau mit Abitur entdeckt, wie ungerecht es war, dass ihr der Ehemann die Erwerbsarbeit verbieten konnte. Im Jahr 1977 fiel dieses Disziplinierungsinstrument weg, das Gesetz wurde geändert. Aber das hieß noch lange nicht, dass sich unsere Mütter, nun etwa Mitte dreißig, auf den Arbeitsmarkt warfen oder zu Ende studierten. Nein, sie blieben bei ihren Zuverdienerinnen-Jobs, die sie angenommen hatten, als die Kinder die Grundschule hinter sich hatten, eine als Arzthelferin, die andere unterrichtete stundenweise Sport oder Klavier, der Rest verausgabte sich unentgeltlich im Ehrenamt und auch schon in der Pflege von Angehörigen.

Es wäre falsch, sie allein dafür verantwortlich zu machen. Es entsprach dem Mutterbild und den damaligen Vorstellungen von Arbeitsteilung. Darauf war auch das gesamte staatliche Schulsystem ausgerichtet. Dass es mehr als dreißig Jahre später in weiten Teilen des Landes immer noch so ist, zeigt, wie resistent diese Vorstellungen in einer angeblich zu Ende emanzipierten Gesellschaft sind.

Schulkinder jedenfalls standen um 13 Uhr spätestens zu Hause und erwarteten Gekochtes. Schlüsselkinder, die auf dem Heimweg eine Pizza holten, wurden bemitleidet. Also funktionierte Mama weiter als Dienstleisterin. Auf die Söhne sollte das einen verheerenden Einfluss haben.

Was ihr Liebesleben anging, nahmen wenige die Rufe von der befreiten Sexualität ohne Zögern auf – und verbanden sich umgehend mit einem neuen Mann. Allein zu leben, unabhängig zu wirtschaften – diese Vorstellung existierte damals nicht im Selbstbild unserer Mütter und ihrer Umgebung. Ohne Mann war eine Frau einfach nicht vollständig. Im Gegensatz zu ihnen hatten die damaligen Großmütter oft eine bodenständige Souveränität, was nicht nur ihrem Alter, sondern ihrem langen Alleinleben geschuldet war. Die Großmütter waren fast alle Witwen seit dem Krieg,

nicht wenige waren in den siebziger Jahren bitterarm, ver-
mieteten Zimmer an Kurgäste, nähten für Nachbarinnen,
packten als Rentnerin am Fließband Keramik ein.

Erklärt ein Trauma alles?

Sehr oft waren die Großmütter engere Verbündete der wissbegierigen Mädchen als die Mütter. Denn je weiter die Tochter von der Lebensweise der Mutter hinwegstrebte, desto
weniger durfte sie mit Stolz oder gar Unterstützung rechnen. Das war in Einwanderer-Familien manchmal anders.
Vielleicht gönnten die Mütter ihren Töchtern den Erfolg,
weil er für die Mütter in so aussichtsloser Ferne lag. Die
Berliner CDU-Politikerin Emine Demirbüken etwa, 1961
geboren, Tochter einer türkischen Mutter, die 25 Jahre lang
als Ungelernte auf dem städtischen Friedhof von Berlin-
Neukölln arbeitete, sagt:»Meine Mutter blühte mit jedem
Erfolg von uns Kindern auf.« Der Mutter war es wichtig,
»dass alle Kinder, egal ob Mädchen oder Jungen, einen goldenen Armreif bekommen«. Der goldene Armreif war die
Ausbildung.[14]

Die typisch westdeutschen Mutter-Tochter-Konflikte waren von Neid genährt, und sie waren epidemisch. Wenn
man Sabine Bodes Protokolle über die »Kriegsenkel«[15] gegen die Erklärungsabsichten der Autorin liest, der es allein
um die Weitergabe von Kriegtraumata geht, findet man
dort einiges über den Mangel an Wertschätzung, gerade gegenüber den Töchtern. »Ich war ihr Liebling, der einzige
Sohn. Mütter mögen halt Söhne«,[16] sagt da ein heute 49-jäh-
riger Maler. Von seinen Schwestern berichtet er in seiner
Ich-Erzählung nicht, er hatte zwei. Wie wenig Zuneigung
und die damit verbundene Aufmerksamkeit den Mädchen
in dieser Generation noch zukam, ist als Nachhall in dem
Buch »Scheißkerle« von Roman Maria Koidl, Jahrgang

1967, zu finden. Die jungen Frauen zogen längst nicht mit jener Selbstzufriedenheit in die Welt und in ihr Liebesleben wie die vom bewundernden Blick der Mutter aufgewerteten Brüder. Väter, die Begabungen ihrer Töchter wichtig nahmen, geschweige denn überhaupt erkannten, waren sicherlich in der Minderheit. Den Argwohn ihres Vaters gegenüber ihrem Schreiben hat etwa die Schriftstellerin Dagmar Leupold, 1955 geboren, in ihrem Vaterporträt »Nach den Kriegen« geschildert. Auch die Dokumentarfilmerin Karin Jurschik, geboren 1959, hinterließ ihrer hierarchisch festgezurrten Familie und einem über Mutter und Tochter bestimmenden Vater mit ihrem Film »Danach hätte es schön sein müssen« (Deutschland, 2001) ein Familienporträt, das den Machtverhältnissen nachging.

Der Weg in die Therapiegesellschaft

Die psychologisierende Vermessung der Welt und einer Generation ist nicht mehr als eine Schablone – und als solche einfach zu dürftig. Unbestritten haben die Erfahrungen der Eltern, sollten sie als Kriegskinder Traumata erlebt haben, das Gefühlsleben ihrer Kinder beschwert, vielleicht auch verheert, weil es an Liebe, Halt und Orientierung in diesen Familien oft mangelte. Aber es herrschten darüber hinaus folgenreiche historisch festgefügte Vorstellungen über den unterschiedlichen Wert und die unterschiedlichen Aufgaben von Männern und Frauen, Mädchen und Jungen. Das bleibt bei Sabine Bodes Betrachtung dieser Familien aus. Letztendlich drechselt sich die Autorin ihre Fallbeispiele nach ihrer Absicht zurecht, überall nur Spätfolgen von Traumata aus der Kriegskinder-Generation zu orten. Eine Sichtweise, die Ende der siebziger Jahre mit dem Aufkommen der »Therapiegesellschaft« entstanden ist und das Denken in ökonomischen und politischen Koordinatensystemen abgelöst hat. Der Politik waren nun selbst Journalisten überdrüssig. Wenn eine Frau an Sabine Bode schreibt: »Ich bin 40 Jahre alt und frage mich schon lange, warum ich so verunsichert durch die Welt laufe. Ich habe eine gute Ausbildung, traue mir aber nichts zu. Wenn ich mich bewerben soll, bekomme ich Panik.«[17], bleibt das als Ausweis des tiefen Traumas ihrer Eltern stehen. Ein Mann gleichen Alters, fährt Bode kommentarlos fort, habe ihr geschrieben, dass er beruflich »äußerst erfolgreich und risikobereit« sei, vor der Familiengründung aber zurückschrecke. Auch dies ist in den Augen der Autorin allein dem Kriegstrauma der Eltern geschuldet.

Wie man inzwischen weiß,[18] hat die Kinderlosigkeit in dieser Generation sehr viel mit einem ganz und gar anders motivierten Zögern der Babyboomer-Männer zu tun. Sie wussten, dass sich ihre zunächst gleichaltrigen Gefährtinnen nicht wie selbstverständlich in die dienende Funktion ihrer Mütter fügen würden. So reizvoll das zunächst auch schien – da lauerte privater Stress in einem Alter, in dem diese Männer vor allem ungehindert Karriere machen wollten. Kinder zeugten manche von ihnen erst mehr als ein Jahrzehnt später, mit Ende vierzig, fünfzig Jahren, nun beruflich etabliert – und an der Seite von jüngeren Frauen.

Die »Blockaden«, die auch Bode in den Lebensläufen der Babyboomer feststellt, ausschließlich auf die Weitergabe von Traumata zurückzuführen ist allzu eindimensional. Es verschleiert den Blick auf die unterschiedlichen Ausgangsbedingungen und Möglichkeiten von Jungen und Mädchen in dieser Generation. Ein überaus willkommener Effekt solcher Erklärungsmuster ist ihre Entlastungsfunktion. Wo alles intrapsychisch verursacht wird, gezüchtet unter der Glasglocke desolater Familien, wird auch der Staat aus seiner Verantwortung entlassen, die im Grundgesetz festgelegte Verpflichtung auf die Umsetzung der Gleichberechtigung einzulösen.

»Auf mich wartet die Welt« –
die Selbstgewissheit der Jungs

Nach den Schleifspuren früher Verletzungen durch lieb- und haltlose Eltern sucht man in den Selbstdarstellungen von Babyboomer-Journalisten übrigens vergebens. Im Gegenteil: Der selbstgewisse »Hier bin ich!«-Ton zieht sich durch ihre Generationenporträts hindurch. Frauen und Kinder kommen nicht zuerst – sie kommen nahezu überhaupt nicht vor in diesen Lobreden auf das »Rudel«. Selbstzufrieden blicken sie zurück, auf eine Jugend, die ihnen Zeit zum (Fußball-)Spielen und Unsinntreiben ließ. Selbst wenn sie Fächer studierten, bei denen man ihnen eine Zukunft als promovierter Taxifahrer prophezeite, waren sie davon überzeugt, dass der Arbeitsmarkt ihnen etwas zu bieten habe:

»›Ihr werdet alle arbeitslos.‹ Jeder von uns, der sich an einer Universität für Germanistik, Geschichte oder ein anderes, scheinbar nutzloses Fach einschrieb, hat diesen Satz mindestens einmal gehört. (…) Wir haben diesen Satz wahrgenommen, aber ihn nicht für wahr gehalten. Wir waren das bestgelaunte Prekariat der Welt. Wir ließen uns durch die Seminare treiben, lagen vor Universitätsgebäuden auf Wiesen, aber wir fragten uns nicht: Was ist der nächste Karriereschritt? (…) Die Frage nach unserer Nützlichkeit stellten wir uns nicht. Uns fehlte der Sinn für die Beunruhigung, vielleicht, weil wir so viele waren.«[19]

Wie dieser sind auch andere Rückblicke aus der Gewinnerperspektive heraus verfasst. Fast immer schrieb man sich die Erfolge selbst zu. Nur wenige, wie der 1959 geborene Redakteur Harry Nutt, schlagen einen weniger triumphierenden Ton an. »Ohne Willy Brandt, so kommt es mir vor, hätte ich wohl nicht einmal Abitur machen können«, schrieb er in der »Berliner Zeitung«.[20]

Die Zeiten waren eben so

Was war mit den Studentinnen los Anfang der achtziger Jahre? Das höchste Ausmaß an feministischer Aktivität bestand bei vielen darin, dem Freund Svende Merians »Tod des Märchenprinzen« zu schenken. Der Bestseller traf den verquasselten Ton des links-alternativen Uni-Milieus, wo angestrengt »Beziehungsarbeit« geleistet wurde, aber keinem auffiel, dass es an den Universitäten keine Kindergärten gab. Wer als Studentin schwanger wurde, dem blieb im Westen nichts anderes übrig, als das Studium aufzugeben oder das Kind bei den Großeltern aufwachsen zu lassen. In der DDR war das anders, es gab Wohnheime für Studentinnen mit Kindern. Noch etwas muss dem künftigen akademischen Nachwuchs auffallen: Selbst in einem Fach, in dem Frauen 80 Prozent der Studenten stellten, unterrichtete – etwa in München – nur eine Professorin. Im akademischen Mittelstand traf man Frauen vereinzelt an, aber Lehrstuhlinhaber waren auch in Germanistik und Kunstgeschichte fast durchweg Männer. Keine ermutigenden weiblichen Vorbilder, weit und breit. Die Tochter eines Professors und einer studierten Hausfrau hatte in dieser Zeit schon das Bedürfnis, den Gattinnen-Status ihrer Mutter aufzuwerten. »Sie liest ihre Sachen«, sagte sie. Wir lasen auch, aber immer mit einem untergründig mulmigen Gefühl.

Sollte die ganze Anstrengung wirklich zu einem Dasein als gebildete Ehefrau und pädagogisch wertvolle Mutter führen? Das Wort »Familienmanagerin« war noch nicht erfunden. Wir verdrängten unsere Zweifel und absolvierten eifrig Praktika. Von wegen auf den Wiesen vor den Universitätsgebäuden herumliegen. Wir waren so strebsam, dass es weh tat. Nicht nur an der Uni. Wie erste Begegnungen mit der männerdominierten echten Medienwelt – also nicht den Frauenreservaten der Hochglanzmagazine – aussahen, schildert Miriam Gebhardt in ihrem kleinen persönlichen

Rückblick, den sie sich in ihrem Buch über Alice Schwarzer erlaubt. Sie hospitierte in einer Münchner Tageszeitungsredaktion und glaubte, die Wahl sei nur aufgrund ihrer eingereichten Bewerbungsartikel auf sie gefallen.

»Wie mir die drei männlichen Entscheidungsträger im Nachhinein feixend erzählten, hätten sie sich überhaupt nicht für meine Texte interessiert. Wenn sie uns gefällt, nehmen wir sie, hatten die Jungs zwischen 18 und 55 Jahren ausgemacht. Über diese sekundären Motive bei der Auswahl ihrer Praktikantin konnten die Männer damals offen reden. Das war ihnen genauso wenig peinlich, wie mich ›Mausi‹ zu nennen und ein Playmate über den Schreibtisch zu hängen, gleich neben die Dartscheibe. Die Zeiten waren eben so.«[21]

Irgendjemand hatte schließlich gesagt: »Journalism is for boys«, und tatsächlich scheint sich der Habitus eines Zeitungsredakteurs in dieser Zeit nicht sehr von dem eines Automechanikers zu unterscheiden. Auf Redaktionsfotos aus den goldenen Jahren der Presse steht gern Hochprozentiges auf den Schreibtischen herum – und nachts setzte man die Konferenz in Bars und Kneipen fort. Es waren Biotope, in denen Frauen schnell zu Störfaktoren wurden. Sie unterliefen die Kumpanei. Nicht einmal absichtsvoll. Sie konnten sich nur meist einfach nicht darin bewegen, beherrschten den Jargon nicht. Sexistische Sprüche galten schlichtweg als rauher Umgangston. Und wir Jungredakteurinnen haben die davon betroffenen Frauen nicht verteidigt, vielleicht lachten wir sogar mit. Als während der Sexismus-Debatte im Frühjahr 2013 in einer denkwürdigen Jauch-Sendung die junge Twitteraktivistin Anne Wizorek mit einer gönnerhaften Alice Schwarzer und der erfolgreichen Buch-Autorin Wibke Bruhns zusammentraf, sagte Wibke Bruhns, die in den siebziger Jahren als erste Sprecherin im deutschen Fernsehen die Nachrichten präsentieren durfte: Männer seien eben so. Wenn man keinen Stier haben wolle, müsse man einen Ochsen aus ihm machen. Mit dem Tiervergleich befand sie sich in prominenter Gesellschaft. Dem Magazin »Der Spiegel« bescheinigte der langjährige Chef des Kultur-ressorts Matthias Mattusek einmal, es sei ein Tummelplatz »testosterongesteuerter Bullen«. Die Zeiten sind eben so.

Sexismus aber ist nicht einfach schlechter Stil, sondern eine Machtstrategie. Sexismus am Arbeitsplatz verunsichert Frauen und erschwert ihren Weg hinein in Entscheidungs-funktionen.

Warum uns der deutsche Feminismus gar nicht erst verlieren konnte

Zurück in die achtziger Jahre. Zurück zu uns, den in der Mehrheit damals wohl unsicheren jungen Frauen in einer Lebensphase, in der es darauf ankam, seinen Platz zu finden. Bot der Feminismus, wie er sich in Deutschland in dieser Zeit darstellte, so etwas wie Orientierung, Ermutigung? Miriam Gebhardt hat in ihrem Buch präzise beschrieben, warum er das nicht tat. Der Feminismus, so wie ihn seine Hauptreprä-sentantin Alice Schwarzer schließlich fast in absolutistischer Deutungshoheit verkörperte, setzte Themen, die wir als jun-ge Frauen nicht nachvollziehen konnten, und vernachlässig-te andere, mit denen er unsere Interessen hätte vertreten kön-nen. In Schwarzers Manifest »Der kleine Unterschied und seine großen Folgen« von 1975 wurden Frauen vornehmlich als vom Mann sexuell ausgebeutete und unterdrückte Wesen beschrieben. Die Bestimmung über den eigenen Körper, der Paragraph 218, das Verfügen über weibliche Sexualität waren zentrale Themen. Aufgeschrieben als Porträts mit langen Zi-taten der Frauen und ergänzender Interpretation – besser Leseanleitung – von Alice Schwarzer. Unvergesslich bleibt die an Schizophrenie erkrankte Ex-Frau eines Intellektuel-len, die ihren Mann an der Wohnungstür mit einem blutigen Tampon in der Hand empfing und das zerrüttete Bild mit den Worten »Ich muss die Bombe wegwerfen« vervollständigte. Alice Schwarzer kommentierte: »Ihre Weiblichkeit ist ihre Bombe.« Nein, davon wollten wir nichts wissen, es grauste uns, und wir wollten nicht glauben, dass uns zwangsläufig solche Schicksale bevorstünden, wenn wir im »falschen Bewusstsein« lebten. Dieser »Ändere-dich-Feminismus« oder »Gesinnungsfeminismus« wie Gebhardt auch Alice Schwarzers Ansatz nennt, erschien uns schon damals suspekt, auch wenn wir seinen strengen selbsterzieherischen Ansatz noch gar nicht erfassten. Der erste Sex hatte seltsamerweise auch so gar nichts von einem brutalen Übergriff, jedenfalls bei den meisten von uns. Sicher, Schwarzer und die ersten Feministinnen nach dem Zweiten Weltkrieg prangerten auch Lohnungleichheit und mangelnde Bildungschancen für Frauen an, aber sie hatten, was Frauen mit Kindern anging, von Beginn an einen blinden Fleck in ihrer Wahrnehmung. Eine der Mitbegründerinnen der österreichischen Frauenbewegung, unsere Kollegin Erica Fischer, sagte einmal: »Wir haben die Mütter vergessen.« Damit meinte sie: Mütter galten als rückständig und für die feministische Bewegung irrelevant. In Deutschland entstand etwa in den achtziger Jahren wie eine Trotzreaktion auf diese Ausgrenzung oder Vernachlässigung durch den akademischen Feminismus ein erdiger Mütterfeminismus, der auf subtile Weise schon den Biologismus der neunziger Jahre vorwegnahm. Das Muttersein wurde als kreatürlicher Zustand zelebriert, ganz unbekümmert davon, wie belastet das Mutterbild durch den Nationalsozialismus war. Natürlich gab es die Kinderladen-Gründungen, die dem gerade entgegenwirkten und Frauen von der alleinigen Sorge für Kinder entlasten sollten. Dennoch blieben Versäumnisse. Auf den großen Lebenskonflikt – »Die Mutter und die Frau«, um den Untertitel des 2010 erschienenen Buches »Der Konflikt« der französischen Historikerin Elisabeth Badinter aufzugreifen –, bereitete uns der deutsche Feminismus jedenfalls nicht vor.

Die Kriege der Frauen

Karrierefrauen oder Vollzeitmütter

Als die erste von uns beiden Autorinnen zum ersten Mal Mutter wurde, in einem Alter, das in der Medizinersprache »regelrecht« genannt wird, also unter dreißig, gab es in der alten Bundesrepublik nichts, was den Namen öffentliche Kinderbetreuung verdient hätte. Die Kirchen betrieben Kindergärten in einem Rhythmus, der höchstens eine Tätigkeit als Grundschullehrerin oder Teilzeitangestellte erlaubte. Oder eben die Erledigung des Haushalts ohne herumkrabbelnde Kleinkinder. Über Mittag hatten diese Kindergärten geschlossen, nachmittags war spätestens um 17 Uhr Schluss. In Berlin, BRD, war das Angebot nicht ganz so eingeschränkt, aber längst nicht ausreichend. Die frühe Mutter unter uns hatte mit Berlin einen Standort-Vorteil, doch sie musste sich Vorwürfe von Freundinnen und von ihrer eigenen Mutter anhören, weil sie das Kind mit einem halben Jahr in eine Krippe gab. Übrigens pendelte sie dabei zwischen Ost und West und nutzte die historisch einmalige Chance nach dem Mauerfall, die Kinder im Ostteil – wo es genügend Kitas gab – betreuen zu lassen und im Westteil zu arbeiten. Später kamen viele Erzieherinnen aus dem Osten in den Westen, und die Westmütter, die damals über den »Wahnsinn« der Freundin geurteilt hatten, ihr Kind »im Osten« betreuen zu lassen, mussten ihren Nachwuchs nun auch in die Hände DDR-sozialisierter Erzieherinnen geben. Da war manche dann doch überrascht, wie gut Constantin und Leon bei Mandy und Jana aufgehoben waren.

Die späte Mutter unter uns verdrängte das Thema Kinder bis in ihre Dreißiger hinein. In ihren fruchtbarsten Jahren flog sie lieber morgens nach Paris, um Interviews mit Schauspielern, Schriftstellern und Regisseuren zu führen, als auf das Ticken der biologischen Uhr zu hören. Hin und wieder wurde eine Kollegin in ihrer Frauenredaktion schwanger – und verschwand auf Nimmerwiedersehen. Damals war klar: entweder oder. Das Verschwinden der Kolleginnen war ein deutliches Warnsignal an die Jungredakteurin. Sie liebte ihren Beruf. Aufgeben – warum? Die Arbeit war nicht nur gut bezahlt, sie machte ihr auch Freude. Allerdings hatte sie auch etwas Allumfassendes – Zusammenkünfte im großen Chefbüro mit dem geschwungenen Edelholz-Schreibtisch begannen oft am frühen Abend und endeten mit einem Essen nachts im Restaurant. Chefredakteurinnen und deren Stellvertreterinnen hatten niemals Kinder. Es gab eine alleinerziehende Grafikerin, ihre Tochter war im Internat. Die Belegschaft dieses Verlags bestand geschätzt zu zwei Dritteln aus Frauen, die Mehrheit im fortpflanzungsfähigen Alter. Die Kinderfrage war ein Tabu. Noch weniger wurde über Betreuung gesprochen, so etwas regelte man privat. Indem man zu Hause blieb. Auch eine Fotoredakteurin kam nach der Geburt ihres Kindes nur einmal zurück in die Redaktion – um ihr Baby wie eine Trophäe vorzuzeigen.

Das Wort Betriebskindergarten nahm in diesen Zeiten niemand in den Mund. Die Idee allein schien schon abwegig. Man war ja nicht in der DDR. Die wurde damals gerade abgewickelt, und die Lebensläufe der Frauen dort wurden gleich mitentwertet. In wenigen Sätzen skizziert etwa eine Journalistin in der »Welt« noch zwei Jahrzehnte später, wie es um die Gleichberechtigung der Frau im Sozialismus ihrer Ansicht nach wirklich stand: So schildert sie deren Alltag:

»Milch kaufen? Die Verkäuferinnen der Kaufhalle hatten die Milchschläuche aus Plastik, im Volksmund ›Euter‹ genannt, mangels Kühlregal in einen tiefen Bottich mit kaltem Wasser versenkt. Nun, zur Feierabendzeit, war das Wasser abgestanden, einige »Euter« waren geplatzt, der

Rest schwamm in einer dreckigen Brühe. Da kamen sie, die müden, emanzipierten sozialistischen Frauen, abgekämpft von der Doppelbelastung von Schicht und Haushalt, mussten die Ärmel hochkrempeln und in der dreckigen Suppe nach einem heilen Milchbeutel fischen.«[22]

An den Frauen mit den schlechten Dauerwellen und seltsamen Synthetik-Klamotten, die nach dem Mauerfall ins KaDeWe einfielen, schien nichts attraktiv – und so verschwendeten die wenigsten Westfrauen einen Gedanken daran, wie das Leben dieser Frauen wirklich ausgesehen hatte. Ob man etwas von ihnen lernen oder wenigstens in Erfahrung bringen könnte. Zum Beispiel zum Thema Kinderbetreuung. Aber da geisterten nur Schreckensbilder von zwangsgetöpften Babys umher. Kein Wunder, so hieß es, dass die später zu Neonazis wurden.

Viele Jahre später hat die Journalistin Martina Rellin Frauen aus der DDR über ihr Leben befragt, für ihren 2004 erschienenen Porträt-Band »Klar bin ich eine Ost-Frau!«. Darin würdigte Rellin das Selbstbewusstsein dieser Frauen, betonte den tatkräftigen Pragmatismus, die große Bedeutung des Berufs und die unkomplizierte Sicht auf das Kinderkriegen. Rellin gab aber auch den Brüchen Raum. Gerade die Frauen, die zum Zeitpunkt der Wende über dreißig und vierzig waren, wurden aus dem Arbeitsmarkt oft für lange Zeit herauskatapultiert. Frauen, die in der DDR aufgewachsen sind, spürten nach der Wende deutlich, dass ihre bis dahin selbstverständliche Anwesenheit in der Berufswelt in Frage stand.[23]

Spätestens bei genauer Betrachtung dieser Frauen, die ja nun nicht nur Kassiererinnen und LPG-Malocherinnen waren, sondern eben auch Physiker, Bauingenieur, Chirurg (sie ließen die weibliche Endung weg), und die dennoch Kinder hatten: Spätestens da hätte uns klarwerden müssen, dass im Westen etwas nicht stimmte, wenn sich Frauen zwischen Kind und Berufstätigkeit zu entscheiden hatten.

Eine von uns Autorinnen hatte Verwandtschaft im »Ostblock«, auch so ein untergegangener politischer Kampfbegriff aus der Zeit des Ost-West-Konflikts. Wie ein Wunder fanden sich in diesem Teil der Familie lauter hochausgebildete Frauen, die auch noch in ihren Berufen arbeiteten – und Kinder hatten. Eine Gynäkologin, eine Cellistin und eine Atomphysikerin waren auch dabei, wobei Letztere auf Kinder verzichtete, weil sie einer erhöhten Strahlendosis ausgesetzt war. Sie hatten dasselbe Alter wie unsere Mütter – und doch sehr wenig mit ihnen gemein. War es wirklich nur ein genetischer Zufall, der die Begabungen so schön nach Ost und West sortiert hatte? Das Leben dieser Frauen war aus anderen Gründen schwierig. Noch vor dem Fall der Mauer kamen sie in den hoffnungsvoll ersehnten Westen – und fanden mit über vierzig, Anfang fünfzig, keine adäquaten Stellen mehr. Ihre leistungsbewussten Töchter zogen gleich weiter westwärts, in die USA.

Mangelte es uns an Elan? Waren die Blockaden selbstgemacht – wie Publizistinnen, etwa Bascha Mika, behaupten? Erst vor kurzem ortete sie bei deutschen Frauen wieder ein »gebrochenes Verhältnis zur Berufsarbeit«[24].

Nein. Was uns fehlte, waren konstante und frühe Anerkennung und Ermutigung, waren Verbündete, die uns nicht in ihre ideologischen Kämpfe involvieren wollten. Als die späte Mutter von uns beiden ihr Kind bekam – um die Jahrtausendwende –, da waren die ideologischen Kriege ums falsche und richtige Muttersein in den Medien gerade einmal wieder neu aufgeflammt. Eines begriff die späte Mutter mit Erstaunen: Mütter stehen unter Beobachtung, mit dem Muttersein allein sitzen Frauen schon auf der Anklagebank. Ist eine Frau als Mutter zu Hause, werfen ihr die berufstätigen Mütter und Frauen Verblödung und Faulheit vor. Ist sie voll berufstätig, werden die Kinder als Leidtragende und potenzielle Sorgenkinder der Gesellschaft beäugt und bemitleidet. Eine Mutter darf offenbar jeder bevormunden.

Lehrer halten berufstätigen Müttern vor, sie hätten zu wenig Zeit für ihr Kind. Psychologen und Kinderärzte – die Gurus unter ihnen sind ausschließlich Männer – werfen immer neue Ratgeber und Klageschriften auf den Markt. In Millionenauflagen belehren diese Experten Mütter, so wie einst Wolfram Siebeck als schreibender Feinschmecker die deutschen Hausfrauen erzog. Der Ruhm gehört den Lehrmeistern, die wie Fixsterne über dem täglichen Einerlei von Erziehung und Haushalt schweben. Die eigentliche Arbeit gehört dem weiblichen Bodenpersonal.

Die Bücher zur Mutter- und Erziehungsthematik kamen der späten Mutter nahezu wöchentlich mit der Post ins Haus, Freunde und Kollegen glaubten offenbar, die Neu-Mutter hätte einen besonderen Bedarf an identitätsstiftender Lektüre. Zuerst kam Barbara Sichtermanns 1982 erstmals erschienenes rotes Taschenbuch »Vorsicht Kind«. Schon der Untertitel war ein Euphemismus in den Augen der jungen Mutter. »Eine Arbeitsplatzbeschreibung für Mütter, Väter und andere.« Den Arbeitsplatz Kind musste sie im Vergleich zu den Arbeitsplätzen »draußen« nicht gegen Konkurrenz verteidigen. Er gehörte ihr ganz allein. Sie fühlte sich oft entsetzlich inkompetent – wie alle jungen Mütter. Nach ein paar Monaten erledigte sie hier und da einen kleinen Auftrag, wenn das Kind schlief. Sehr bald geriet sie in eine Überforderungsspirale, die von einem Teil der Verwandtschaft als selbstgemacht bezetert wurde. Das mit dem Beruf müsse aufhören. Selbst schuld, hören wir den Sprech-Chor der Selbstverantwortlichkeits-Ideologen und -Ideologinnen im Hintergrund, sie hätte doch wissen können, was sie erwartet.

Um auf das rote Taschenbuch zurückzukommen: Was die Fernsehkritikerin Barbara Sichtermann 1982 über die Vereinbarkeitsfrage geschrieben hat, klingt nicht nur aus heutiger Sicht befremdlich:

»... dass aber Frauen zugunsten von mehr Kindern auf

ihren Job verzichten, wird sich aller Wahrscheinlichkeit nur als spezifisches Verhalten in Unter- und Oberschicht ergeben. In der trendsetzenden Mittelschicht wird es die Ausnahme bleiben und kein Massenphänomen werden. Politiker sind gut beraten, wenn sie sich darauf einstellen und aus der Situation das Beste machen: bei akzeptablen außerhäuslichen Betreuungsverhältnissen könnte die Geburtenrate steigen und, wenn sie schon das Drängen der Frauen auf den Arbeitsmarkt nicht aufhalten wird, wenigstens für eine günstigere Statik der Alterspyramide sorgen.«[25]

Nichts von alldem trat ein – wir und die folgende Frauengeneration der »Mittelschicht« setzten dagegen den Trend der stummen Verweigerung. Elisabeth Badinter führte den »Gebärstreik« dreißig Jahre später treffsicher auf die rückständige Familienpolitik der Bundesrepublik Deutschland zurück. Wir bekamen keine Kinder (mehr) – denn, wie sich ein Kind nicht nur auf die »Karriere«, sondern viel tiefer gehängt, aufs Geldverdienen überhaupt auswirkte, spürten wir mit jeder Faser unseres Seins.

Wo gut ausgebildete Frauen jedoch ohne Einbußen für ihre Berufstätigkeit Mutter werden können, da werden sie es auch. Frankreich hat die zweithöchste Geburtenrate Europas. Auch Akademikerinnen bekommen dort zwei, drei Kinder. In den alten Bundesländern in Deutschland sind 28 Prozent der Frauen ab vierzig mit Hochschulausbildung kinderlos.[26] Das ist nicht zuletzt die Konsequenz einer Politik, die sich um die Umsetzung der Gleichberechtigung nicht scherte, sondern sie ins Private abschob.

Elisabeth Badinter hat all dies in ihrem Buch »Der Konflikt. Die Frau und die Mutter« dargelegt. Aber dieses Buch kam für die späte Mutter unter uns tatsächlich spät. Es ist eines der wenigen Bücher mit den Wörtern »Frau« und »Mutter« im Titel, die auf jede Beschimpfung, Belehrung und Bevormundung gegenüber Frauen verzichten. Wurde es deshalb in Deutschland wenig beachtet, während es in

Frankreich auf den Bestsellerlisten stand? Hierzulande erregte Barbara Vinkens »Die deutsche Mutter« Aufsehen. Auch die späte Mutter bekam das Buch zugeschickt, da war das Kind noch in den Windeln. So notwendig und bahnbrechend diese Studie über das Muttersein in Deutschland ist: Bei der späten jungen Mutter blieb auch ein Unbehagen hängen: Luther ist schuld, Pestalozzi auch und natürlich die deutsche Mutter selbst, weil sie ein deutsches Bewusstsein hat und die Mutterschaft, unwissentlich infiziert vom Mutterkult der Nazis, für einen Beruf hält. Das war bei uns beiden, die wir dieses Buch schreiben, nicht der Fall. Aber das »richtige Bewusstsein« nützte uns nichts.

Die Diskriminierung der Mütter

Die späte Mutter spürte es sofort: Sie wurde von manchen – nicht von allen – ihrer früheren Kollegen gnadenlos auf ihren neuen Status als Mutter zurechtgestutzt. Ihr Spektrum als Journalistin war nicht mehr auf die Frauenreservate im Medienbetrieb beschränkt, aber das half ihr nicht. Einmal schlug sie einer Redakteurin, die sich im politischen Feuilleton einen Namen gemacht hatte, ein Thema vor, mit dem sie sich gut auskannte. Die Redakteurin, die sich ansonsten gern öffentlich über Genderfragen ausließ, ging auf den Themenvorschlag kaum ein: »Hast du nicht ein Kind gekriegt?«, kam übers Telefon, als hätte sich das Angebot damit erledigt. Es blieb kein Einzelfall. Der Beruf schien plötzlich in Gefahr. Mit dem Mutterwerden hatte sie offenbar für einige Kollegen ihre berufliche Kompetenz im Kreißsaal abgelegt und dort vergessen.

Aber es gibt doch beruflich erfolgreiche Frauen, die Mütter sind, hören wir es raunen. Ja, gibt es, aber da macht man schon wieder die Ausnahmen zum Regelfall. Unter den in Westdeutschland aufgewachsenen Frauen, die heute um die fünfzig sind, gibt es erschütternd wenige, die beides geschafft haben. Und noch weniger von ihnen berichten ehrlich davon, wer ihnen dabei geholfen hat. Der Einsatz von Großeltern oder auch von beträchtlichem Vermögen, der Einfluss familiärer Beziehungen – all dies wird gerne verschwiegen. Die Vermögenden waren auf den Staat sowieso nicht angewiesen.

Zurück zur Mütterdiskriminierung auf dem Arbeitsmarkt: In dem hervorragenden, 2012 auf Deutsch erschienenen Buch »Die Geschlechterlüge« analysiert die kanadische Neurowissenschaftlerin Cordelia Fine unter anderem die Auswirkungen von anonymisierten und nicht anonymisierten Bewerbungen. Dabei schreibt sie ausführlich über eine neue Studie, die die Ausgrenzung der Mütter belegt.

»Die Soziologin Shelly Correll und ihr Team gaben vor, eine neugegründete Firma auf dem Kommunikationssektor suche einen Leiter für die Marketingabteilung. Sie fanden heraus, dass die Papiermütter, verglichen mit den papierkinderlosen Papierfrauen, unter den Bewerberinnen bei ansonsten gleichen Bewerbungsvoraussetzungen als rund 10 Prozent weniger kompetent und 15 Prozent weniger engagiert eingestuft wurden – und nach der Auffassung der Probanden 11 000 Dollar weniger an Jahresgehalt verdienen sollten. Darüber hinaus wurden nur 47 Prozent der Mütter zur Anstellung empfohlen, im Vergleich mit 84 Prozent der Frauen ohne Kinder. Man kann nur hoffen, dass die kleinen Papiertiger das Karriereopfer aufwiegen.«[27]

Dies sind Forschungen aus der angelsächsischen Welt. Wie diskriminiert waren Mütter bis vor kurzem dann erst in Deutschland, wo sie gegen ein jahrhundertealtes Mutterbild anrennen, das sie einerseits als einzige Hüterin menschlicher Werte idealisiert und andererseits als gleichberechtigte Bürgerin vom Arbeitsmarkt fernhält?

Fine beschreibt eine weitergehende Studie, die auch Männer mit einbezog, und kommt zu dem Schluss:

»Während sich die Tatsache, Kinder zu haben, für Männer überhaupt nicht als Nachteil auswirkte, deutete alles auf eine empfindliche ›Mütterabstrafung‹ hin. Mütter bekamen nur halb so viele Rückrufe wie ihre genauso qualifizierten kinderlosen Mitbewerberinnen. Es wird derzeit untersucht, ob es heute in Wirklichkeit vor allem die Mütter sind, die diskriminiert werden.«[28]

In Deutschland musste man in den neunziger Jahren noch nicht einmal Kinder haben, um als Frau von soliden Arbeitsverhältnissen ausgeschlossen zu bleiben. Allein die Tatsache, schwanger werden zu können, genügte schon. Im Jahr 1995 erlebten wir, wie eine Verlagsleitung zwei gleichaltrigen Männern in einem Ressort unbefristete Verträge anbot, der Frau mit gleicher – und was einen der beiden anderen Männer betrifft, sogar höherer – Qualifikation dagegen nur einen befristeten Vertrag. Damals machten Chefredakteure noch keinen Hehl daraus, warum sie das taten. Sie rechneten einfach mit der künftigen Schwangerschaft der Frau, ja, sie fragten sogar danach. Da die Frau vehement gegen ein solches Ansinnen protestierte, bekam sie schließlich auch einen »Männer-Vertrag«.

Den Männern unserer Generation kam der beschränkte Zugang der Frauen auf den Arbeitsmarkt gelegen. Darüber wird geschwiegen in den Selbstdarstellungen der Babyboomer-Männer, aber man kann es herauslesen aus der nonchalanten Prosa eines Vaters und »Zeit«-Redakteurs, der 2004 über die unterschiedlichen Leben von Vater und Mutter nach der Geburt eines Kindes schrieb:

»Weil wir Männer bereits vor der Geburt unserer Kinder mehr verdienten als unsere Frauen, wurde niemand von uns ernsthaft vor die Frage gestellt, ob nicht besser er mit Kind daheim bleiben solle. Während sich der Alltag der jungen Mütter also komplett veränderte, blieb unserer im Takt der Arbeit weitestgehend gleich (…)«, und mit einem Blick auf die zeugungsunwilligen Männer im Bekanntenkreis fährt der Redakteur einige Zeilen später fort, das Zögern der Kinderlosen verstehe er, »haben wir doch am Beispiel unserer Frauen erlebt, dass ein Kind den Abschied vom Arbeitsmarkt bedeuten kann. Allerdings: Sie haben sich trotzdem getraut.«[29]

Sollte diese klassische Ernährerehe, die vielleicht zu einer Zuverdienerinnen-Ehe erweitert wurde, inzwischen geschieden sein, hat die Frau heute rein gar nichts von ihrem tollkühnen Abschied vom Arbeitsmarkt. Im schlimmsten Fall lebt sie heute mit ihrem pubertierenden Kind von ALG II. Seit Januar 2008 müssen auch gutverdienende Männer für ihre Ex-Frauen keinen Unterhalt mehr zahlen, es sei denn, die Frau betreut ein gemeinsames Kind unter drei Jahren. Aber das hat der damalige Mann vermutlich nun schon mit der Zweitfrau. Zweite Ausnahme: Die Ehe dauerte länger als zwanzig Jahre. Darüber braucht man in dieser Generation kaum zu sprechen.

Pech gehabt, heißt das heute lapidar. Damit wird der kollektive Verrat an diesen Frauen perfide zu deren eigenem Versagen umgemünzt. Eine Radiomoderatorin fragte ihre Gäste, darunter eine alleinerziehende Mutter, vor kurzem: »Welchen kapitalen Fehler hat die Frau schon in ihrer Ehe gemacht? Was hat sie versäumt?«[30] Fehler machen bekanntlich nur Frauen, Mütter zumal.

Die in der »Zeit« von 2004 als mutiges Beispiel angeführten Mütter und Ehefrauen haben keinen Fehler gemacht: Sie haben sich Ende der neunziger Jahre nur gesellschaftskonform verhalten, indem sie sich in den »Abschied vom Arbeitsmarkt« fügten. Heute wissen wir: Sie waren dort gar nicht wirklich gewünscht.

Ihr »Fehler« – der als solcher erst heute erkannt wird – war von der Politik eingeplant, ihr Rückzug vom Geldverdienen entsprach der katastrophalen Betreuungssituation und dem Bild der guten Mutter. Ihr »Fehler« entlastete den Arbeitsmarkt. Die Männer hatten ihren Vorteil davon.

Von der Konkurrenz abgehängt

Spannende, sinnvolle, prestigeträchtige – und vor allem gut bezahlte Arbeit war knapp, als die Babyboomer-Horde auf den Arbeitsmarkt drängte. Da erledigte sich manche Konkurrentin schon von selbst, indem sie Mutter wurde. Oder auch, indem sie einfach nur verheiratet war. Miriam Gebhardt, habilitierte Historikerin, schildert das Wettbewerbsklima an der Universität so:

»Dass ich verheiratet war, ließ manch geschätzten Kollegen aufatmen. So bliebe mir die prekäre akademische Laufbahn erspart und ihm eine Konkurrentin auf dem halsbrecherischen Arbeitsmarkt für geisteswissenschaftliche Professuren.«[31]

Noch immer sind wir hier nicht in den reinen Männerdomänen. Wie es dort aussah für Frauen unserer Generation, schilderte die 1964 geborene Luft -und Raumfahrtingenieurin Claudia Kessler in einem Interview mit der Autorin: Auf die Frage, ob Frauen in ihrer Branche an die »gläsernen Decke« stoßen, sagte sie:

»Auf jeden Fall. Ich war fünf Jahre lang bei einer großen Firma angestellt, im Management auf mittlerer Ebene. Wenn ich Scott Millican, den Gründer von HE Space (dessen CEO sie heute ist) nicht kennengelernt hätte, wäre ich dort wahrscheinlich immer noch in derselben Position. Ich sehe es an den Frauen, die jetzt so Mitte dreißig sind und in den Startlöchern für Führungspositionen stehen: Sie werden immer wieder in die Warteschleife zurückgeschickt. Wenn sie sich auf einen Abteilungsleiterposten bewerben, heißt es schnell: ›Sie sind noch nicht so weit.‹ Männern wird so etwas nicht gesagt.«[32]

Claudia Kessler gründete ein Frauennetzwerk für die Weltraumbranche. Die Beratung junger Frauen ist ihr wichtig. Auch in persönlichen Fragen, wie der ewigen, unvermeidlichen nach Kind und Beruf. Claudia Kesslers Ehemann blieb zu Hause, als die gemeinsame Tochter klein war. Nicht, weil er »schon vorher« weniger verdient hätte, sondern weil er sah, dass seiner Frau ihre Arbeit wichtig war. Er arbeitete als Software-Entwickler von zu Hause aus weiter. Gewinner waren beide, die Tochter eingeschlossen, die in einer Familie aufwuchs, die heute noch besteht. Die Unterdrückung von Talent und Ambition hat noch keine Familie glücklich gemacht.

Frauen, die ihren Wunsch nach einem Kind unterdrückt haben, trauern manchmal erst jetzt. Eigentlich müssten sie zornig sein. Denn es lag eine ungeheure Rücksichtslosigkeit, ja Brutalität darin, Frauen – und zwar nur Frauen – vor die Entscheidung »Kind oder Beruf« zu stellen. Ein bisschen von allem, dachte da manche. Das ist das deutsche Teilzeitmodell, im schlimmsten Fall der Minijob, der Niedriglohnjob. Das deutsche Häppchenmodell, bei dem für die Frauen am Ende wenig übrig bleibt, wenn der Ernährer fehlt. Wenn er nicht fehlt, bleibt das schale Gefühl der Abhängigkeit. Ob das Paare in Ehen und Beziehungen zufrieden macht?

Denjenigen Frauen der Babyboomer-Generation, die Kinder bekommen haben und den Anschluss ans Arbeitsleben verloren, weil sie nicht die Kraft hatten, sich gegen die Ausgrenzung zu wehren, hängt das bis an ihr Lebensende nach. Der verfassungsrechtliche Grundsatz, der den Staat verpflichtet, dafür zu sorgen, dass alle Bürger ein gleichberechtigtes Leben – also auch ein gleichberechtigtes Erwerbsleben – führen können, schien für sie einfach nicht zu gelten. Umgesetzt wurde es durch die Macht der Fakten (fehlende Kinderbetreuung, keine Ganztagsschulen) ebenso wie durch das Dickicht der stereotypen Vorstellungen, was ein Mann und was eine Frau ist und was sie zu tun haben. Frauen dieser Generation nahmen die »zweite Schicht« zu Hause noch auf sich. Die mangelnde Beteiligung der Männer dieser Generation an Haushalt und Kinderbetreuung ist längst erforscht. Viel quatschen, nichts tun. Das haben allzu viele von uns erlebt. Ums Müllruntertragen ging es dabei nicht. In den zermürbenden Kämpfen um das selbstverständliche Teilen von Arbeit gingen viel Kraft und manche Liebe verloren.

Was sich etwa ab den achtziger Jahren draußen abspielte, das ganze Flimmern und Rauschen der Bilderwelt, half uns nicht in unserem Wunsch nach Ankunft und Anerkennung. Wir waren keine puritanischen Spießerinnen, die sich in Säcke hüllten, um ja nicht zu gefallen. Aber wir spürten, dass die exzessive Bebilderung der Welt mit Supermodels etwa ab dem Ende der achtziger Jahre unseren Interessen zuwiderlief. Im Rückblick ist es unübersehbar:

Auf jeden Schritt der Emanzipation – etwa auf das Drängen der Frauen in gute Positionen auf dem Arbeitsmarkt in den achtziger Jahren – folgte ein Hieb, der die Frauen zurückwerfen sollte. In den neunziger Jahren begann der kommerziell äußerst lukrative Schönheits- und Schlankheitswahn die Gedanken junger Frauen zu absorbieren. Auf einmal war es wichtiger, schön als schlau zu sein. Wie die englische Feministin Natasha Walter in ihrem Buch »Living Dolls«[33] belegt. Achtzehnjährige wünschen sich Brustvergrößerungen zum Abitur statt Weltreisen und strömen in dumme Casting-Shows, wo sie von einem Topmodel gedemütigt werden, das nicht einmal die deutsche Grammatik beherrscht. »Mit hohe Absätze« – sagt Heidi Klum.

Die Normen, wie eine Frau auszusehen habe, treffen uns auch dann, wenn wir früher mit Latzhosen über den Campus liefen, wie die Journalistin, langjährige Chefredakteurin und Autorin Bettina Wündrich, 1960 geboren, von sich erzählt. Ihr 2011 erschienenes Buch »Einsame Spitze? Warum berufstätige Frauen glücklicher sind« geht den Bedingungen, unter denen Frauen ihr Leben gestalteten ohne Schönfärberei und Schuldvorwürfe nach und streift dabei auch am Rand die eigene, die Babyboomer-Generation. Sie zitiert eine Coaching-Expertin, die auf den Punkt bringt, wie unterschiedlich die Bedingungen sind, unter denen Frauen und Männer trotz formaler Gleichberechtigung an den Start gehen. Es ist geradezu ein Sinnbild für die Babyboomer-Generation:

»Frauen und Männer, das ist im Prinzip wie zwei Rennpferde, die zwar unter gleichen Bedingungen starten, aber das eine trägt zwanzig Kilo mehr Gepäck auf dem Rücken. Und nun stellen sich alle hin und sagen: Na, das ist aber ein müder Klepper.«[34]

Was Frauen um die fünfzig in ihrem Leben geschafft haben, das haben sie trotzdem geschafft. Hinter diesem »trotzdem« verbirgt sich ein ungeheurer Kraftaufwand. Frauen dieser Generation mussten in Deutschland in fast allen Bereichen des Lebens große Widerstände überwinden, wenn sie nicht leben wollten wir ihre Mütter. Sie strengten sich an und wurden dafür nicht unbedingt anerkannt. Im Gegenteil: Ihre Ambitionen stießen bei anderen, nicht zuletzt bei vielen Männern auf eine Mischung aus Angst und Unwillen. Der Perfektionismus, den sie wie eine Trotzreaktion entwickelten, setzte sie noch mehr unter Druck. Sie fühlten sich für alles verantwortlich, hatten hohe Ansprüche an sich, im Beruf, als Mutter, Hausfrau, Ehefrau, Freundin. Heute ist das vorbei. Mit der Müdigkeit, die sich nach den Jahren der Dauer-Überforderung einstellt, geht eine bisher ungekannte Gelassenheit einher. Frauen um die fünfzig wollen es nicht mehr jedem und jeder recht machen. Darin liegt viel Potenzial.

Kapitel II

Sprechen wir über Geld – und dann über Gleichberechtigung

Kristina Vaillant

Die Rentenfalle

Jahr für Jahr flattert er ins Haus. Der Bescheid der gesetzlichen Rentenversicherung. Er ist so etwas wie das Resümee, das die Rentenversicherung aus unserem Leben zieht – eine Abrechnung der Lebensleistung in Euro und Cent. Das klingt hart, ist aber von Staat und Politik so gemeint. Nicht zufällig nannte Ursula von der Leyen ihr Konzept für eine staatlich bezuschusste Mindestrente: »Lebensleistungsrente«. Seit 2002 versendet die gesetzliche Rentenkasse ihre Bescheide, die Auskunft über die »Höhe der zukünftigen Regelaltersrente« geben. Diese jährlichen Rentenauskünfte haben die Babyboomer seit Erreichen der Lebensmitte begleitet. Viele zukünftige Rentenempfänger haben die Briefe verschlossen in der Schublade verschwinden lassen, entweder weil sie sich keine Sorgen machten oder weil sie schlechte Nachrichten fürchteten. Für viele Frauen waren die Rentenbescheide ein Schock.

»Wenn ich meinen Rentenbescheid lese, muss ich heulen.« Solche Zuschriften bekommt die Berliner Sozialwissenschaftlerin und Rentenexpertin Barbara Riedmüller häufig. Es sind Frauen der geburtenstarken Jahrgänge, auf die Welt gekommen in den Jahren zwischen 1958 und 1968, die ihrer Verzweiflung in Briefen und E-Mails Luft machen. Über sechseinhalb Millionen Frauen sind heute zwischen 45 und 55 Jahre alt,[35] ein Alter, in dem viele Weichen gestellt sind: Die Entscheidungen über Ausbildung, Beruf, Ehe und Familie sind längst gefallen.

Keine Frauengeneration vor ihnen war so gut ausgebildet, keine in so hohem Maße berufstätig: Vier Fünftel sind erwerbstätig.[36] Und dennoch: Etwa ein Drittel von ihnen, das sind über zwei Millionen Frauen, werden voraussichtlich eine Rente von maximal 600 Euro bekommen.[37] Wenn diese Frauen in den Jahren zwischen 2023 und 2035 in Rente gehen, kann das ein Alter in Armut bedeuten. Denn von 600 Euro im Monat lässt sich schon heute nicht leben und nicht sterben.

Im schlimmsten Fall müssen Frauen nach einer Scheidung dem Ex-Mann Teile ihrer Rente abtreten – so wie Susanne F. Obwohl die 47-jährige Übersetzerin in zwanzig Jahren selbst nur um die 615 Euro aus der gesetzlichen Rentenkasse bekommen wird. Sie wurde 1965 geboren, hat studiert, promoviert und ist seit über zwei Jahrzehnten berufstätig. In ihrer gut zehn Jahre währenden Ehe wurde der heute 14 Jahre alte Sohn geboren. Seit der Trennung vom Vater erzieht sie ihn alleine. Ihre Berufstätigkeit hat sie trotz Promotion und Kindererziehung nie unterbrochen. Vollzeit berufstätig ist sie allerdings erst seit knapp zehn Jahren.

Während ihrer Ehe arbeitete sie nur halbe Tage, ein Grund war das Ehegattensplitting. Weil ihr Ehemann sehr viel mehr verdiente als sie, war der Steuerrabatt bei der gemeinsamen steuerlichen Veranlagung so hoch, dass sich das Familieneinkommen unter dem Strich nicht erhöht hätte, wenn sie, genauso wir ihr Ehemann, Vollzeit berufstätig gewesen wäre. Eine ökonomisch scheinbar vernünftige Entscheidung, zumindest kurzfristig, auf lange Sicht aber eine Falle – wie so oft – für die Frau. Denn wer wie Susanne F. viel in seine akademische Ausbildung investiert hat und danach nicht entsprechend verdient, macht hohe Verluste. Die lange Ausbildungszeit allein ist in der Rentenversicherung heute fast nichts mehr wert.[38] Für Susanne F. entpuppte sich aber nicht nur das Ehegattensplitting als Falle, sondern auch der Versorgungsausgleich bei der Scheidung: Ihr Ex-Mann verdiente während der Ehe als Vollzeit-Selbständiger zwar mehr als sie, zahlte aber nicht in die gesetzliche Rentenversicherung ein. Als »Ausgleich« muss sie deshalb später 30 Euro von ihrer nicht-existenzsichernden Rente an ihren Ex-Mann abgeben. Der hat nach der Scheidung in der Finanzbranche Karriere gemacht, eine neue Familie gegründet und in eine Eigentumswohnung investiert – im höheren Preissegment. Der Lebensstandard der beiden Familien unterscheidet sich eklatant. Das ist keine Ausnahme: Den meisten Frauen in Deutschland bleibt nach einer Scheidung weniger zum Leben, während sich die Ex-Ehemänner finanziell besser stellen.

Ursula M. ist ganz anders vorgegangen. Trotzdem wird auch sie nach über 45 Berufsjahren als Rentnerin nur knapp über dem Existenzminimum leben. Als Vierzehnjährige machte sie eine Lehre als Zahnarzthelferin, arbeitete ein paar Jahre in diesem Beruf, mit Anfang zwanzig absolvierte sie ihr Fachabitur. Danach jobbte sie, häufig schwarz, bis sie sich mit 29 Jahren entschloss, eine Ausbildung zur Rechtsanwaltsfachangestellten zu machen. Als ihre Tochter 1990 zur Welt kam, reduzierte sie ihre Arbeitszeit um die Hälfte. Das tun die meisten Frauen in Deutschland, wenn sie Kinder bekommen, damals wie heute. Wenige Jahre später konnte die Rechtsanwaltsfachangestellte ihre Arbeitszeit wieder auf 35 Wochenstunden erhöhen. Das gelingt nur den wenigsten, für die meisten Frauen bedeutet einmal Teilzeit immer Teilzeit.

Ursula M. startete mit dem für Rechtsanwaltsfachangestellte üblichen Einstiegsgehalt, das sind heute ca. 1300 bis 1400 Euro brutto. Inzwischen verdient die 53-Jährige in einer gut gehenden Anwaltskanzlei 2700 Euro brutto. In ihrem Beruf, in dem überwiegend Frauen arbeiten, ist das ein überdurchschnittliches Gehalt. Es liegt auch über dem durchschnittlichen Brutto-Arbeitslohn in Deutschland. Doch trotz dieses Gehalts und über 45 Berufsjahren stehen Ursula M. nach Auskunft der gesetzlichen Rentenversicherung im Alter nur 880 Euro zu. Verglichen mit ihren Altersgenossinnen ist das eine überdurchschnittliche Rente, die sie im Alter dennoch nicht über die Armutsgrenze heben wird.[39]

Auf eigene Initiative hin hat sie zusätzlich eine Direktversicherung über ihren Arbeitgeber abgeschlossen. Die wird ihr 200 Euro extra einbringen. Aber ihre Rente wird für zwei reichen müssen. Zu Hause, wo sie mit ihrem Lebensgefährten und der gemeinsamen Tochter lebt, ist sie die Hauptverdienerin. Damit gehört sie zu den etwa zehn Prozent erwerbstätigen Frauen in Paarhaushalten, die mehr als 60 Prozent zum Haushaltseinkommen beitragen. Ihre Familie profitiert nicht vom Ehegattensplitting, weil die beiden nicht verheiratet sind. Im Rentenalter wird ihr Lebensgefährte kaum etwas zum Haushalt beitragen können. Er ist selbständiger Handwerker und hat sich entschieden, nicht in die gesetzliche Rentenkasse einzuzahlen. Es gibt in Deutschland auch kein Gesetz, das ihn dazu verpflichtet.

Während Ursula M. ihre eigene Existenzsicherung immer im Blick hatte, verlässt sich Selma F. seit der Geburt des zweiten Kindes ganz auf ihren Ehemann. Ihre eigenen Rentenansprüche liegen deshalb weit unter dem Durchschnitt. Mit etwa 250 Euro aus der gesetzlichen Rentenkasse rechnet die 48-jährige Politikwissenschaftlerin. Ein wenig wird sie diese Summe durch eine Betriebsrente und eine private Zusatzversicherung aufstocken können, zum Leben wird es auf keinen Fall reichen. Dabei war sie schon mit sechzehn berufstätig, erst als Verkäuferin und nach ihrem Studium, das sie auf dem zweiten Bildungsweg abschloss, als Sozialarbeiterin. Ihre Stelle bei einem kirchlichen Träger gab sie nach der Geburt des zweiten Kindes auf – in Bedrängnis gebracht von ihren Kolleginnen und vom Ehemann: »Die Stimmung war schon seit vielen Jahren schlecht, und als es um Stellenkürzungen ging, zeigten meine Kolleginnen auf mich. Ich hätte ja schließlich einen Mann, der für mich sorgen könne.« Ihr Ehemann, der wie Selma F. mit Hilfe des Schüler-BAföGs in den siebziger Jahren den Bildungsaufstieg schaffte, verdiente in der IT-Branche schon damals weit mehr als sie. Außerdem hatte er gute Aufstiegschancen.

Immer häufiger arbeitete er deshalb bis in die Abendstunden: »Dann rief er im letzten Moment an und sagte, er könne unsere Tochter nicht abholen.« Mit der Zeit resignierte sie. Nach der Geburt des zweiten Kindes kündigte sie schließlich ihre Stelle. »Ich bin in eine Falle getappt«, sagt Selma F. rückblickend. Darüber, dass sie von nun an finanziell abhängig sein würde, hat sie sich damals keine Gedanken gemacht. Es gab auch niemanden, der ihre Entscheidung in Frage gestellt hat. Ehemännern, die anstatt der Ehefrauen wegen Kindererziehung aus dem Beruf ausscheiden, ergeht es anders. »Der Friseur und der Hausarzt haben meinen Mann gefragt, ob er sich das gut überlegt hat, er wäre dann ja von mir abhängig. Ich habe dann gesagt, diese Frage sollten sie mal ihren eigenen Frauen stellen.«[40] Das berichtet die Topmanagerin Regine Stachelhaus, deren Ehemann sich um Kind und Haushalt kümmerte, während sie Karriere machte.

Der Lebensverlauf von Selma F., gut ausgebildet und trotzdem Hausfrau, ist keine Ausnahme in Deutschland. Jedenfalls nicht in den alten Bundesländern. Jede fünfte Frau ihrer Generation lebt dort in einer Ehe mit traditioneller Arbeitsteilung. Ihre finanzielle Unabhängigkeit haben diese Frauen aufgegeben, ihr Lebensstandard steht und fällt mit dem des Ehemannes. Trennt sich das Paar oder wird der Ehemann arbeitslos, sinkt ihr Lebensstandard dramatisch. Wie viel Rente Selma F. – zusätzlich zu ihrer eigenen – über ihren »Ernährer« bei einer Scheidung oder als Hinterbliebene zustünde, darüber macht die gesetzliche Rentenversicherung in ihrem jährlichen Rentenbescheid keine Angaben. »Vielleicht kann mir im schlimmsten Fall jedes meiner Kinder später einen kleinen Betrag geben«, sagt Selma F., mehr ironisch als ernst gemeint. Eine Rückkehr in die archaische Form der direkten Altersversorgung durch die Nachkommen kann niemand ernsthaft wollen.

Im Alter ein Sozialfall?

Sind die Rentenaussichten dieser drei Frauen nichts als ein paar Einzelfälle? Leider nein! Die Berliner Politikwissenschaftlerinnen Barbara Riedmüller und Ulrike Schmalreck haben die »Lebens- und Erwerbsverläufe von Frauen im mittleren Lebensalter«[41] untersucht und herausgefunden: Über 40 Prozent, fast die Hälfte dieser Frauengeneration in Westdeutschland muss im Alter mit einer Rente von maximal 600 Euro rechnen; bei den ostdeutschen Frauen derselben Generation sind es gut 20 Prozent. In Ost und West könnte damit über zwei Millionen Frauen ein Leben in Armut drohen, wenn sie innerhalb der nächsten beiden Jahrzehnte in Rente gehen. Mit ihren geringen Renten können sie nach geltendem Recht einen Antrag auf »Leistungen zur Grundsicherung« stellen. Das aber ist keine Rente, es ist ein Almosen für Bedürftige. Wer Grundsicherung beantragen will, ist verpflichtet, seine Einkommens- und Vermögensverhältnisse offenzulegen. Grundsicherung ist also keine staatliche Leistung, die ihnen als Bürgerin zusteht. Das Amt prüft erst, ob ein Anspruch wegen Bedürftigkeit besteht. Millionen Frauen, die berufstätig waren, die für Kinder gesorgt haben und von denen viele bald auch noch ihre alten Eltern pflegen werden: degradiert zum Sozialfall.

Die Gewinner der Bildungsexpansion

Die Frauen der geburtenstarken Jahrgänge haben so hohe Schul- und Berufsabschlüsse erworben wie keine Frauengeneration zuvor. Sie holten enorm gegenüber den Männern auf und erarbeiteten sich außerdem einen beachtlichen Vorsprung gegenüber Frauen der Vorgängergeneration. Deshalb gelten sie als die Gewinnerinnen der Bildungsexpansion der siebziger Jahre. Die Zahlen sprechen eine deutliche

Sprache:[42] Ein gutes Viertel der Frauen legte das Abitur ab, damit zogen sie mit den Männern ihrer Generation fast gleich. Bei den mittleren Schulabschlüssen liegen sie mit 42 Prozent bereits um zehn Prozent vor ihren männlichen Altersgenossen. Die verließen nämlich noch zu einem guten Drittel die Schule mit einem Hauptschulabschluss, unter den Frauen war es nur noch wenig mehr als ein Viertel. Mit ihren guten Schulabschlüssen überrundeten die Frauen auch ihre Vorgängerinnen der Geburtsjahrgänge 1947 bis 1951 deutlich: Diese hatten nur zu gut 15 Prozent ihr Abitur abgelegt, 10 Prozent weniger als unter den Babyboomerinnen. Fast jede zweite Frau war damals noch mit einem Hauptschulabschluss von der Schule abgegangen, doppelt so viele wie bei den jüngeren Frauen.

Aufgeholt gegenüber den Männern haben die Frauen der geburtenstarken Jahrgänge vor allem bei den Hochschulabschlüssen: 13 Prozent erreichten einen Hochschulabschluss, damit lagen sie nur noch fünf Prozent hinter ihren männlichen Altersgenossen. Das gelang ihnen in den siebziger und frühen achtziger Jahren, als in der Bundesrepublik Chancengleichheit mehr als nur ein Modewort oder ein politischer Kampfbegriff war. Die Sozialdemokraten hatten den Aufstieg durch Bildung zum Programm erklärt. Aber die Idee, jungen Menschen eine Chance auf sozialen Aufstieg durch Bildung zu ermöglichen – sie reifte zum gesellschaftlichen Konsens. Frauen haben diese Chance entschlossen ergriffen. Niemals zuvor in der Geschichte waren Frauen so gut qualifiziert und gingen mit derart hohen Bildungsabschlüssen ins Berufsleben.

Für die Männer war ein möglichst hoher Bildungsabschluss offenbar weniger wichtig, ihrer beruflichen Aufstiegschancen waren sie sich trotzdem gewiss. In seinem Generationenporträt »Wir Babyboomer« schreibt der Journalist Martin Rupps: »Letztlich wussten wir Babyboomer aber auch, dass uns mit oder selbst ohne Studienabschluss eine

Anstellung sicher war.«[43] Die Männer unter den Babyboo-
mern waren zuversichtlich, auch ohne sich in Schule und
Ausbildung übermäßig anzustrengen. Auch wer sein Stu-
dium hinschmiss, hätte seinen Weg gemacht, erinnert sich
Rupps, es hätte eben nur länger gedauert. Man kann auch
sagen: Selbst durchschnittlich begabte und mäßig fleißige
Männer dieser Generation haben es auf diesem Wege in die
Führungsetagen von Wirtschaft, Politik und Verwaltung
geschafft. Viele waren Aufsteiger. »Aus Elternhäusern ohne
Bildungshintergrund gelangen ihnen damals auch dank des
SPD-Programms der ›Chancengleichheit‹ Karrieren, von
denen ihre Väter nicht zu träumen wagten. Die Mütter
träumten gar nicht. Sie schufteten den ganzen Tag, drei, vier
Kinder waren in diesen Familien keine Seltenheit. Die erfolgreichen Söhne sind der Stolz einer Mutter, die sich auf-
geopfert hat.«[44]

Und wie steht es um die Töchter? Haben sich ihre Anstrengungen in der Schule, in der Ausbildung und im Studium rentiert, hat es sich ausgezahlt, dass sie anderen Lebensentwürfen folgten als ihre Mütter? Die Frauengeneration im Westen, die heute kurz vor der Rente steht, wird im
Durchschnitt Rentenzahlungen in Höhe von 533 Euro erhalten.[45] Für die nachfolgende Frauengeneration der Babyboomer sind es 622 Euro. Nur knapp 100 Euro mehr. Und
das, obwohl sie mit einem weit höheren Bildungsstand ins
Berufsleben gestartet sind, obwohl sie überwiegend berufstätig sind und nur noch ein Bruchteil von ihnen dem traditionellen Rollenmodell gefolgt ist und Hausfrau wurde.

Warum Altersarmut?

Als sich die Generation der Babyboomer in den achtziger und neunziger Jahren nach der Ausbildung auf Arbeitsplatzsuche begab, zeigten sich die Auswirkungen einer strukturellen Krise, die schon in den siebziger Jahren eingesetzt hatte. Die Wirtschaftsentwicklung war – nach dem Wirtschaftswunder der Nachkriegszeit – für jeden spürbar gebremst, steigende Arbeitslosigkeit die Folge. So verlief der Übergang von der Ausbildung ins Berufsleben für diese Generation selten glatt. Die Konkurrenz auf dem Arbeitsmarkt war besonders groß, eine Anstellung auf Lebenszeit nicht mehr die Regel. Das ist eine, aber bei weitem nicht die wichtigste Ursache dafür, dass es vorwiegend die Frauen dieser Generation waren, die sich in wenig aussichtsreichen, häufig prekären Arbeitsverhältnissen einrichten mussten – mit schwerwiegenden Folgen, bis hin zur Rente.

Die Teilzeitfalle

Acht von zehn Frauen im Alter von 45 bis 55 Jahren sind in Deutschland erwerbstätig, jede zweite geht einer sozialversicherungspflichtigen Beschäftigung nach. In den neuen Bundesländern sind es sogar 64 Prozent. Auf den ersten Blick erstaunlich hohe Zahlen. Was man leicht übersieht: Gut die Hälfte dieser Frauen arbeitet in Teilzeit.[46] In allen Altersgruppen sind heute mehr Frauen in Deutschland erwerbstätig als jemals zuvor, aber der Zuwachs besteht hauptsächlich aus Teilzeitarbeitsstellen. Nur selten ist das eine existenzsichernde 30-Stunden-Stelle, viel häufiger arbeiten Frauen in Mini-Teilzeit unter 20 Wochenstunden mit geringen Aufstiegschancen. Im schlimmsten Fall ist es eine geringfügige Beschäftigung mit schlechter Bezahlung und kaum sozialer Absicherung.

Der Trend zur Teilzeitarbeit hat sich seit der Jahrtausendwende verstärkt. Noch im Jahr 2000 lag die Teilzeitquote der Babyboomerinnen bei gut 40 Prozent, seitdem steigt sie kontinuierlich an. Aber nicht nur bei dieser Frauengeneration. Betrachtet man die Teilzeitquoten über alle erwerbstätigen Frauen hinweg, ist die Entwicklung noch weit dramatischer: Zwischen 1991 und 2007 hat sich der Anteil der teilzeitbeschäftigten Frauen verdoppelt. Drei Viertel der fast zwölf Millionen Teilzeitbeschäftigten in Deutschland waren im Jahr 2007 Frauen.[47]

Aber nicht nur in Deutschland, auch in anderen europäischen Ländern hat die Teilzeitarbeit in den vergangenen Jahrzehnten zugenommen. Spitzenreiter im europäischen Vergleich, vor Deutschland und der Schweiz, sind die Niederlande: 77 Prozent der Frauen und 25 Prozent der Männer arbeiten dort in Teilzeit.[48] Der Unterschied zu Deutschland: Teilzeitarbeit ist in den Niederlanden keine Restkategorie auf dem Arbeitsmarkt. Auch Führungskräfte arbeiten in den Niederlanden häufig weniger als 40 Wochenstunden. Weil der Staat Teilzeitarbeit aufwertet. Die Beiträge zur Sozialversicherung werden aus öffentlichen Mitteln aufgestockt, so dass Teilzeitbeschäftigte keine Abzüge bei der Rente zu befürchten haben. In Deutschland dagegen ist Teilzeit nahezu gleichbedeutend mit prekärer Beschäftigung, ohne Aussicht auf eine existenzsichernde Rente.

Arbeitsmarktexperten sprechen von einer »Arbeitszeitlücke« in Deutschland, die sich zwischen Männern und Frauen auftut. Eine Lücke, die sich insbesondere gegenüber Frauen mit Kindern vergrößert: Mehr als drei Viertel aller erwerbstätigen Mütter mit Kindern unter 16 Jahren arbeiteten im Jahr 2007 in Teilzeit. Die Gründe, die Frauen für Teilzeitbeschäftigung angeben, unterscheiden sich: Während Frauen in den westlichen Bundesländern eher familiäre Verpflichtungen und persönliche Gründe angeben, sagen Frauen in Ostdeutschland, dass sie keine Vollzeitstelle finden konnten. Anders bei den wenigen Männern mit Teilzeitarbeitsplätzen:[49] Ihre Motive stehen in keinerlei Zusammenhang mit der Anzahl oder dem Alter der Kinder. Wenn es um Arbeitszeiten jenseits der 40-Stunden-Woche geht, allerdings schon: Leben Kinder im Haushalt, leisten Väter überdurchschnittlich viele Überstunden – und überlassen ihren Partnerinnen die Sorge für die Kinder.

Teilzeitarbeit war für die Frauen der geburtenstarken Jahrgänge in den alten Bundesländern oft die einzige Möglichkeit, überhaupt ihren Beruf auszuüben, wenn sie kleine Kinder hatten. Seit der Einführung des Teilzeit- und Befristungsgesetzes im Jahr 2000 haben Arbeitnehmer in Betrieben mit mehr als 15 Angestellten sogar ein Recht auf Teilzeit. Was viele nicht ahnten: Der Weg zurück in eine Vollzeitbeschäftigung ist ungleich schwerer und gesetzlich auch nicht geregelt: das Aufstocken der Teilzeit zu Vollzeit. Und manchmal führte eine Teilzeitstelle aus familiären Gründen gleich ganz aus dem Beruf heraus. So wie bei der 45-jährigen Betriebswirtschaftlerin Friederike M. Als Produktmanagerin bei einem multinationalen Lebensmittelkonzern beschäftigt, reduzierte sie nach der Geburt ihres ersten Kindes ihre Arbeitszeit um die Hälfte, die übrige halbe Stelle übernahm eine Kollegin, die ebenfalls Mutter geworden war. Als sie drei Jahre nach der Geburt des ersten Kindes noch Zwillinge zur Welt brachte, entschied sie sich für den Ausstieg aus dem Beruf – der Kinder wegen. Finanziell war das für die Familie kein Problem. Ihr Ehemann trat eine besser bezahlte Stelle als Manager in einer anderen deutschen Großstadt an, fortan war er nur noch an den Wochenenden zu Hause. Die »Vollzeitstelle« hatte sie nun zu Hause, unbezahlt und im Grunde nur befristet. Die Kinder werden das Haus in fünf bis zehn Jahren verlassen. Dann wird sie Ende fünfzig sein. Der Ausstieg aus ihrem Beruf war dagegen höchstwahrscheinlich ein Abschied für immer.

Nach einer längeren Familienphase gelingt Frauen der Wiedereinstieg in den Beruf nur äußerst selten. Die Sozialwissenschaftlerin Jutta Allmendinger kommt in ihrer Studie »Verschenkte Potenziale?« zu einem ernüchternden Ergebnis: Nur 13 Prozent schaffen die Rückkehr in ihren Beruf. Wenn es ihnen gelingt, heißt das aber noch lange nicht, dass sie an ihren früheren beruflichen Status anknüpfen können: »Eine Rückkehr in Vollzeitbeschäftigung ist fast keiner Frau möglich. Der Zugang zu gutem Einkommen und beruflicher Karriere bleibt ihnen meist verschlossen«, schreibt Allmendinger.[50]

Endstation Minijob

Besonders verheerend wirkt es sich auf die Rente aus, wenn Frauen noch weit weniger als halbtags erwerbstätig, wenn sie geringfügig beschäftigt sind. Das sind die Minijobberinnen, die bis zu 450 Euro monatlich verdienen dürfen und das Heer der Servicekräfte und Dienstleisterinnen stellen – in Hotels, Supermärkten und Kaufhäusern, in Alten- und Pflegeheimen. Über 60 Prozent der Minijobberinnen sind Frauen. In der Gruppe der 40- bis 50-Jährigen stellen sie sogar über 70 Prozent – und ihr Anteil nimmt zu.

Am 31. März 2013 meldete die Minijobzentrale der Agentur für Arbeit 6,8 Millionen geringfügig Beschäftigte. Weil manche Arbeitnehmer notgedrungen zwei Minijobs annehmen, liegt die Gesamtzahl dieser Arbeitsverhältnisse sogar bei über sieben Millionen. Jede vierte Stelle ist damit in Deutschland ein Minijob! Die meisten Minijobs bieten Unternehmen an, aber jeder dritte Minijobber arbeitet als Haushaltshilfe oder Babysitter im Privathaushalt. Dabei sind Minijobber keineswegs ungelernte Arbeitskräfte. 80 Prozent von ihnen haben eine abgeschlossene Berufsausbildung, 11 Prozent sogar einen Hochschulabschluss.[51] Daraus kann man nur eines schließen: Die Bildung und Qualifikation der Frauen wird auf dem Arbeitsmarkt verramscht.

So selbstverständlich die Einrichtung Minijob heute erscheinen mag, dieses prekäre Beschäftigungsverhältnis war vor der Jahrtausendwende unter den berufstätigen Babyboomerinnen noch selten anzutreffen: Verschwindend geringe 0,1 Prozent der ostdeutschen und nur knapp drei Prozent der westdeutschen Frauen hatten damals einen Minijob. Viele der Minijobs sind als Folge der Hartz-Reformen entstanden. Zwischen 2003 und 2005 verabschiedet, sollten diese Reformen zur Flexibilisierung des Arbeitsmarktes in Deutschland beitragen. Bis zum Jahr 2008 stieg dadurch der Anteil in Westdeutschland auf 13 Prozent, in Ostdeutschland auf vier Prozent. Inzwischen hat sich herumgesprochen, dass der als Triumph gefeierte Rückgang der Arbeitslosigkeit in Deutschland nach den Hartz-Reformen zu großen Teilen auf den Anstieg »atypischer Beschäftigung« zurückzuführen ist. Das gilt vor allem für den Anstieg der Erwerbstätigkeit bei Frauen und bei älteren Menschen. Wie eine aktuelle Studie belegt, ist Deutschland hier im europäischen Vergleich spitze: In keinem anderen Land Europas ist die prekäre Teilzeitbeschäftigung von Frauen so stark ausgeprägt wie in Deutschland.[52]

Minijobs sind das Schlechteste, was der Arbeitsmarkt zu bieten hat. Sie sind nicht nur schlecht bezahlt, die Minijobber sind auch sozial kaum abgesichert – berufliche Weiterentwicklung ist so gut wie ausgeschlossen. Dass Arbeitgeber ihren Minijobbern bezahlten Urlaub und Lohnfortzahlung im Krankheitsfall vorenthalten, ist keine Ausnahme. Selbst der Anspruch auf Bezahlung im Mutterschutz wird häufig umgangen. Solche Verstöße gegen das Arbeitsrecht werden staatlicherseits nur selten geahndet.[53] Seit 2013 gilt eine gesetzliche Rentenversicherungspflicht für Minijobberinnen.

Das klingt besser, als es ist. Von der Pflicht können sich die Minijobberinnen auf Antrag befreien, was die meisten auch tun. Das ist nicht verwunderlich, denn bei den Rentenansprüchen, die aus Minijobs entstehen, kann es sich allenfalls um eine Handvoll Euro pro Arbeitsjahr handeln. Und wenn Frauen einen Minijob im Privathaushalt haben, müssen sie den gesetzlichen Rentenbeitrag von 18,9 Prozent auch noch fast ganz allein von ihrem Mini-Gehalt tragen, der Arbeitgeber übernimmt nur fünf Prozent, so will es das Gesetz.[54]

Trotzdem preist die Minijobzentrale der Agentur für Arbeit auf ihrer Internetseite die »vielen Vorteile« des Minijobs. Er biete angeblich die Chance für den »Einstieg in ein reguläres Arbeitsverhältnis«. Genau das Gegenteil ist der Fall: Nur die wenigsten geringfügig Beschäftigten finden über einen Minijob in eine sozialversicherungspflichtige Beschäftigung. Viel wahrscheinlicher ist, dass sie über Jahre im Minijob bleiben oder schließlich ganz aus dem Berufsleben ausscheiden. Der Sozialwissenschaftler Carsten Wippermann spricht von einer »Klebewirkung«, die Minijobs aufgrund der steuerlichen Anreize entfalten, während die berufliche Qualifikation durch das Stigma Minijob entwertet wird.[55] Wippermann, der die Lage von »Frauen im Minijob« im Auftrag des Familienministeriums untersucht hat, zieht ein eindeutiges Resümee. Minijobs, schreibt er, sind ein »Programm zur Erzeugung lebenslanger ökonomischer Ohnmacht und Abhängigkeit von Frauen«.[56]

Gut gebildet, schlechter bezahlt

Neben Teilzeitarbeit und geringfügiger Beschäftigung gibt es eine weitere Ursache für die geringen Renten, die Frauen in Deutschland zu erwarten haben: das Lohngefälle zwischen den Geschlechtern. In keinem anderen europäischen Land klafft die Lohnlücke so weit auseinander wie in

Deutschland. Ein weiterer trauriger Rekord für Deutschland. Eine Studie vom Dezember 2012 zum Gender-Pay-Gap in den 34 OECD-Mitgliedsländern belegt: Frauen in Deutschland verdienen durchschnittlich 22 Prozent weniger als ihre männlichen Kollegen.[57] Das ist der drittschlechteste Wert unter den OECD-Ländern, und er liegt weit über dem OECD-Durchschnitt von 16 Prozent. Innerhalb Europas ist der deutsche Gender-Pay-Gap sogar einsame Spitze: In Frankreich beträgt die Lohnlücke »nur« 13 Prozent, in Griechenland und Norwegen liegen weniger als 10 Prozent zwischen den Gehältern von Männern und Frauen.

Das Wirtschafts- und Sozialwissenschaftliche Institut der Hans-Böckler-Stiftung hat in seiner Studie »Geschlechtsspezifische Lohndifferenzen nach dem Berufsstart und in der ersten Berufsphase« im Dezember 2008 festgestellt, dass Frauen bereits zu Beginn ihres Berufslebens knapp 19 Prozent weniger als Männer verdienen, was schon weit über dem OECD-Durchschnitt liegt. Diese Lücke vergrößert sich im Laufe des Berufslebens. Und nicht etwa weil Frauen weniger gut qualifiziert sind oder weil sie die »falschen«, traditionell weiblich geprägten Berufe ergreifen. Wie sonst wäre es zu erklären, dass eine junge Frau, die sich für ein Physik-Studium entscheidet, später in ihrem Beruf ein Viertel weniger verdienen wird als ihre männlichen Kollegen? Gerade unter Physikern ist die Lohnlücke mit 24 Prozent besonders groß: Frauen, die sich für diesen Beruf entschieden haben, verdienen durchschnittlich 4134 Euro brutto, Männer dagegen 5466 Euro.[58]

Sobald Frauen die Grenzen der weiblich geprägten Berufe durchbrechen, gehen sie finanziell tatsächlich ein besonders hohes Risiko ein. Die Wahrscheinlichkeit, später nicht ihrem Abschluss gemäß bezahlt zu werden, ist für Frauen, die sich für ein Physik-Studium oder einen anderen natur- oder ingenieurwissenschaftlichen Studiengang entscheiden, viel größer als für Frauen, die zum Beispiel Lehrerin werden.[59] Dieser Beruf war im 19. Jahrhundert der erste akademische Beruf, der Frauen offenstand. Seitdem ist der Lehrerberuf stark weiblich geprägt. Das zeigt zweierlei: Das Argument der Berufswahl taugt nicht, um die Einkommensunterschiede zwischen Männern und Frauen in Deutschland zu erklären. Auf die Berufswahl selbst ist nur ein kleiner Teil des Einkommensrückstands gegenüber Männern zurückzuführen, nicht aber die große Kluft. Der Gender-Pay-Gap geht auch auf die diskriminierende Behandlung von Frauen im Berufsleben zurück.[60]

Anders gesagt: Bildungsabschlüsse von Frauen und Männern sind unterschiedlich rentabel. Frauen bekommen häufig für die gleiche Arbeit weniger Geld. Übernehmen sie Führungsaufgaben, steigen sie nicht so selbstverständlich wie Männer in der Hierarchie der Organisationen auf. Das hat bei den akademisch gebildeten Männern und Frauen der geburtenstarken Jahrgänge zu einer besonders großen Gehaltslücke geführt: Zu Beginn ihrer Karriere, im Alter von 25 bis 30 Jahren, bekommen Akademikerinnen »nur« rund 15 Prozent weniger Gehalt als ihre männlichen Kollegen – ein Prozentpunkt unter dem OECD-Durchschnitt. Danach wächst die Einkommenslücke kontinuierlich. Über 25 Prozent, so groß ist die Gehaltslücke zwischen studierten Männern und Frauen im Alter von 46 bis 50 Jahren.[61]

Kinder und Beruf: Bonus oder Risiko

Es sind die zehn Jahre zwischen dem 30. und dem 40. Lebensjahr, in denen Berufstätige die Früchte ihrer Bildung ernten. Und es ist zugleich der Lebensabschnitt, in dem Frauen wegen der Geburt ihrer Kinder in Teilzeit arbeiten oder ihre Erwerbstätigkeit ganz unterbrechen. Es ist das Alter, in dem sie von ihren Kollegen und Chefs am Arbeitsplatz als potenziell »werdende Mutter« einsortiert werden.

Das kann drastische Konsequenzen haben. Es kann bedeuten, dass Frauen trotz ihrer Qualifikation der berufliche Aufstieg verwehrt wird, es kann heißen, dass sie gegen ihren Willen für immer in Teilzeit bleiben, dass sie in Minijobs oder ganz aus dem Beruf gedrängt werden. Frauen stecken hier in einem Dilemma. Einerseits ist die Versuchung, die eigenen beruflichen Interessen zurückzustellen, für diejenigen groß, die mit einem gutverdienenden Partner zusammenleben, andererseits wird es jenen Frauen, die sich beruflich entfalten wollen, die finanzielle Unabhängigkeit anstreben, unendlich schwergemacht. Die Sozialwissenschaftlerin Jutta Allmendinger brachte diese paradoxe Situation für Frauen in Deutschland auf die Formel: »Der Heiratsmarkt ist für Frauen immer noch lukrativer als der Arbeitsmarkt.«

Frauen rennen in dieser Lebensphase gegen Hürden an, von denen man glaubt, sie seien längst aus dem Weg geräumt. Das haben die Frauen der geburtenstarken Jahrgänge erlebt, aber auch zwanzig Jahre später hat sich daran offenbar nicht viel geändert, wie ein NDR-Fernsehbeitrag vom 26. Februar 2013 zeigt. In der Sendung Panorama 3 berichteten Frauen, dass sie in Bewerbungsgesprächen regelmäßig nach geplanten Schwangerschaften befragt wurden – selbst eine kirchliche Schwangerenberatung machte davor nicht halt. Obwohl die Frage gegen das Arbeitsrecht verstößt, werden Frauen in Bewerbungsgesprächen häufig damit konfrontiert, das bestätigt in dem Beitrag der Bildungs- und Sozialexperte Stefan Sell von der Hochschule Koblenz.[62]

Um angesichts dieses Drucks nicht aus der Karrierelaufbahn herauskatapultiert zu werden, greifen Frauen manchmal zu verzweifelten Maßnahmen: Die 1965 geborene Journalistin Simone F. berichtet, sie habe ihre beiden noch nicht schulpflichtigen Kinder kurzerhand aus dem Lebenslauf gestrichen, als sie sich Ende der neunziger Jahre auf eine aussichtsreiche Stelle bewarb. Sie wollte nicht riskieren, aussortiert zu werden. Das hatte sie bereits mehrfach erlebt. In einem Bewerbungsgespräch, kurz nach dem Studienabschluss, hatte die Redakteurin einer populären Fernsehnachrichtensendung den Familienstand der Bewerberin mit dem Satz kommentiert: »Ach so, Sie haben kleine Kinder zu betreuen.« Die Worte klangen mitfühlend, sagten im Grunde aber nur eines: Der Job ist nichts für eine Frau, die Mutter von zwei kleinen Kindern ist.

Wenige Jahre später und um einige Berufserfahrung reicher, bewarb sie sich auf eine gut dotierte Stelle, dieses Mal im Bundesfamilienministerium. Vor der Riege der Abteilungsleiter, hauptsächlich Männer, die sich für das Auswahlgespräch als Teil des Assessment-Centers versammelt hatten, fragte sie, ob und wie sich eine Teilzeitbeschäftigung von 30 bis 35 Stunden organisieren ließe. Schweigend übergingen sie ihre Frage. Die Frau hatte für bare Münze genommen, was sie in der Stellenanzeige gelesen hatte: »Um den Anteil von Frauen zu erhöhen, ist eine Teilzeitbeschäftigung möglich«.

Ganz gleich, ob bei der Bewerbung um einen Arbeitsplatz oder mitten im Beruf: Schwanger werden und Kinder haben ist nach wie vor ein großes Risiko – trotz aller Maßnahmen zur Vereinbarkeit von Familie und Beruf. Und dieses Risiko wird allein den Frauen aufgebürdet.

Männer mit Kindern dagegen können am Arbeitsmarkt punkten. In ihrem Lebenslauf gelten Kinder als Ausweis für eine solide Lebensführung. Ein Universitätsprofessor garniert seine akademischen Meriten und lange Publikationsliste mit der Information, auch Vater »einer Tochter und eines Sohnes« zu sein. Und liefert damit, wenn auch unbeabsichtigt, den Hinweis, dass ihm die Mutter der Kinder auf dem langen und mühevollen Weg zur Professur den Rücken freigehalten hat. Der Hinweis ist eine moderne Variante des Danks »für das Abtippen des Manuskripts an meine liebe Frau«, den frühere Gelehrten-Generationen ihren Doktorarbeiten und Habilitationsschriften voranstellten. Wenn

Männer ohne eigenes Zutun, sondern allein aufgrund ihres familiären Status Vorteile genießen, sprechen Wirtschaftswissenschaftler vom »marriage premium«, zu Deutsch »Heiratsbonus«. Ein Bonus, der sich auch finanziell für sie auszahlt – bis ins Rentenalter.

Für berufstätige Frauen werden Kinder dagegen schnell zum Malus. Erziehungszeiten, Teilzeitarbeit und entgangene Beförderungen haben drastische Einkommenseinbußen zur Folge. Bereits ein einjähriger Erziehungsurlaub reduziert den Lohn um durchschnittlich 16 Prozent – verglichen mit einer Frau, die ihre Erwerbstätigkeit nicht unterbricht.[63] Noch dramatischer sind die Lohneinbußen, die sich über eine längere Zeitspanne aufsummieren: 83 000 Euro, so hoch ist der Rückstand nach 15 Berufsjahren, wenn eine Frau im Alter von 30 Jahren ein Kind bekommt und nach der Geburt drei Jahre Teilzeit arbeitet. Nimmt sie ein Jahr Erziehungszeit und arbeitet im Anschluss daran fünf Jahre Teilzeit, verdoppelt sich der Verlust nahezu. Dann verliert sie 153 000 Euro gegenüber einer in Vollzeit erwerbstätigen Frau ohne Kind. Selbst 15 Jahre nach der Geburt des Kindes und bei ununterbrochener Vollzeit-Berufstätigkeit erreichen Frauen mit Kindern nicht den Stundenlohn einer entsprechend erwerbstätigen 46-jährigen Frau ohne Kinder.[64] Die Einkommenslücke gegenüber einem männlichen Kollegen dürfte noch einmal entsprechend höher ausfallen, wenn man zusätzlich den Gender-Pay-Gap berücksichtigt.

Zielsicher in die Rentenlücke

Die finanziellen Einbußen, die Frauen im Laufe ihres Erwerbslebens zugemutet werden, sind beträchtlich. Existenzbedrohend können sie werden, wenn Frauen in Rente gehen. Frauen in Westdeutschland bekamen beim Renteneintritt im Jahr 2010 durchschnittlich 45 Prozent weniger Rente als westdeutsche Männer, also nur etwa halb so viel: 475 Euro gegenüber 878 Euro. In Ostdeutschland war die Differenz mit 22 Prozent nur etwa halb so groß. Zu erwarten wäre, dass sich diese Rentenlücke zwischen Frauen und Männern in Zukunft schließt, denn die Frauen der geburtenstarken Jahrgänge sind häufiger erwerbstätig und auch besser ausgebildet als die Frauen der Vorgängergeneration. Bei den ostdeutschen Frauen ist das tatsächlich der Fall. Die Rentenlücke schrumpft auf 15 Prozent. In Ostdeutschland waren Frauen, vor allem bis zur Wiedervereinigung, aber auch danach, häufiger in Vollzeit erwerbstätig und sind viel seltener wegen ihren Kindern aus dem Beruf ausgestiegen.

Anders dagegen bei den Frauen der geburtenstarken Jahrgänge in Westdeutschland: Hier vergrößert sich die Lücke auf 56 Prozent. Die Rentenerwartungen der Frauen aus Erwerbstätigkeit sind nicht einmal halb so hoch wie die der Männer. Rechnet man zusätzlich die Rentenansprüche hinzu, die nicht aus Erwerbstätigkeit, sondern zum Beispiel durch die Geburt von Kindern entstanden sind, beträgt die Differenz gegenüber den Männern ihrer Generation immer noch 45 Prozent.[65]

Das ist ein trauriger Rekord für Deutschland. Wieder einer. In keinem der 34 OECD-Mitgliedsländer ist das geschlechtsbedingte Rentengefälle so groß wie in Deutschland. Nicht nur in allen anderen europäischen Ländern und in

Nordamerika, auch in Chile, Mexiko und der Türkei ist der Abstand bei den Renten zwischen Frauen und Männern weniger groß als in Deutschland. Das ergab eine Studie der OECD zur Gleichstellung der Geschlechter in den Mitgliedsländern vom Dezember 2012.[66] Wie aber wird aus der Arbeits- und Gehaltslücke diese gigantische Rentenlücke für Frauen in Deutschland?

Wer nicht für andere sorgt, hat ausgesorgt

Die gesetzliche Rentenversicherung in Deutschland baut konsequent auf dem Erwerbsleben der Versicherten auf. Eine existenzsichernde Rente erwirbt in diesem System nur, wer im Laufe seines Lebens möglichst ohne Unterbrechung erwerbstätig war: und zwar in Vollzeit, sozialversicherungspflichtig und mindestens zu einem durchschnittlichen Monatseinkommen. So sieht jedenfalls der Lebenslauf des deutschen Standardrenten-Empfängers aus. Die deutsche Rentenversicherung hat dafür die Figur des Eckrentners erfunden: Der deutsche Eckrentner war 45 Jahre lang ununterbrochen erwerbstätig und verdiente ein Brutto-Durchschnittsgehalt. Das sind im Jahr 32 446 Euro in den alten und 27 605 Euro in den neuen Bundesländern. Dafür bekommt er, wenn er in Rente geht, monatlich 1260 Euro ausgezahlt – die deutsche Standardrente. Mit der Lebensrealität der meisten Frauen hat diese Modellrechnung allerdings wenig zu tun, weder was den Erwerbsverlauf angeht noch die Höhe der Rentenzahlung. Die Rente des deutschen Modellrentners ist etwa doppelt so hoch wie die Rente, die Frauen der geburtenstarken Jahrgänge in Westdeutschland zu erwarten haben.

Im Fachjargon nennt man ein solches Rentensystem erwerbszentriert. Jede Abweichung vom Modell des Eckrentners zieht hohe Einbußen bei der Rente nach sich. Es gibt europäische Länder, in denen das Rentenversicherungssystem einer anderen Logik folgt, nämlich den realen Bedürfnissen der Menschen. In unserem Nachbarland Schweiz wird die gesetzliche Rente als eine Bürgerrente ausgezahlt. Jeder zahlt ein, und jedem steht sie zu, ganz unabhängig davon, wie viel und wie lange jemand berufstätig war. Dadurch werden Einkommensunterschiede zum Teil ausgeglichen. Niemand wird wie in Deutschland im Alter zum Sozialfall gemacht, nur weil der Lebenslauf sich nicht mit der Logik des Rentensystems verträgt.

Anstatt Einkommensunterschiede zu nivellieren, betont die Rentenberechnung im deutschen Rentensystem die Einkommensunterschiede während des Erwerbslebens. Im Rentenalter schlagen sie voll durch. Die Formel, die zur Ermittlung der Entgeltpunkte angewendet wird, macht das auf einen Blick deutlich: Die Entgeltpunkte, die Rentenversicherte im Laufe ihres Lebens ansammeln, werden berechnet, indem das sozialversicherungspflichtige Einkommen des Einzelnen in Bezug gesetzt wird zum durchschnittlichen Bruttoeinkommen der erwerbstätigen Bevölkerung.[67] Jedes Jahr, in dem das Bruttoeinkommen eines Beitragszahlers unterhalb des Durchschnitts liegt, wird mit weniger als einem Entgeltpunkt bewertet, liegt es darüber, werden Entgeltpunkte über 1 auf dem Rentenkonto gutgeschrieben. Logisch, dass sich mit Teilzeitarbeit und unterdurchschnittlichen Gehältern in Deutschland nicht genügend Entgeltpunkte für eine existenzsichernde Rente erarbeiten lassen. 45 Entgeltpunkte, also eine ununterbrochene Erwerbstätigkeit seit dem 20. Lebensjahr zu einem durchschnittlichen Einkommen sind derzeit erforderlich, um eine Rente von 1260 Euro zu erwirtschaften.

Belohnt werden in diesem Rentensystem nur jene, die eine mindestens über vier Jahrzehnte stabile Erwerbsbiographie vorweisen können – und das sind derzeit in Deutschland vor allem die Männer der geburtenstarken Jahrgänge, die in den alten Bundesländern aufgewachsen sind.[68] Die Erwerbsbiographien von Frauen hingegen, geprägt von Teilzeitarbeit und Lohneinbußen, ziehen eine »geschlechtsspezifische Rentenlücke« nach sich. Eine Lücke, die auch durch zusätzliche Rentenpunkte für Kinder keinesfalls ausgeglichen wird.

Kein Rentenausgleich für Kinder

Für jedes Kind bekommt eine Frau drei Entgeltpunkte von der Rentenversicherung gutgeschrieben, genauso viel wie ein Arbeitnehmer mit einem durchschnittlichen Gehalt für drei Jahre Erwerbstätigkeit. Ein Entgeltpunkt hat derzeit einen Wert von knapp 25 Euro in den neuen Bundesländern und etwa 28 Euro in den alten Bundesländern. Frauen bekommen also nicht einmal 85 Euro Rente im Monat für die zwei Jahrzehnte dauernde Sorge für ein Kind. Und drei Entgeltpunkte bekommen derzeit auch nur die Frauen, deren Kinder nach dem 1. Januar 1992 geboren wurden. Für Kinder, die vor diesem Stichtag zur Welt kamen, schreibt die Rentenkasse nur einen einzigen Entgeltpunkt gut. Die CDU hat eine Angleichung der Rentenansprüche in ihr Programm geschrieben. Ob sie dies in der laufenden Legislaturperiode durchsetzt, wird sich zeigen. Die Rentenversicherung selbst betreibt in dieser Frage keine Aufklärung, sondern beschönigt: »Wer Kinder erzieht, leistet einen Beitrag für die Solidargemeinschaft«, ist in einer Infobroschüre zur Rentenberechnung zu lesen. »Die Zeit der Kindererziehung wirkt sich daher rentensteigernd aus. Und das ganz ohne eigene Beiträge«, heißt es großspurig.[69]

Wie es wirklich um die rentensteigernde Wirkung bestellt ist, hat die Rentenexpertin Anika Rasner vom Deutschen Institut für Wirtschaftsforschung Berlin (DIW) ausgerechnet: Frauen in den alten Bundesländern müssten mindestens sieben Kinder bekommen, um in der durchschnittlichen Rentenhöhe zu ihren männlichen Altersgenossen aufzuschließen. Mütterrenten, das zeigt ihr Rechenexempel, werden die Rentenlücke der Frauen nicht schließen. Nur eine neue und gerechtere Bewertung von Erwerbszeiten und Nichterwerbszeiten könnte verhindern, dass Menschen mit unterbrochenen Erwerbsbiographien im Alter in die Sozialhilfe getrieben werden. Dafür haben weder CDU noch SPD in ihren Programmen zur Bundestagswahl 2013 Vorschläge gemacht.

Wer schließt die Rentenlücke?

Bleibt es bei der erwerbszentrierten Rentenberechnung, wird schätzungsweise mehr als ein Drittel der 6,7 Millionen Frauen, die in den nächsten beiden Jahrzehnten in Rente gehen, mit ihren eigenen Rentenansprüchen nicht einmal ihre Grundbedürfnisse decken können, also die Kosten für Essen und Wohnen. Das dürfte auch den Rentenexperten in der Politik nicht verborgen geblieben sein. Aber die Wahlprogramme von SPD und CDU geben darauf keine Antwort. Die von der CDU vorgeschlagene »Lebensleistungsrente« in Höhe von 850 Euro setzt 40 Versicherungsjahre in der Rentenversicherung und zusätzlich private Altersvorsorge voraus. Die SPD etikettiert ihr Rentenpaket als »Solidarrente«, es unterscheidet sich aber nur marginal vom CDU-Modell. Eine Rente in Höhe von 850 Euro bekommt nur, wer 30 bis 40 Beitragsjahre nachweisen kann, noch dazu müssen die Antragsteller eine Bedürftigkeitsprüfung über sich ergehen lassen. Eine eigenständige, existenzsichernde Rente für Frauen sieht anders aus.

Wenn von drohender Altersarmut die Rede ist, werden Frauen noch dazu regelmäßig auf die Renten und Gehälter ihrer Ehepartner verwiesen. Auch bei der »Lebensleistungsrente« sollen die Renten der Ehepartner angerechnet werden. Aber wie sieht es wirklich aus? Können sich Frauen der geburtenstarken Jahrgänge im Alter auf Versorgungsansprüche aus der Ehe verlassen?

Zunächst einmal muss man wissen: Von den 6,7 Millionen Frauen, die zwischen 1958 und 1968 geboren wurden, haben etwa 35 Prozent nie geheiratet oder sie sind geschieden. 63 Prozent sind verheiratet, weitere zwei Prozent sind verwitwet.[70]

Die Ehe war für diese Generation schon weit weniger attraktiv als für frühere Frauengenerationen. Trotzdem lebt in den alten Bundesländern noch jede fünfte Frau dieser Generation in einer Ehe mit traditioneller Arbeitsteilung. Diese Frauen verlassen sich auf die Ehe als Versorgungsinstanz. Und selbst die, die sich nicht auf einen Hauptverdiener an ihrer Seite verlassen können, werden von anderen immer wieder darauf verwiesen. Und das nicht nur von Politikern, sondern manchmal sogar von den eigenen Eltern – so wie die Journalistin Simone F.

Vor zwanzig Jahren, kurz vor Abschluss ihres Studiums, wurde sie schwanger. Ihre Eltern kündigten an, dass sie sich ab sofort nicht mehr in der Pflicht sähen, jetzt sei der Vater des Kindes an der Reihe, für sie und das Kind finanzielle Verantwortung zu übernehmen. Der aber war selbst Student und verdiente in seinem Nebenjob nicht genug für drei. Wenige Wochen vor der Geburt des Kindes reichte Simone F. ihre schriftliche Arbeit ein, für den Studienabschluss waren nur noch die Prüfungen zu bestehen. Um wenigstens während der Prüfungszeit finanziell abgesichert zu sein, beantragte sie auf den Rat einer Freundin hin Sozialhilfe. Dafür musste sie sich offiziell exmatrikulieren, aber mit diesem Trick gelang es ihr, die ersten sechs Monate nach der Geburt finanziell zu überbrücken. Während sie sich in der Bibliothek auf die Prüfungen vorbereitete, hütete der Vater das Kind. »Ohne staatliche Hilfe hätte ich meine Prüfungen hinausschieben müssen, wer weiß, ob ich dann jemals den Studienabschluss gemacht hätte«, sagt die 48-Jährige rückblickend. Im Fall von Simone F. konnte der Partner die Rolle des Versorgers nicht übernehmen. Sie konnte sich aus ihrer Zwangslage befreien, aber den Weg, den sie dafür fand, ist nicht mehr als eine individuelle Notlösung.

Wenn Ehen enden

Die trügerische Sicherheit der Ehe

Die Ehe bietet spätestens seit den Reformen des Renten- und Eherechts in den 2000er Jahren Frauen ökonomisch nur noch Sicherheit auf Zeit. Das neue Unterhaltsrecht ist seit dem 1. Januar 2008 in Kraft. Seitdem ist der Ehepartner, bei dem die Kinder leben – in neun von zehn Fällen ist das die Frau – ab dem vollendeten dritten Lebensjahr des jüngsten Kindes voll erwerbspflichtig. Das heißt: Auch wenn sich die Mutter im Alltag allein um die Kinder kümmert, muss sie für ihren eigenen Lebensunterhalt selbst sorgen. Der geschiedene Partner ist nicht mehr zu Unterhaltszahlungen an die Frau verpflichtet, so wie es das Recht vor der Reform vorsah. Zum Zeitpunkt der Unterhaltsreform waren die Frauen der geburtenstarken Jahrgänge zwischen 40 und 50 Jahre alt. Wenn sie zuvor schon geschieden waren, konnte der Ex-Mann nun die neue Gesetzeslage nutzen, um bereits vereinbarte Unterhaltszahlungen an die Frau zu reduzieren oder ganz zu streichen. Wer nach dem Stichtag geschieden wurde, hatte gar keinen Anspruch mehr auf Ehegattenunterhalt. Es sei denn, die Scheidung kam nach einer zwanzig Jahre währenden Ehe. Dann greift seit März 2013 eine Regelung, nach der auch die lange Dauer einer Ehe bei der Unterhaltsregelung berücksichtigt werden muss.

Haben die nach neuem Recht geschiedenen Frauen während der Ehe zugunsten von Familie und Kindern beruflich zurückgesteckt und höchstens dazuverdient, droht ihnen nach der Scheidung der soziale Abstieg. Denn die Grundlage des früheren Unterhaltsrechts, nach der Ehefrauen und Kindern auch nach der Scheidung ein Lebensstandard wie zu Ehezeiten ermöglicht werden sollte, wurde aufgegeben: zugunsten des Prinzips der Eigenverantwortung. Aber diese Reformen wurden von der Politik nicht zu Ende gedacht. Die Aufforderung zur Eigenverantwortung ist nicht – wie so gerne behauptet wird – vom Geist der Emanzipation getragen. Warum sonst wurde Frauen Eigenverantwortung auferlegt, ohne ihnen im Gegenzug faire Chancen im Berufsleben einzuräumen? Und warum wird gleichzeitig die Versorger-Ehe weiterhin staatlich subventioniert?

Die Frauen der geburtenstarken Jahrgänge, zumindest die in den alten Bundesländern, haben ihre Familien noch unter anderen gesetzlichen Vorzeichen gegründet und unter anderen Rahmenbedingungen geheiratet. Heute kann eine traditionelle Ehe für Frauen ein existenzielles Risiko bedeuten. Denn der Staat hat den »Ernährer« entlastet, ohne zuvor für Frauen Chancengleichheit auf dem Arbeitsmarkt zu schaffen.

Eigenverantwortung und ihr Preis

Eigentlich wäre es höchste Zeit für Eigenverantwortung. Die Wahrscheinlichkeit, dass eine Ehe zerbricht, wächst. Gegenwärtig wird jede dritte in Deutschland geschlossene Ehe geschieden, bei rund jeder zweiten Scheidung sind minderjährige Kinder betroffen. In 90 Prozent der Fälle leben die Kinder nach der Scheidung bei der Mutter. Für Frauen bedeuten Ehescheidungen unter den gegenwärtigen Bedingungen ein großes finanzielles Risiko. So belegt eine Untersuchung des Wissenschaftszentrums für Sozialforschung Berlin (WZB), dass das Haushaltsnettoeinkommen bei Männern nach der Trennung um ein Viertel steigt – selbst wenn sie Unterhalt für die Kinder zahlen. Der Grund: Sie arbeiten nach einer Trennung meist mehr als zuvor, müssen aber für weniger Angehörige sorgen. Wer nur Wochenend-Papa ist,

ist durch Kindererziehung nicht in seiner Berufstätigkeit eingeschränkt, steuerlich werden Ex-Ehemänner zudem entlastet, weil sie die Unterhaltszahlungen voll absetzen können. Der männliche Familien-Bonus gilt also auch noch nach der Scheidung. Den geschiedenen Frauen fehlt dagegen im ersten Jahr nach der Trennung fast die Hälfte des früheren Haushaltseinkommens, ein Verlust, den sie auch Jahre nach der Scheidung kaum kompensieren können. »Bis zu einem Viertel des ursprünglichen Einkommens bleibt für getrennt lebende Frauen der 2000er Jahre dauerhaft verloren«, schreibt die Demographie-Expertin Anke Radenacker.[71] Fakt ist: Nach einer Scheidung kommen Frauen nur unter großen Mühen finanziell wieder auf die Beine. Sie werden nur selten den Lebensstandard erreichen, den sie zu Ehezeiten hatten, vor allem dann nicht, wenn sie Kinder zu versorgen haben.

Karin P. traf es doppelt hart. Die selbständige Architektin trennte sich 2005 von ihrem Ehemann, da waren die beiden Kinder gerade mitten in der Pubertät. Der Vater hatte sich als Teil-Selbständiger bei der Scheidung »arm gerechnet«, so dass er von Rechts wegen für die Kinder keinen Unterhalt zahlen musste. Die finanzielle Verantwortung für sich und die beiden 13 und 14 Jahre alten Kinder lastete allein auf ihren Schultern. Und wie steht es um staatliche Unterstützung für die Kinder? Fehlanzeige – Unterhaltsvorschuss zahlt der Staat nach geltendem Recht nur für bis zu zwölfjährige Kinder. Eine völlig willkürliche Altersbegrenzung, vor allem wenn man bedenkt, dass Eltern gerade für Jugendliche noch weit mehr Geld ausgeben müssen als für kleine Kinder.

Nicht nur verweigert der Staat den Kindern, die älter als zwölf Jahre sind, den Unterhaltvorschuss, er unternimmt auch wenig, um die Rechte der Kinder gegenüber ihren Vätern einzufordern. Nach der Scheidung dachte Karin P. daran, die Unterhaltitel für die Kinder einzuklagen. Weil aber nur ein Teil des Einkommens ihres Ex-Mannes auf seinem

Gehaltskonto landete und diese Summe nur den gesetzlich festgelegten Eigenbedarf deckte, war eine Klage aussichtslos. Kein Einzelfall, wie ihre Anwältin bestätigte: Viele ihrer Klientinnen hätten zwar gesetzlich Anrecht auf Unterhalt für ihre Kinder, diese Titel seien aber oft das Papier nicht wert, auf dem sie verbrieft sind: »Wir können die Wände damit tapezieren«, sagte sie wörtlich. Wo bleibt die öffentliche Kampagne, die zahlungssäumige Väter an den Pranger stellt? Wenn Väter keinen Kindesunterhalt zahlen, gilt das als Kavaliersdelikt. Dabei ist es juristisch betrachtet eine Straftat – und bei weitem keine Ausnahme.

Nach Angaben des Verbandes alleinerziehender Mütter und Väter (VAMV) erhalten nur etwa die Hälfte der Kinder vollständige und regelmäßige Unterhaltszahlungen. Das geht aus einer repräsentativen Umfrage aus dem Jahr 2008 hervor, neuere statistische Erhebungen staatlicherseits gibt es nicht. Das Unrechtsbewusstsein fehlt, bei manchen Vätern ebenso wie in großen Teilen der Gesellschaft. Umgekehrt bieten die Talkshows der dritten Programme des öffentlich-rechtlichen Fernsehens immer wieder verlassenen Ehemännern eine Bühne, um sich darüber zu beklagen, wie sie angeblich von ihrer Ex-Frau ausgenommen werden.[72]

Nach der Scheidung arbeitete Karin P. über Jahre hinweg an sechs Tagen in der Woche, weit mehr als 40 Stunden. Nur so konnte sie als Freiberuflerin genug für sich und ihre Kinder verdienen. Nach ein paar Jahren merkte sie, wie ihre Kräfte nachließen und die Gesundheit litt. Sie musste ihre Arbeitszeit reduzieren. Inzwischen hat der ältere Sohn die Schule mit dem Abitur verlassen und trägt mit Minijobs zum Haushaltseinkommen bei, um die Zeit bis zum Studienbeginn zu überbrücken. Als Ernährerin einer dreiköpfigen Familie zahlt Karin P. auf ihr Durchschnittseinkommen fast so viel Steuern wie ein Single. Lediglich ein Entlastungsbetrag für Alleinerziehende mindert ihre Steuern um 200 Euro im Jahr. Wäre sie ein männlicher Hauptverdiener mit hinzuverdienender Ehefrau und einem Kind, hätte sie durch das Ehegattensplitting Anrecht auf einen Steuerrabatt von mehreren tausend Euro im Jahr.

Witwenrente: unter Vorbehalt

Anders als bei einer Scheidung, ist das Risiko des sozialen Abstiegs für verheiratete Frauen, deren Ehepartner stirbt oder erwerbsunfähig wird, durch die Hinterbliebenenrente etwas abgefedert. Aber auch hier sind Frauen seit der letzten Rentenreform sehr viel stärker auf sich gestellt. Die Rentenreform von 2002 begrenzt die Ansprüche aus Witwenrenten, soweit einer der Ehepartner nach dem 1. Januar 1962 geboren wurde: Die »große Witwenrente« für Frauen ab 45 Jahren wurde von 60 auf 55 Prozent der Rente des verstorbenen Ehegatten gesenkt. Sind Frauen beim Tod ihres Ehemannes jünger als 45, springt die Rentenkasse nur mit der »kleinen Witwenrente« ein. Sie beträgt nach der neuen Gesetzeslage nur ein Viertel der Rente des Ehepartners und vor allem: Sie wird nur noch zwei Jahre lang gezahlt. »Der Gesetzgeber geht davon aus, dass Sie nach einer solchen Übergangszeit selbst für Ihren Lebensunterhalt sorgen können«, so die nüchterne Begründung in der Broschüre der Rentenversicherung zur Hinterbliebenenrente.[73] Geschiedenen Frauen wurde die Witwenrente mit der Rentenreform 2002 sogar komplett gestrichen. Die frühere Regelung gilt nur noch für Ehen, die vor dem Jahr 1977 geschieden wurden – und damit für kaum eine geschiedene Frau der Geburtsjahrgänge 1958 bis 1968.

Aber die Witwenrente »gehört« nicht etwa der Ehefrau. Die Rentenansprüche aus der Ehe sind lediglich vom Ehegatten »abgeleitete Ansprüche«, wie es im Rentendeutsch heißt. So verfallen die Ansprüche auf eine Witwenrente dann, wenn eine Frau nach dem Tod des Ehepartners wieder heiratet. Der Staat geht nach wie vor vom Prinzip der

Ernährerehe aus und erwartet, dass mit der Heirat ein neuer Ernährer an die Stelle des alten tritt. Weil die Rentenansprüche aus Ehezeiten nur »abgeleitete Ansprüche« sind, informiert die Rentenkasse in ihrer jährlichen Renteninformation auch nicht über die individuellen Rentenerwartungen, die sich aus der Ehe ergeben. Jeder bekommt einen getrennten Bescheid, in dem nur die jeweils eigenen, das heißt die eigenständig erworbenen Rentenerwartungen ausgewiesen sind. Der Staat hat es bis heute versäumt, die »abgeleiteten Ansprüche«, die in der Regel Ehefrauen zugutekommen, in eigenständige Ansprüche umzuwandeln.

Erst im Fall einer Scheidung werden die Rentenansprüche aus der Ehezeit zu eigenständigen Rentenanwartschaften. Das geschieht im Rahmen des gesetzlichen Versorgungsausgleichs. Dann werden die Entgeltpunkte, die beide Ehepartner während der Ehe erworben haben, in einen Topf geworfen und im Verhältnis 50:50 aufgeteilt. Verdiente der Ehemann mehr als die Ehefrau, erhöht sich der Rentenanspruch für die Frau. Gehört sie zu der wachsenden Gruppe der Alleinverdienerinnen[74], die mehr als 60 Prozent zum Familieneinkommen beitragen, wirkt sich der Versorgungsausgleich jedoch zu ihren Ungunsten aus. Dann vermindern sich ihre Rentenansprüche bei der Scheidung – ganz unabhängig davon, ob sie es war, die während der Ehe neben dem Beruf auch noch den Haushalt geführt und für die Kinder gesorgt hat. Die steuerlichen und rentenrechtlichen Regelungen, die auf dem Prinzip des männlichen Ernährers aufbauen, wirken sich also doppelt nachteilig für Frauen aus, wenn sich die Geschlechterverhältnisse verkehren: Wenn sie die Hauptverdienerin ist, aber kein Ernährergehalt hat, zahlt sie drauf. So wie die alleinerziehende Mutter, die ihre Kinder allein ernährt, aber von den steuerlichen Privilegien des Familienernährers ausgeschlossen bleibt. Und so wie die Alleinverdienerin, die bei einer Scheidung Rentenansprüche an ihren Ex-Mann abtreten muss.

Gute Arbeit –
der einzige Schutz vor Altersarmut

Auch wenn der Staat das Prinzip der Ernährerehe fortschreibt, Frauen können sich auf diese Institution nicht mehr verlassen. Allein Berufstätigkeit kann sie vor Altersarmut bewahren. Die Zahlen zur Erwerbstätigkeit und zu den Rentenansprüchen von Frauen in den neuen Bundesländern sind ein klarer Beleg dafür. Weil die Frauen der Babyboomer-Generation dort häufiger, nämlich zu knapp 65 Prozent, sozialversicherungspflichtig und nur wenige geringfügig beschäftigt sind, können sie mit einer deutlich höheren durchschnittlichen Rente rechnen: knapp 800 Euro gegenüber 622 Euro bei den West-Frauen. Und nur 20 Prozent der ostdeutschen Frauen dieser Generation erwarten eine Rente von maximal 600 Euro, im Westen sind es doppelt so viele.

Die Ansprüche aus der gesetzlichen Rentenversicherung, auf die sich diese Zahlen beziehen, sind nach wie vor die Hauptquelle der Altersversorgung in Deutschland. Und sie werden es in Zukunft wahrscheinlich umso mehr sein. Denn die von Regierungsseite noch immer heftig beworbene Riester-Rente hat sich inzwischen eher als Geldmaschine für die Versicherungsindustrie erwiesen denn als Sicherheitsnetz für zukünftige Rentner. Erwerbstätige mit niedrigem Einkommen, die im Alter am meisten auf eine Zusatzrente angewiesen sind, können in der Regel die Beiträge für die private Zusatzversicherung auch gar nicht aufbringen und kommen daher auch nicht in den Genuss der staatlichen Zuschüsse. Eine zusätzliche Alterssicherung über Betriebsrenten haben längst nicht alle berufstätigen Frauen, und auch die Leistungen aus Betriebsrenten wurden parallel zur staatlichen Rentenreform reduziert. Ob sich zukünftige Rentner noch auf Produkte der Versicherungswirtschaft zur Altersabsicherung verlassen können, deren Erträge vom Finanzmarkt abhängen, ist seit der Finanzkrise ebenfalls mehr als fraglich.

Die berufstätigen Frauen der geburtenstarken Jahrgänge haben noch zehn bis zwanzig Arbeitsjahre vor sich, bevor sie in Rente gehen. An den Rentenbescheiden kann sich also noch etwas ändern. An dieser Stelle ist vor allem die Politik gefragt. Denn Erwerbstätigkeit ist nicht gleich Erwerbstätigkeit. Mit niedrigen Löhnen, Teilzeitarbeit und geringfügiger Beschäftigung lässt sich selbst in über vierzig Arbeitsjahren im deutschen System keine existenzsichernde Rente erwirtschaften. Aber auch besser entlohnte und abgesicherte Erwerbstätigkeit bietet Frauen im deutschen Rentensystem keine Sicherheit, wenn sie im Laufe ihres Lebens wegen Kindererziehung mehrere Jahre aus ihrem Beruf ausgestiegen sind. Daher brauchen wir eine Rentenberechnung, die sich an der Lebensrealität und an den Bedürfnissen der Menschen orientiert. Das könnte so aussehen, dass der Staat die »schlechten Jahre« im Erwerbsleben, in denen das Einkommen gering war oder Teilzeit gearbeitet wurde, durch Zuschüsse aufwertet. So wie in den Niederlanden, wo der Staat Teilzeitkräften die fehlenden Rentenbeiträge ersetzt, oder in Dänemark, wo das Rentenniveau für die Bürger, die im Alter das größte Existenzrisiko haben, auf 130 Prozent angehoben wird. Auch die Möglichkeiten der privaten Vorsorge könnten verbessert werden. Vorbilder dafür gibt es. In Schweden wurde für die private Altersvorsorge eigens ein staatlicher Rentenfonds geschaffen, der die Versicherten kaum Gebühren kostet. So kommen Renditen oder staatliche Zuschüsse bei ihnen in voller Höhe an.

Und was haben Politiker in Deutschland getan? Sie haben das Rentenniveau abstürzen lassen. Durch die Rentenreformen seit Ende der neunziger Jahre sank das Rentenniveau von 70 Prozent des Durchschnittslohns in mehreren »Reformschritten« bis hinunter auf 51 Prozent. 2001 wurde dann sogar beschlossen, das Rentenniveau bis zum Jahr 2030 schrittweise auf 43 Prozent zu senken. Das betrifft die Generation der Babyboomer in besonderem Maße: 2030 ist das Jahr, in dem der geburtenstärkste 1964er Jahrgang im Alter von 67 in Rente gehen wird.

Die drastische Absenkung des Rentenniveaus ist nichts anderes als eine Entwertung der Entgeltpunkte. Dadurch werden die Renten der Frauen mit einer verhältnismäßig geringen Anzahl an Entgeltpunkten weiter gemindert, aber auch die Renten mancher männlicher »Ernährer«, auf die Staat und Gesellschaft so gerne setzten: In der Generation der geburtenstarken Jahrgänge gibt es erstmals auch Männer, deren Erwerbsbiographien brüchig sind. Verglichen mit der Vorgängergeneration haben sie häufiger befristete Stellen, sind in größerer Zahl selbständig und öfter arbeitslos. Männer mit solchen brüchigen Erwerbsverläufen und einem unterdurchschnittlichen Einkommen werden ihre traditionelle Versorgerrolle kaum noch ausfüllen können. Im Osten Deutschlands kann man diese Entwicklung bereits an der schrumpfenden Rentenlücke zwischen den Geschlechtern ablesen: Die Renten von Männern und Frauen gleichen sich an. Der Abstand bei den erwarteten Renten der geburtenstarken Jahrgänge beträgt in den östlichen Bundesländern nur noch 15 Prozent. Im Westen dagegen sind die Rollen nach wie vor klar verteilt: Die Rentenlücke zwischen Männern und Frauen liegt hier bei etwa 50 Prozent – und das seit Generationen.

Das Gegenstück zur Teilzeit oder geringfügig erwerbstätigen Frau ist in den alten Bundesländern der Erwerbstypus: männlich, gut gebildet und durchgehend vollerwerbstätig. Männer mit einer solchen Erwerbsbiographie – und entsprechend hohen Rentenansprüchen – sind besonders häufig in der Generation der geburtenstarken Jahrgänge anzutreffen.[75] Trotzdem erwarten Arbeitsmarktexperten, dass sich der Trend zur unterbrochenen Erwerbsbiographie zukünftig fortsetzen wird – davon werden dann auch Männer im Westen Deutschlands nicht verschont bleiben. Beides zusammen, die gesetzlich verordnete Entwertung der Entgeltpunkte und die brüchigen Erwerbsbiographien, werden in Zukunft erhebliche Rentenkürzungen zur Folge haben. Die Alterssicherung hängt für Frauen dadurch noch stärker als zuvor von einer sozial abgesicherten und gut bezahlten eigenen Erwerbstätigkeit ab.[76]

»Diese Botschaft kommt im Moment noch nicht an«, sagt die Politikwissenschaftlerin Barbara Riedmüller. Bei der Politik nicht, aber auch bei vielen Frauen nicht. Riedmüller weiß, dass es nach wie vor gerade die hochqualifizierten Frauen sind, die, wenn sie Kinder bekommen, für eine Zeitlang ganz aus ihrem Beruf aussteigen oder in Teilzeit gehen.

Wie Politiker Frauen in die Irre leiten

Dabei ist Barbara Riedmüller bei weitem nicht die erste Expertin, die davor warnt, dass es in erster Linie Frauen sind, die im Alter verarmen. Bei noch jeder Rentenreform seit den achtziger Jahren beklagten Experten »Alterssicherungsprobleme von Frauen«. Auch wie die Politik hier gegensteuern kann, ist seit langem bekannt: eine eigenständige Alterssicherung für Frauen, die sie unabhängig macht von abgeleiteten Ansprüchen über eventuell vorhandene Ehegatten. Solch eine eigenständige Alterssicherung war allerdings in den vergangenen Jahrzehnten niemals Gegenstand einer breiten gesellschaftlichen Diskussion. Warum? Weil damals wie heute die Frage im Vordergrund stand: Wie können wir das bestehende Rentensystem mit weniger Beitragszahlern und mehr Rentnern erhalten und gleichzeitig die Rentenbeiträge senken?[77] Mit anderen Worten: Wie können wir mit weniger Einnahmen die Renten der geburtenstarken Jahrgänge finanzieren? Eine absurde Kalkulation. Wie die Einnahmen der gesetzlichen Rentenversicherung erhöht werden könnten, zum Beispiel durch höhere steuerliche Zuschüsse oder durch die Einbeziehung von Selbständigen und Beamten, darüber wurde nicht diskutiert. Deshalb gelten sinkende Rentenzahlungen der gesetzlichen Rentenversicherung inzwischen als unausweichlich. Die Zeche dafür sollen – wieder einmal – vor allem die Frauen bezahlen.

Wenn es um die Rente geht, führt die Politik die Frauen nach wie vor in die Irre. Ein Beispiel: Am 28. März 2012 berichtete die *Tagesschau* über eine Sitzung des Bundestages, in der es um die Rentenansprüche von Minijobbern ging. Das Bundesarbeitsministerium rechnete vor: Ein Minijobber erhält nach 45 Versicherungsjahren eine Rente von knapp über 180 Euro. Heinrich Kolb, stellvertretender Fraktionsvorsitzender und Rentenexperte der FDP-Fraktion, wiegelt in seiner Stellungnahme vor der Kamera ab: Das sei für Frauen alles halb so schlimm, denn »wenn Ehepaare im Alter zusammenleben, bekommt die Frau ja auch dessen Rente, und wenn er stirbt, die Witwenrente«.

Geradezu reflexhaft zaubern Politiker beim Thema Altersarmut bei Frauen den Familienernährer hervor. Als habe jede Frau einen Ernährer an der Seite. Das ist ein Taschenspielertrick gegenüber Frauen – und zugleich ernstgemeinte Politik. Schließlich hat die letzte Regierung den Sektor Minijob, in dem vorwiegend Frauen tätig sind, mit der Anhebung der Verdienstgrenze von 400 auf 450 Euro ab 2013 weiter ausgebaut. Damit schafft der Staat noch mehr Arbeit im Niedriglohnsektor und nimmt miserable Arbeitsbedingungen und extrem niedrige Renten für Frauen billigend in Kauf.

Der deutsche Sonderweg

Die deutsche Familienpolitik – vor kurzem noch schlicht »Gedöns« genannt – lockt Frauen, die Mütter werden, mit viel Steuergeld seit Jahrzehnten aus dem Beruf heraus, anstatt sie zu fördern.

Dabei sind sich Experten längst einig, dass familienpolitische Maßnahmen wie das Eltern- oder Erziehungsgeld, eingeführt in der Hoffnung auf mehr Geburten, unter den derzeitigen Bedingungen mehr Fluch als Segen sind – für die Mütter und die Gesellschaft. Im Jahr 1991, unter Helmut Kohls CDU-Regierung, wurde der Erziehungsurlaub auf drei Jahre verlängert – schon damals entgegen Expertenrat. Ein Gutachten im Auftrag des Bundesministers für Wirtschaft riet schon damals von familienpolitischen Strategien ab, »die darauf setzen, eine Familienphase durch Erziehungsgeld (…) attraktiv zu machen. Stattdessen sei es vordringliche Aufgabe, flexible Formen der öffentlichen und privaten Kinderbetreuung von Gemeinden, privaten Initiativen und Unternehmen zu fördern.«[78]

Wenn man in andere Länder Europas blickt, bestätigt sich dieser Zusammenhang zwischen Berufstätigkeit und Kinderwunsch: »Die verschiedenen Erfahrungen europäischer Länder zeigen, dass die Staaten mit dem höchsten Anteil berufstätiger Frauen zugleich die höchsten Geburtenraten vorzuweisen haben«, schreibt die französische Historikerin Elisabeth Badinter.[79] Diesen Effekt will die Politik in Deutschland seit über zwanzig Jahren nicht zur Kenntnis nehmen. Ändert sich daran nichts, wird sich die Geschichte der Frauen der geburtenstarken Jahrgänge wiederholen: Über ein Viertel der gut ausgebildeten Frauen in den alten Bundesländern haben keine Kinder bekommen, in den neuen Bundesländern gibt es diesen Zusammenhang von Bildung und Kinderlosigkeit nicht.

Die Sozialwissenschaftlerin und Rentenexpertin Barbara

Riedmüller sagt: »Wenn man möchte, gibt es für Frauen eine andere Zukunft.« »Wenn man die Frauen nur will«, fügt sie hinzu. Sollten wir Zweifel daran haben? Dienen Frauen auf dem Arbeitsmarkt vielleicht doch nur als stille Reserve, die man mobilisiert, wenn sie gebraucht wird, und bringt Frauen ansonsten in zweitrangigen Jobs unter, damit sie zusätzlich und unbezahlt für den Nachwuchs sorgen und Angehörige pflegen?

Kapitel III

Weibliche Armut – und warum darüber geschwiegen wird

Kristina Vaillant

Altersarmut

Noch im Sommer 2011 hatte die Bundesregierung auf eine Anfrage der Grünen-Bundestagsfraktion geantwortet: »Nein, Altersarmut ist heute kein verbreitetes Phänomen. Wer im Alter bedürftig ist, dem sichert die Grundsicherung im Alter den Lebensunterhalt.«[80] Die damalige Regierungskoalition aus CDU und FDP leugnete das Problem Altersarmut, obwohl sie mit ihrer Antwort Millionen von Rentnerinnen zu einem Fall für die Sozialhilfe erklärte. Dennoch wurde die Frage der Altersarmut im Jahr darauf öffentlich debattiert. Inzwischen war klar, dass von der Rentenlücke in Zukunft auch erwerbstätige Männer betroffen sein würden. Diejenigen, die wegen niedriger Löhne und Zeiten der Arbeitslosigkeit nicht den Modell-Lebenslauf des deutschen Eckrentners vorweisen können, der 45 Jahre lang berufstätig war und mindestens ein Durchschnittsgehalt verdiente.

Meist wurde diese Debatte geschlechterneutral geführt. Aber es waren Frauen, die dem Thema Altersarmut in Fernsehsendungen ein Gesicht gaben. So wie die Rentnerin Maria Watt, die im September 2012 in der Talkshow von Anne Will zu Gast war und berichtete, dass sie in Frankfurt am Main vor Tagesanbruch die Büros in einem der Bankentürme putzt, um über die Runden zu kommen.[81] Im eingespielten Filmbeitrag trat eine Krankenschwester mit zwei Kindern auf, die alte Menschen zu Hause betreut und sich davor fürchtet, im Alter arm zu sein. Weil ihre Rente nur knapp über der Armutsgrenze liegen wird, selbst wenn sie bis 67 in ihrem Beruf durchhält. »Das ist keine Wertschätzung«, sagte sie in die Kamera.

Niemand fragt, warum das so ist. Niemand redet darüber,

dass es in erster Linie Frauen sind, denen in Deutschland im Alter Armut droht. Dabei ist weibliche Altersarmut beileibe kein neues Problem. In der Nachkriegszeit traf es in Deutschland die Frauen, deren Ehemänner nicht aus dem Krieg zurückgekehrt waren und die für ihre Kinder alleine sorgen mussten. Auch in den für die meisten von Existenzsorgen freien siebziger Jahren war Altersarmut unter Frauen nicht verschwunden. Eine Untersuchung zeigte damals, dass im Durchschnitt 15 bis 20 Prozent der Rentner von einer monatlichen Rente lebten, die unter dem Sozialhilfesatz lag.[82] Acht von zehn dieser Rentner waren Frauen. Schon damals, berichtet Otker Bujard, einer der Autoren der Studie, hätten Experten versucht, das Problem kleinzureden: Es handele sich um ein Nachkriegsphänomen, das sich »auswachsen« werde.

Rentendebatten ohne Folgen

Diese Erkenntnisse lösten in den siebziger Jahren eine Debatte über Altersarmut aus. Bei der Suche nach Lösungen verwies man nicht, wie manche Politiker heute, einfach auf die Sozialhilfe oder auf einen Ernährer. Es war bekannt, dass viele Frauen mit niedrigen Renten aus Scham nicht einmal Sozialhilfe in Anspruch nahmen, weshalb man damals von versteckter Altersarmut sprach. So schlugen die Autoren der oben genannten Studie in den siebziger Jahren eine einkommensunabhängige »armutsfeste Sockelrente« vor. Und der Bundesfrauenausschuss des Deutschen Gewerkschaftsbundes (DGB) forderte 1975 eine eigenständige soziale Absicherung für Frauen. Die abgeleiteten Rentenansprüche von Ehefrauen sollten schon zu Ehezeiten in eigene Rentenansprüche umgewandelt werden.[83] Außerdem forderten die Gewerkschaftsfrauen, dass der Staat für Frauen die Beiträge zur Sozialversicherung für die Zeiten übernimmt, in denen sie Kinder erziehen. Damit sollten Lücken in der sozialen Absicherung von Frauen von vornherein vermieden werden. Ohne diese eigenständige Absicherung durfte es aus Sicht der Gewerkschaftlerinnen auch keine Kürzungen bei den Witwenrenten geben. Wie wir wissen, kam es anders.

Die Politik hat viele Chancen für eine echte Reform verstreichen lassen. Das Bundesverfassungsgericht hatte Ende der siebziger Jahre der Politik den Auftrag erteilt, Frauen eine eigenständige Absicherung zu verschaffen – unabhängig von einem Ehepartner. Und was hat die Regierung unter Helmut Kohl in den achtziger Jahren daraus gemacht? Norbert Blüm, der zuständige CDU-Arbeits- und Sozialminister, hat mit der Rentenreform das Prinzip der vom Ehemann abgeleiteten Existenz der Ehefrau fortgeschrieben. Als »Sparmodell für Witwen« hatte denn auch der »Zeit«-Journalist Wolfgang Gehrmann Blüms Rentenkonzept 1984 bezeichnet und kritisiert, dass die Regierung den Auftrag des Verfassungsgerichts nicht umgesetzt hatte: »Nach wie vor bleibt das Prinzip unberührt, daß die Frau vom Unterhalt durch den Mann abhängig ist«, schreibt Gehrmann.[84]

Rita Süssmuth, der Familienministerin im Kabinett von Helmut Kohl, ist es zu verdanken, dass die Rentenform den Frauen ab 1986 immerhin erstmals eine Anrechnung von Kindererziehungszeiten brachte. Dieses Zugeständnis hatte Norbert Blüm auf Druck des Familienministeriums gemacht. Eine vom Ernährer unabhängige Existenzsicherung wurde von der Politik aber nie gefördert. Über den Zustand der aktuellen Debatten über Renten und Altersarmut sagt es jedenfalls einiges, dass ausgerechnet Norbert Blüm noch heute als Experte in Talkshows eingeladen wird – und genau dieses Prinzip der »abgeleiteten Ansprüche« vertritt. Welche Risiken für Frauen aus dieser Abhängigkeit folgen, darüber wird bis heute wenig gesprochen.

Renten – ein rein rechnerisches Problem

Die nächste Rentenreform wurde 1989 beschlossen und trat nach der Wiedervereinigung der beiden deutschen Staaten 1992 in Kraft. Anders als in den siebziger und achtziger Jahren wurden bei der Vorbereitung des Rentenreformgesetzes Vorschläge zur eigenständigen Sicherung von Frauen gar nicht erst in Betracht gezogen. Warum? Anfang der neunziger Jahre dominierte eine andere Frage die Debatte: nämlich die, wie die Renten bei einer steigenden Zahl von Rentenempfängern und stagnierenden Geburtenraten in Zukunft finanziert werden können. Mehr Rentner bei sinkenden Einnahmen der Rentenkasse? Eigentlich hätte die logische Antwort darauf lauten müssen: Die Einnahmen der Rentenkasse müssen erhöht werden. Durch staatliche Zuschüsse und dadurch, dass in Zukunft der Kreis der Beitragszahler erweitert wird. In Österreich beispielsweise zahlen 93 Prozent der Bevölkerung in die staatliche Sozialversicherung ein – auch Selbständige, auch Beamte.[85] In Deutschland wurde stattdessen eine drastische Absenkung des Rentenniveaus beschlossen: zunächst von 70 auf 64 Prozent. Weitere Kürzungen sollten folgen. Jede Regierung seitdem hat diese geringeren Renten für die zukünftigen Rentnergenerationen in Kauf genommen. Doch besonders für Frauen mit ihren vergleichsweise geringeren Einkommen und unterbrochenen Erwerbsbiographien stieg dadurch das Armutsrisiko.

»Das System der Rentenversicherung behandelt das männliche Erwerbsleben als Regel, das weibliche Familien- und Erwerbsleben gilt als Abweichung von den Normen des Versichertenrechts, als systemwidrig, wovon allein Frauen den Schaden haben.«[86] Was Agnes Wichert 1988 schrieb, das gilt für Frauen in Deutschland noch heute. Als Folge der Rentenrunde im neuen Jahrtausend steigt das Risiko für Frauen, im Alter arm zu sein, sogar noch einmal an. Denn mit der Einführung der Riester-Rente (Altersvermögensge-setz) im Jahr 2001 zog sich der Staat noch weiter aus der Ver-antwortung für die Alterssicherung zurück. Altersarmut galt fortan als privates Risiko. Das Rentenniveau wurde noch einmal gedrückt: Von 51 auf 43 Prozent soll es bis zum Jahr 2030 sinken, dann, wenn der geburtenstärkste Jahrgang 1964 mit 67 Jahren in Rente geht. Die Witwenrenten wur-den ab 2002 stark begrenzt, ohne zuvor eine eigenständige Sicherung für verheiratete Frauen zu schaffen. Eine garan-tierte Mindestrente oder eine angemessene Anerkennung von Erziehungs- oder Pflegezeiten fehlen bis heute.

Angesichts dieser Rentenpolitik, die die Interessen von Frauen über Jahrzehnte ignoriert hat, überrascht es nicht, dass die Rentenprognosen für die Frauen der geburtenstar-ken Jahrgänge so düster sind. Ist das unabänderlich? Solan-ge keine gesellschaftliche Debatte darüber stattfindet, schon.

Aber diese Debatte ist auch im Jahr 2013 nicht erwünscht, auch nicht am Sonntagabend bei Günther Jauch, der Talk-show mit den meisten Zuschauern im deutschen Fernsehen. In die Sendung mit dem Titel »Auslaufmodell Hausfrau – wie funktioniert Familie heute?« hatte Jauch Gäste geladen, die einen Querschnitt durch die deutsche Landschaft der Familienmodelle darstellen sollten. Die Hamburger Sterne-Köchin und Unternehmerin Cornelia Poletto als alleinerzie-hende Mutter, die WDR-Moderatorin und dreifache Mutter Yvonne Willicks für das Vereinbarkeitsmodell Familie und Beruf und zwei weitere Gäste, die für die traditionelle Rol-lenverteilung in der Familie stehen: Elisabeth Müller, Mut-ter von sechs Kindern, promoviert, die ihre Stelle als Apo-thekerin aufgab und jetzt einen Minijob hat. Der andere, Johannes Kippenberg, Rechtsanwalt in Starnberg bei Mün-chen, ein Landkreis, der bekannt dafür ist, dass er das zweit-höchste Pro-Kopf-Einkommen in ganz Deutschland hat. Er hat vier Kinder und eine Ehefrau, Lehrerin von Beruf, die ebenfalls zugunsten der Familie auf ihre Berufstätigkeit verzichtet. Beide, der Anwalt und die promovierte sechsfache Mutter mit Minijob, gehören zur Generation der Babyboomer, beide leben in einer klassischen Ernährerfamilie. Beide füllen typische Rollen aus.

Die niedrigen Rentenansprüche, die sich aus diesem Modell für Frauen ergeben, kommen nur in einem Nebensatz zur Sprache: »Zweihundert Euro werde ich bekommen, da war ich entsetzt«, sagt die sechsfache Mutter – Applaus im Publikum. Und Yvonne Willicks, die als junge Frau ihr Studium abbrach, um sich um ihre drei Kinder zu kümmern, ergänzt: »Auch ich habe Tränen in den Augen, wenn ich meinen Rentenbescheid sehe.« Und fügt hinzu: »Wir brauchen nicht nur moralische, emotionale, sondern auch finanzielle Anerkennung.« Niemand in der Runde reagiert, nicht Manuela Schwesig, SPD-Gleichstellungsexpertin und ebenfalls Gast an dem Abend, auch Günther Jauch fragt nicht nach. Über Geld redet vor allem der Starnberger Jurist. »Das Armutsrisiko ist da«, behauptet er und klagt darüber, dass er sich kein zweites Auto leisten könne und die Familie in den Sommerferien nicht auf die Kanaren fliege, sondern nur mit dem Auto ins nahe gelegene Italien oder Kroatien fahre. Niemand kommentiert dies. Unerwähnt bleibt auch, dass er als gutverdienender Alleinernährer von Steuervorteilen profitiert, die der Familienkasse jeden Monat viele hundert Euro bringt. Und was ist mit der alleinerziehenden Mutter Cornelia Poletto? Sie ist Unternehmerin und Fernsehköchin. Dass sie genug verdient, um sich privat Hilfe zu organisieren für die Betreuung der Tochter, erfahren die Zuschauer nebenbei. Es war ein »erlesener Kreis an Gästen«, wie Jauch selbst anmerkte, alle gut verdienend. Warum hat er den anderen keine Stimme gegeben?

Eine Debatte über das Armutsrisiko für Hausfrauen ist nicht nur unerwünscht, über der Sendung schwebte außerdem der Vorwurf, man betreibe die Ökonomisierung der Frau, wenn man ihr nahelegt, mehr als nur Teilzeit berufstätig zu sein. Frauen und Geld – darüber in einem Atemzug zu sprechen gilt als unanständig, besonders dann, wenn es um die Rolle der Frau in der Familie geht. Frauen sind für Höheres vorgesehen, will man suggerieren, für den Dienst an der Familie. Wem käme es in den Sinn, von einem Diktat der Ökonomie zu sprechen, wenn es um Männer und ihren Beruf geht? Tatsächlich ist es die Konstruktion des Rentensystems in Deutschland selbst, das der Logik des Marktes folgt. Denn nur wer auf dem Arbeitsmarkt erfolgreich ist, hat Aussichten auf eine Rente, von der sich leben lässt. Da kennt der Staat keine Gnade.

Wie die jüngste Rentendebatte zeigt, wird ein Abschied vom Dogma der erwerbs- und ehezentrierten Sicherung rigoros abgelehnt. Warum sind die Widerstände so groß? Weil ein Paradigmenwechsel bei der Rentenversicherung eine Umverteilung zur Folge hätte: von Männern zu Frauen, von besser Verdienenden zu geringer Verdienenden. Anstatt aber zu »Fair-Teilen«[87], vertraten CDU und FDP das neoliberale Dogma, dass sich im Zuge einer positiven wirtschaftlichen Entwicklung alles von selbst regelt, und setzten ansonsten weiter auf private Altersvorsorge. »Die Entwicklung [der Altersarmut] hängt vielmehr entscheidend von der langfristigen Wirtschafts-, Beschäftigungs- und Einkommensentwicklung sowie dem Erwerbs- und Vorsorgeverhalten der Menschen ab«, schrieb die Bundesregierung im Juni 2011 in der Antwort auf die Anfrage der Grünen-Bundestagsfraktion zur Altersarmut.[88] Alternative Rentenmodelle, bei denen jedem Bürger eine Rente über Sozialhilfeniveau – ohne Bedürftigkeitsprüfung – zusteht, lehnte die schwarz-gelbe Bundesregierung ab: »Das Modell läuft auf eine umfassende Revision der gesetzlichen Rentenversicherung mit zahlreichen Umverteilungswirkungen, Verschiebungen zwischen den öffentlichen Haushalten und ungelösten Detailfragen hinaus.«[89] Wen diese Regierung vor Umverteilung schützen will, sagte sie auch: »Die Belastungen, die sich aus der zusätzlichen Verpflichtung zur Beitragszahlung ergeben, sind jedoch gerade für Ein-Verdiener-Familien enorm hoch.«[90]

Womit wir bei der Ursache des Problems sind. Es ist das Ernährer-Modell deutscher Prägung, das von allen Regierungen gehegt und gepflegt wird – und die Politik in Deutschland von der Suche nach Lösungen abhält, bei der auch Frauen zu ihrem Recht kommen. Der Familienernährer ist ein gesellschaftliches Leitbild, eine Norm, die im Verborgenen ihre Macht entfaltet. Sie wird so selbstverständlich hingenommen, dass nicht einmal darüber diskutiert wird, wem sie nützt und wem sie schadet. Wenn eine eigenständige soziale Sicherung für Frauen aufgrund von Finanzierungsproblemen abgelehnt wird, dann ist das nur ein vorgeschobenes Argument. In Wirklichkeit geht es um handfeste Interessen und die Frage, wohin die Politik die Geldströme lenkt.

Das Ernährer-Modell

Das Leitbild des Familienernährers beruht auf einer klaren Rollenverteilung in der Ehe. Der Mann ist erwerbstätig, sichert das Familieneinkommen, die Frau kümmert sich um den Haushalt, um Kinder und um Angehörige, die pflegebedürftig sind. Diese Form des Zusammenlebens in einer Familie gibt es noch gar nicht so lange. Erst Ende des 18. Jahrhunderts begann die bürgerliche Familie die als »Haus« bezeichnete Lebens- und Wirtschaftsgemeinschaft abzulösen. In der Hausgemeinschaft lebten neben Vater, Mutter, Kindern und Verwandten auch Gesinde und Lehrlinge. Das »Haus« war streng hierarchisch organisiert, mit dem Hausvater als Oberhaupt. Aber jedes Haushaltsmitglied, auch die Hausmutter und die älteren Kinder, trugen zur Hauswirtschaft bei. Erst im Zuge der Industrialisierung und dem Wandel zur bürgerlichen Familie wurden die Tätigkeitsbereiche von Mann und Frau strikt getrennt. Die Historikerin Ute Frevert hat diesen Wandel in ihrem Buch »Frauengeschichte. Zwischen bürgerlicher Verbesserung und Neuer Weiblichkeit« analysiert. Der Mann galt fortan als Ernährer der Familie, ihm allein war die Berufswelt vorbehalten. Die Frau hatte sich in der bürgerlichen Familie mit der häuslichen Sphäre zu bescheiden. Begründet wurde dies mit den vorgeblich naturgegebenen Wesensmerkmalen der Geschlechter: »›Von Natur aus‹ sei die Frau passiv und emotional, der Mann aktiv und rational veranlagt.«[91]

Was wie die Beschreibung eines längst verblassten Familienbildes aus fernen Zeiten anmutet, ist uns in Wirklichkeit näher, als uns lieb sein kann. Als gesellschaftliche Norm findet sich das auf die Rolle des Ernährers zugeschnittene Familienmodell auch heute noch in den Regelungen des

Sozial-, Familien- und Steuerrechts. Es wird auch bei neuen Gesetzesvorhaben unverändert fortgeschrieben. So im Familienpflegezeitgesetz, das 2012 verabschiedet wurde: Wer seine Arbeitszeit reduziert, um nahe Angehörige zu pflegen – und das sind vorwiegend Frauen –, erhält keinen Lohnersatz. Der Unterhalt durch einen Familienernährer wird bei Frauen stillschweigend vorausgesetzt, weshalb man ihnen zumutet, die Pflegearbeit unentgeltlich zu leisten.

Die Begleitmusik dazu findet in den Medien statt. Die Familie als Hort der Menschlichkeit und Zivilisation, wie sie vornehmlich in den bürgerlich-konservativen und -liberalen Printmedien in Deutschland seit Ende der neunziger Jahren propagiert wird, speist sich aus genau den Vorstellungen von Familie, die seit dem ausgehenden 18. Jahrhundert und besonders im Biedermeier des 19. Jahrhunderts kultiviert wurden. Für Frauen in Deutschland hat die fortgesetzte Konservierung dieses Familienleitbildes bis ins 21. Jahrhundert ernste Konsequenzen: Es schränkt ihre Chancen auf dem Arbeitsmarkt ein, weil Frauen allenfalls als Hinzuverdienerinnen gesehen werden; verheiratete Frauen erwerben durch eine Ehe keine eigenen, sondern nur vom Ehemann abgeleitete Ansprüche auf soziale Sicherung; bei Existenzrisiken wie Arbeitslosigkeit oder der Pflege von Angehörigen haben sie keinen Anspruch auf eigenständige Absicherung, sondern werden stets auf den Ernährer verwiesen. Für den Fall, dass es keinen »Ernährer« gibt, weil eine Frau nicht verheiratet oder weil sie geschieden ist, weil er arbeitslos oder verstorben ist, springt der Staat nicht ein – das ökonomische Risiko, das Frauen eingehen, wenn sie Kinder großziehen oder Angehörige pflegen, wird allein ihnen aufgebürdet. Eine politische Lösung für dieses Dilemma, nämlich die Schaffung einer eigenständigen sozialen Sicherung für Frauen, wurde über Jahrzehnte durch das Festhalten am Leitbild des Familienernährers blockiert.

Ehegattensplitting – wer profitiert?

Der prominenteste und sichtbarste Ausdruck dieser gesellschaftlichen Norm in der Gesetzgebung ist die gemeinsame
steuerliche Veranlagung von Ehepaaren, genauer das Ehegattensplitting. Jahr für Jahr lässt sich der Staat diese Steuervergünstigung für verheiratete Paare knapp 20 Milliarden
Euro kosten. Das ist doppelt so viel, wie im Staatshaushalt
pro Jahr für Zuschüsse für Kindererziehungszeiten vorgesehen ist.[92] Das Ehegattensplitting begünstigt jene Ehen am
großzügigsten, bei denen der Einkommensunterschied der
Ehepartner am größten ist; wenn also der eine voll (in der
Regel der Ehemann), der andere Partner gar nicht erwerbstätig ist (in der Regel die Ehefrau) oder einen Minijob hat,
der steuerlich nicht ins Gewicht fällt: Bei einem durchschnittlichen zu versteuernden Einkommen von 28 000 Euro
im Jahr bekommt ein Ehemann dann auf sein Einkommen
einen Steuerrabatt von 3000 Euro, bei einem doppelt so hohen Einkommen erhöht sich die Steuerersparnis schon auf
über 5600 Euro im Jahr. Das ist ein Steuergeschenk von fast
500 Euro – jeden Monat. Die Steuervergünstigung kann bis
auf 15 000 Euro im Jahr steigen – das ist dann der Fall, wenn
der Alleinverdiener ein Einkommen von 500 000 Euro im
Jahr hat.[93] Zu dieser steuerlichen Subvention gibt der Staat
dann noch die kostenfreie Mitversicherung des nicht oder
geringfügig erwerbstätigen Partners in der Krankenversi-
cherung hinzu. Der finanzielle Anreiz für eine Ehefrau,
selbst berufstätig zu sein und sich ökonomisch unabhängig
zu machen, ist dadurch gering: Jede Stunde, die sie über den
steuerfreien Hinzuverdienst von 450 Euro erwerbstätig ist,
schmälert wegen des riesigen Steuervorteils durch das Ehegattensplitting zunächst das gemeinsame Familiennettoeinkommen. Frauen, die ihre Erwerbsarbeit ausweiten wollen,
werden ausgebremst.
Wie sich die finanziellen Anreize für Frauen ändern,

wenn es kein Ehegattensplitting gibt, zeigt der Vergleich mit Österreich: Arbeitet in Deutschland eine Ehefrau in Vollzeit, steigt das Familiennettoeinkommen um 50 Prozent. In Österreich, wo das Ehegattensplitting durch eine Individualbesteuerung ersetzt wurde, erhöht sich das Familieneinkommen dagegen um 70 Prozent.[94]

Der Staat schützt und stützt diese Form der Ehe und wehrt sich gegen alternative Modelle im Renten- und Steuerrecht – wohlwissend, dass sie für Frauen mit Existenzrisiken verbunden ist. Indem der Staat den Familienernährer subventioniert, unterminiert er das Bemühen von Paaren, sich die Aufgaben im Haushalt und die Fürsorge für Familienmitglieder fair zu teilen. Auch hier handeln Staat und Politik wider besseres Wissen. Denn im Ersten Gleichstellungsbericht der Bundesregierung kann man nachlesen,[95] dass fast die Hälfte der Paare zu Beginn der Ehe etwas anderes im Sinn hat. Sie wollen sich Erwerbs- und Familienarbeit partnerschaftlich teilen. Im Laufe der Ehezeit passen sich jedoch die meisten Paare an das traditionelle Modell an: Nach 14 Jahren gilt in 85 Prozent der Haushalte die klassische Arbeitsteilung mit männlichem Alleinverdiener oder männlichem Ernährer mit hinzuverdienender Ehefrau. Diese Entwicklung ist nicht nur auf die rechtlichen Regelungen zurückzuführen, sondern ebenso auf kulturelle Normen. Der Staat verstärkt aber mit gesetzlichen Regelungen wie dem Ehegattensplitting die Macht der kulturellen Normen.

All das ist kein Zufall – es ist politisch gewollt. Immer wieder hat es öffentliche Diskussionen um Sinn und Unsinnigkeit des Ehegattensplittings gegeben. Regelmäßig haben von der Politik beauftragte Experten und auch die EU-Kommission die Bundesregierung ermahnt, diese Barrieren für die Erwerbstätigkeit von Frauen endlich niederzureißen. Trotzdem gibt es hierzulande einen mächtigen gesellschaftlichen Konsens: Keine der Parteien mit Regierungsverantwortung hat in den letzten Legislaturperioden die Privilegien für die Ernährerehe ernsthaft in Frage gestellt. Und die Ehepaare selbst? Eine Umfrage im Auftrag der Zeitschrift »Eltern« ergab ein ähnlich einmütiges Bild: Eine große Mehrheit plädiert nicht nur für die Beibehaltung der kostenlosen Mitversicherung in der gesetzlichen Krankenkasse, sondern auch für das Festhalten am Ehegattensplitting.[96] Das ist nur verständlich. Wer verzichtet schon freiwillig auf Steuergeschenke?

Die Frage bleibt, wer von diesem in Europa einzigartigen Steuermodell profitiert? Das Deutsche Institut für Wirtschaftsforschung hat genauer hingeschaut und ausgerechnet, wer welche Einkommenseinbußen hätte, würde man das Ehegattensplitting wie in Österreich durch eine individuelle Besteuerung ersetzen.[97] Es sind die Alleinverdienerehen mit hohen Einkommen von über 75 000 Euro im Jahr. Diese Familien- und Einkommenskonstellation gibt es vorwiegend in den alten Bundesländern. Daher würden die Verluste bei Abschaffung des Ehegattensplittings regional sehr unterschiedlich ausfallen: In den neuen Bundesländern hätten Ehepaare durchschnittliche Einbußen von 50 Euro im Monat, in den alten Bundesländern wäre der Verlust mehr als doppelt so hoch. Das Ehegattensplitting ist demnach ein Steuergeschenk für gutverdienende, verheiratete Ehemänner in Westdeutschland, die eine Ehe mit traditioneller Aufgabenteilung führen. Partnerschaften hingegen, in denen beide etwa gleich viel zum Haushaltseinkommen beitragen – das sind deutschlandweit immerhin ein Viertel aller Paare –, ziehen allein aufgrund einer Ehe keinerlei finanzielle Vorteile aus dem Steuerrecht.

Das Risiko für Frauen und Kinder

Für Ehefrauen birgt die Hinzuverdiener-Ehe als Steuer-sparmodell dagegen erhebliche Risiken. Mit Minijobs sind sie bei Arbeitslosigkeit oder im Rentenalter kaum abgesichert. Zudem umgehen Arbeitgeber bei Minijobs häufig die elementarsten arbeitsrechtlichen Regelungen wie Anspruch auf Urlaub oder Lohnfortzahlung im Krankheitsfall. Nutzt eine Ehefrau für ihren Teilzeitjob die Steuerklasse V mit hohen Steuerabzügen und entsprechend vermindertem Nettoeinkommen, wirkt sich dies auf alle Lohnersatzleistungen aus: Je niedriger der Nettolohn, desto geringer fallen auch ihre Ansprüche auf Arbeitslosengeld, aber auch auf das Kranken- und Elterngeld aus.

Wie das deutsche Steuer- und Sozialrecht das Modell des Familienernährers zementiert, das zeigt sich besonders, wenn man ins Ausland blickt. Während sich europaweit die Arbeitszeiten von Frauen und Männern angleichen, driften sie in Deutschland auseinander. In den zehn Jahren von der Jahrtausendwende bis 2010 ist die Zahl der Frauen, die Vollzeit arbeiten, in Deutschland um 640 000 gesunken, während die Zahl der in Teilzeit und der geringfügig erwerbstätigen Frauen zugenommen hat. Die Mehrheit der Haushalte lebt das sogenannte modernisierte Ernährer-Modell: Der Mann ist Vollzeit, die Frau in Teilzeit und häufig sogar nur geringfügig erwerbstätig.[98]

Wenn der Staat von Familienförderung spricht, meint er die Ehe an sich. Dabei kann nicht die Ehe an sich ein eigener Wert sein, sondern nur eine partnerschaftliche Beziehung. Dass Männer und Frauen einander verlässliche Partner auf Augenhöhe sind – genau das fördert der Staat aber nicht. Die Subvention des männlichen Familienernährers treibt Frauen in die ökonomische Abhängigkeit. Dass das Ehegattensplitting nach einem Urteil des Verfassungsgerichts im Jahr 2013 nun auch für gleichgeschlechtliche Partnerschaften gilt, macht es nicht besser. Das Ehegattensplitting ist per se ungerecht, weil viele Frauen und Kinder nicht von einem »Ernährergehalt« leben. »Das Ernährer-Modell funktioniert nur so lange, wie es den Ernährer gibt«, sagt Bärbel Reimann von der Bremischen Zentralstelle für die Verwirklichung der Gleichberechtigung der Frau.

Der Familienernährer war nach dem Zweiten Weltkrieg nicht nur in Deutschland, sondern in allen westlichen Industrienationen das kulturelle Leitbild. Allerdings zeichnete sich bereits während der ersten großen Wirtschaftskrise in den siebziger Jahren ab, dass ein einziges Einkommen in Zukunft immer seltener ausreichen würde, um eine Familie zu ernähren. Viele Länder verabschiedeten sich deshalb vom Prinzip des Familienernährers – nur Deutschland nicht. »Wir können hier von einem deutschen Sonderweg sprechen. Deutschland ist offenbar eine der wenigen Gesellschaften weltweit, in der noch viele Familien von einem Vollzeit-Einkommen leben können«, sagt die US-amerikanische Philosophin Nancy Fraser.[99] »Unsicher ist aber angesichts der globalen Wirtschaftskrise, wie lange dieses deutsche Sondermodell noch überlebensfähig ist.« Nancy Fraser hat sich bereits Anfang der neunziger Jahre mit dem Konzept des Familieneinkommens unter dem Aspekt der Verteilungsgerechtigkeit und der gesellschaftlichen Wertschätzung auseinandergesetzt und das Versagen der westlichen Industrienationen analysiert:[100] Als das Familieneinkommen als eine Basis des industriellen Kapitalismus wegbrach, versäumten es diese Länder, soziale Sicherheit für diejenigen wiederherzustellen, die am meisten vom Familienernährer abhängig waren: Frauen und Kinder. Im Gegenteil. Im Zuge des Neoliberalismus hat sich der Staat aus diesen Aufgaben noch weiter zurückgezogen und diese Risiken weitgehend privatisiert.

Ein Umdenken scheint in Deutschland in weiter Ferne. Die Ausweitung des Ehegattensplittings auf eingetragene

Partnerschaften findet bei fast allen politischen Parteien Zustimmung. Das Ernährer-Modell wird konserviert, indem es auch bei neuen Gesetzesvorhaben noch immer vorausgesetzt wird. Warum hält es sich auch im 21. Jahrhundert in Deutschland so hartnäckig?

Der Triumph des Familienernährers

»Reaktionäreres für die Homo-Ehe«, mit diesen Worten kommentierte der Historiker und Journalist Götz Aly die Ausweitung des Ehegattensplittings auf eingetragene Lebenspartnerschaften.[101] Denn in Deutschland waren wir schon einmal weiter. Das erste Einkommensteuergesetz von 1920 sah eine individuelle Besteuerung von Ehepartnern vor. »Genau das änderte die NS-Regierung 1934«, schreibt Aly. »Sie führte die gemeinsame Veranlagung von Eheleuten ein, machte die Frau zum steuerrechtlichen Anhängsel des Mannes, um Doppelverdiener zu bestrafen. Ziel war es, den Arbeitsmarkt zu entlasten und den Gebäreifer zu fördern.« Das Nazi-Gesetz war Teil einer Kampagne gegen erwerbstätige Ehefrauen. Mit der Wiedereinführung der gemeinsamen steuerlichen Veranlagung von Eheleuten und dem Ehegattensplitting in den fünfziger Jahren lebte es in Westdeutschland wieder auf[102] – mit identischer Zielsetzung, nämlich der Ehefrau zu ihrer »wahren Berufung« zu verhelfen. »Mutterberuf ist Hauptberuf und als solcher wichtiger als jeder Erwerbsberuf«,[103] sagte der erste Familienminister Franz-Josef Wuermeling 1959 in einer Ansprache zum Muttertag vor dem Deutschen Bundestag. Die Illustration dazu lieferten die Werbefilme der fünfziger Jahre: die Frau mit Schürze zu Hause beim Kochen und Backen, eine Frau, die alles dafür tut, ihrer Familie ein wohliges Heim zu schaffen, in dem sich der Ehemann abends und am Wochenende von seiner Arbeit erholt.

In den Nachkriegsjahren, als die Frauen ein Stück Unabhängigkeit und Selbständigkeit erreicht hatten, sollten sie ihren Platz räumen und wieder an den Herd zurückkehren. Zugunsten der Männer, die ihre Rolle als Oberhaupt und Ernährer der Familie wieder zurückerobern sollten. Die Autorin Helga Hirsch hat die Erfahrung von Frauen in den fünfziger Jahren in ihrem Buch »Endlich wieder leben« beschrieben. Sie zitiert darin eine Berlinerin, die das veränderte Verhältnis zwischen Männern und Frauen beschreibt: »Sie tun uns leid, erscheinen uns so kümmerlich und kraftlos. Die männerbeherrschte Nazi-Welt wankt – und mit ihr der Mythos ›Mann‹. Am Ende dieses Krieges steht neben vielen anderen Niederlagen auch die Niederlage der Männer als Geschlecht.«[104] Den Männern, schreibt Helga Hirsch, habe oft die Kraft und das Selbstvertrauen gefehlt, um sich als Familienoberhaupt Anerkennung zu verschaffen.

Die traditionelle Familie mit dem Ehemann als Familienoberhaupt stand nach dem Krieg auf dem Spiel. Die Scheidungsrate erreichte 1948 mit fast 19 Prozent in den Westzonen einen Höchststand. Aus der Not heraus hatten sich viele Menschen in neuen Lebensgemeinschaften jenseits der traditionellen Familie eingerichtet. Kriegswitwen hatten sich mit Kindern, Tanten, Onkeln und Großeltern zusammengeschlossen, viele lebten unverheiratet mit neuen Partnern zusammen. Mit der Rückkehr an den Herd, an die Seite des Ernährers, sollten die Frauen diszipliniert werden. Tatsächlich ging die Zahl der Ehescheidungen im Laufe der fünfziger Jahre zunächst zurück und sollte in Westdeutschland erst wieder Mitte der siebziger Jahre den Stand der unmittelbaren Nachkriegszeit erreichen.[105]

Familienpolitik im Kalten Krieg

»Millionen innerlich gesunder Familien mit einer gesunden Schar rechtschaffen erzogener Kinder sind als Sicherung gegen die drohende kommunistische Gefahr der kinderfreudigen Völker aus dem Osten mindestens genauso wichtig wie alle militärischen Sicherungen.«[106] Die Worte von Franz-Josef Wuermeling, Chef des 1953 gegründeten, ersten Ministeriums für Familienfragen, zeigen: Die westdeutsche Familie diente auch als ideologisches Bollwerk gegen den Kommunismus. Frauen waren darin als Mütter und Hausfrauen vorgesehen, sie sollten – nicht nur steuerlich – ein Anhängsel ihrer Ehemänner bleiben. Waren sie berufstätig, sprach der Familienminister von »erzwungenem Unheil«.[107]

Die Familienideologie der fünfziger Jahre wirkte lange nach, und zwar so stark, dass sie bis in die siebziger Jahre sogar die bürgerlichen Grundrechte aushebelte. Noch bis 1976 war im Ehe- und Familienrecht festgeschrieben, dass der Ehemann die Entscheidungsgewalt über die Berufstätigkeit der Frau hat. Das stand schon damals im Widerspruch zum verfassungsrechtlich verbrieften Grundrecht auf Gleichberechtigung. Dass das Ehe- und Familienrecht immer wieder Grundrechte zum Nachteil der Frauen bricht, hat Tradition in der deutschen Rechtsgeschichte. Seit dem Ende des 19. Jahrhunderts war es üblich, die Rechte von Frauen durch Sonderregelungen im Ehe- und Familienrecht zu begrenzen – immer im Widerspruch zu den allgemeinen rechtlichen Bestimmungen. »Im Allgemeinen Teil des BGB demonstrierte man Liberalität und trug dem Zeitgeist Rechnung, indem man Frauen ebenfalls als unabhängige Rechtssubjekte anerkannte; im Besonderen Teil des Familienrechts schuf man Sonderregelungen, die die gegebene männerrechtliche Struktur festigen und die Institution der Familie vor emanzipatorischen Auflösungstendenzen schützten.«[108] Was die Historikerin Ute Frevert hier über das 19. Jahrhundert sagt, gilt jedoch genauso für die alte Bundesrepublik. Mit ihrer Familienpolitik wollte sie sich – auch um den Preis der Gleichberechtigung – von der DDR abgrenzen. Familienpolitik war eine Waffe im Kalten Krieg.

Anders als in der Bundesrepublik waren in der DDR mit Inkrafttreten der Verfassung im Jahr 1949 alle Bestimmungen, die dem Gleichheitsgrundsatz widersprachen, getilgt worden – auch die im Ehe- und Familienrecht. Zugleich wurde die Emanzipation der Frau zur Staatsideologie erklärt. Die Frauenfrage galt damit offiziell als gelöst, auch wenn Familienarbeit nach wie vor Frauenarbeit war.[109] »Für die Einbeziehung der Frauen in die sozialistische Produktion sprachen aber auch handfeste ökonomische Gründe«,[110] schreibt Helga Hirsch. Es herrschte Mangel an Fachkräften. Während sich die Frauen in der DDR traditionell männlich dominierte Berufe eroberten und die Berufstätigkeit von Frauen zur Selbstverständlichkeit wurde, verunglimpfte man dies im Westen als »Sowjetisierung der Frau«.[111]

Ein modernes Familien- und Frauenleitbild hatte in der Bundesrepublik keine Chance. Auch die Gewerkschaften hielten das Leitbild der patriarchalischen Ernährerfamilie hoch. »In dieser Zeit haben auch die Gewerkschaften eine frauenfeindliche Kultur entwickelt, weil sie den Familienlohn durchsetzen wollten. Der Mann muss so viel verdienen, dass er Frau und Kinder ernähren kann. Das war die Politik damals. Und die kam mit der anti-kommunistischen Ideologie zusammen«, erklärt die Politologin Barbara Riedmüller.[112] Selbst zu Zeiten der sozialliberalen Koalition sei Willy Brandt im Bonner Parlament ausgebuht worden, als er das skandinavische Familienleitbild mit gleichberechtigten Partnern zu seinem Vorbild erklärte.

Das gesamtdeutsche Ernährer-Modell

Die traditionelle Familie mit dem Familienernährer an der Spitze, ausgestattet mit Privilegien, die im Ehe- und Familienrecht festgeschrieben waren, wurde in der alten Bundesrepublik als Erfolgsmodell verkauft. Der rasante wirtschaftliche Aufstieg lieferte die Bestätigung, zugleich konnte sich die »freie Welt« mit ihrem konservativen Familienmodell von der staatlich verordneten Frauenemanzipation im Osten Deutschlands absetzen. Nach der Wiedervereinigung wurde das in der alten Bunderepublik kultivierte und in Gesetze gegossene Ernährer-Modell mit der gesamtdeutschen Verfassung unverändert auf Ostdeutschland übertragen. Dabei waren es die Frauen in den neuen Bundesländern gewohnt, berufstätig zu sein und ihr eigenes Geld zu verdienen. Eine unabhängige wirtschaftliche Existenz blieb auch nach der Wiedervereinigung ihr vorrangiges Ziel. Das war dem einen oder anderen westdeutschen Politiker ein Dorn im Auge. Kurt Biedenkopf, der 1990 Ministerpräsident in Sachsen wurde, machte den Frauen ihre »ausgeprägte Erwerbsneigung« zum Vorwurf. Sie seien schuld an der hohen Arbeitslosigkeit in den neuen Bundesländern.[113]

Mehr Frauen als Männer in den neuen Bundesländern wurden nach der Wiedervereinigung arbeitslos. Besonders gefährdet waren Frauen, die fünfzig Jahre und älter waren. Sie landeten häufig in prekärer Beschäftigung oder wurden in den Vorruhestand geschickt und mussten dafür hohe Rentenabschläge in Kauf nehmen. Frauen, die in der DDR eine Zeitlang zu Hause geblieben waren, um für Kinder oder Angehörige zu sorgen, traf die Wiedervereinigung besonders hart. Sie hatten für die Erziehungs- oder Pflegezeiten einen symbolischen Betrag von 3 Mark monatlich eingezahlt. Nach DDR-Recht wären diese Beiträge später aufgewertet und wie Erwerbszeiten auf die Rente angerechnet worden. Nach der Wiedervereinigung galt diese Regelung

nicht mehr. Weil die eingezahlten Beträge im wiederver-
einigten Deutschland lediglich als reguläres Einkommen
gewertet wurden, kamen dabei für die Rente nur kleine
Euro-Beträge heraus. Besonders hohe Rentenverluste mussten die geschiedenen Frauen unter ihnen verkraften. Die
etwa 800 000 in der DDR geschiedenen Frauen hatten weder
zu DDR-Zeiten noch nach neuem Recht Anspruch auf Versorgungsausgleich. Den Ex-Ehemännern hingegen sicherte
der Einigungsvertrag Bestandsschutz für ihre Renten zu:
Sie mussten nicht, wie im Westen Deutschlands, ihre zu
Ehezeiten gesammelten Rentenpunkte mit den geschiedenen Ehepartnerinnen teilen. Mehrere tausend betroffene
Frauen schlossen sich Anfang der neunziger Jahre im Ver-
ein der in der DDR geschiedenen Frauen zusammen. Sie
kämpfen seitdem mit Petitionen und Lobbyarbeit bei Regierungen und Parteien um Gleichstellung. Um ihre Renten
wurden sie betrogen – sie werden aber in Deutschland bis
heute nicht gehört.

Dank eines parteienübergreifenden Bündnisses zwischen
Frauen in Ost und West in der 1992 installierten Verfassungs-
kommission brachte die Wiedervereinigung doch noch einen
entscheidenden Fortschritt für Frauen. 1994 wurde nach der
Gleichberechtigung endlich auch die Durchsetzung des
Gleichheitsprinzips als Staatsziel in der gesamtdeutschen
Verfassung festgeschrieben. Artikel 3, Absatz 2, des Grund-
gesetzes »Männer und Frauen sind gleichberechtigt« wurde
um folgenden Satz ergänzt: »Der Staat fördert die tatsäch-
liche Durchsetzung der Gleichberechtigung von Frauen
und Männern und wirkt auf die Beseitigung bestehender
Nachteile hin.« Den um ihre Renten gebrachten Frauen aus
der DDR hat der Verfassungsartikel bisher nicht zu ihrem
Recht verholfen. Deshalb haben sie vor dem Europäischen
Gerichtshof geklagt und eine offizielle Beschwerde bei den
Vereinten Nationen eingereicht – das Ergebnis bleibt abzu-
warten.

Frauen haben bis heute bei der Durchsetzung ihrer Rechte von der Politik wenig zu erwarten. Die politische Aufbruch-stimmung nach der Wiedervereinigung ist in Vergessenheit geraten. So wie der erste gesamtdeutsche Frauenstreik am 8. März 1994. Politikerinnen, Gewerkschaftlerinnen, Wissenschaftlerinnen, viele Journalistinnen und Schriftstelle-rinnen aus Ost und West hatten damals dazu aufgerufen, für die Rechte der Frauen und gegen das Primat der Ernährer-ehe auf die Straße zu gehen. »Die geheime Parole ›Männer gehen vor‹ hat dazu geführt, dass in den neuen Bundeslän-dern vor allem Frauen von den Arbeitsplätzen verdrängt wurden«, hieß es im Streikaufruf. Die Forderungen wurden ignoriert, von den Medien und von den politischen Institutio-nen. Dabei sind sie auch zwanzig Jahre später erschreckend aktuell: »Wir wollen die gleichmäßige Verteilung der be-zahlten und der unbezahlten Arbeit unter Frauen und Män-nern und eine eigenständige Existenzsicherung für jede er-wachsene Person. Wir fordern die Gleichberechtigung aller Lebensformen: allein, in Gemeinschaft, heterosexuell oder lesbisch. Eine Bevorzugung der Ehe durch den Staat lehnen wir ab.«[114]

Was ist aus den engagierten Frauen geworden? Ihre Stimmen waren nicht erwünscht in einem Land, in dem eine neue Bürgerlichkeit dem traditionellen Familienbild erneut zum Siegeszug verhalf; in dem die sich aufopfernde Mutter in das Zentrum einer neuen Familienideologie rück-te. Diese neue Familienideologie wiederum fügte sich bes-tens in das Konzept einer neoliberalen Politik – von der wie-derum die Verfechter der neuen Bürgerlichkeit selbst am meisten profitieren.

Die Dienstleister der Nation

Die vielen freiwilligen und unfreiwilligen Teilzeiterwerbstätigen und die Frauen, die wegen der Familie ihren Beruf nicht (mehr) ausüben, verhalten sich auch heute konform mit den gesellschaftlichen Erwartungen. Die Sorge für die Kinder, ob Säugling, Kleinkind oder Schulkind, für die Familie, vom Einkauf über das Essenkochen bis zur Hausaufgabenbetreuung und der Freizeitplanung – all das wird weiterhin von Frauen erwartet. Für ihre tägliche, über nahezu zwei Jahrzehnte dauernde Fürsorge für Kinder und Familie werden Frauen in den Medien als Heldinnen gefeiert. So wie in der ARD-Fernsehshow »Deutschlands starke Frauen«, die am 15. März 2013 ausgestrahlt wurde. Bis auf eine junge Studentin wurden in der Sendung ausschließlich ehrenamtlich engagierte Mütter ausgezeichnet: dafür, dass sie nicht nur für ihre eigene Familie sorgen, sondern ihre Fürsorge darüber hinaus auch noch anderen Menschen zuteilwerden lassen. Frauen, die »Arbeit aus Liebe«[115] leisten, werden auf den Sockel gehoben. Das Risiko ihres sozialen Absturzes wird stillschweigend in Kauf genommen. Frauen dagegen, die Anerkennung einfordern, auf die sie bauen können, nämlich eine gerechte Teilhabe, die in unserer Gesellschaft immer noch in erster Linie über eine gut bezahlte Arbeit und über soziale Absicherung gewährleistet ist, solchen Frauen hört man in Deutschland nicht so gerne zu. Als Heldinnen taugen sie schon gar nicht.

Auch die Wochenzeitung »Die Zeit« tut sich mit der Rehabilitierung der Hausfrau hervor. »Entschuldigung, ich bin Hausfrau!« prangte am 31. Oktober 2012 in großen Lettern auf der Titelseite. Dazu das Foto einer Frau mit frisch frisiertem Pagenkopf, eingerahmt von zwei Kleinkindern, von denen das jüngere charmant lächelt wie die Mutter, das ältere etwas gequält grinst. Ob diese Mutter zu den Frauen gehört, die die stellvertretende Chefredakteurin Sabine Rückert auf der Rückseite beschreibt? »Eine Hausfrau aus Überzeugung«, schreibt Rückert, »ignoriert die ökonomische Forderung: ›Wir haben Bildung in dich reingesteckt, jetzt musst du dich amortisieren.‹ Dabei liegt ihre Ausbildung nicht brach, sondern fließt in die Erziehung der Kinder, denen sie eine Gesprächspartnerin und ein Beistand bis zum Abitur sein kann.«[116] Die Frau, die Sabine Rückert idealisiert, opfert sich für andere auf. Ihnen, den selbstlosen, allein dem Wohl anderer dienenden Frauen schenkt sie von ihrem Meinungsmacher-Schreibtisch aus ihre Anerkennung. Aber ist sie insgeheim nicht genauso erleichtert wie der Ehemann dieser »Hausfrau aus Überzeugung«, dass die Haushalts- und Sorgearbeit von anderen Frauen erledigt wird? Was sie von den Hausfrauen hält, die nicht bereit sind, sich aufzuopfern, sagt Sabine Rückert auch: »Dann gibt es noch die Hausfrau, die an einem Gutverdiener hängt und ihr Leben beim Friseur verplempert – nachdem sie das Kind im Ganztagskindergarten abgegeben hat.«

Das Loblied auf die uneigennützige Sorge für andere Menschen ist blanker Zynismus gegenüber Frauen. Denn hier wird, wie so oft, verschwiegen, welches Risiko Frauen eingehen, wenn sie ihren Beruf aufgeben, um sich allein der Familie zu widmen. Ganz abgesehen davon, dass Frauen, für die bezahlte Arbeit eine ökonomische Notwendigkeit ist und die zusätzlich für Kinder und Familien sorgen, offenbar nicht der Rede wert sind. Aufrichtig ist Anerkennung erst dann, wenn sie Frauen keine Selbstlosigkeit mehr abverlangt, wenn Frauen durch Sorgearbeit nicht in finanzielle Abhängigkeit gedrängt werden und Frauen nicht mehr mit den Risiken allein gelassen werden, falls der Familienernährer ausfällt. Das setzt allerdings voraus, dass sich Männer ebenso wie Frauen, aber auch Staat und Gesellschaft für

Familienaufgaben verantwortlich fühlen. Genau das Gegenteil ist der Fall. Das mit übermenschlichen Erwartungen verknüpfte Mutterbild verlangt den Frauen in Deutschland immer mehr ab.

Anders in Frankreich: »Die französische Gesellschaft hat schon vor langer Zeit erkannt, dass nicht allein die Mutter für das Kind verantwortlich ist«, schreibt die französische Historikerin und Philosophin Elisabeth Badinter. »Da die Väter immer noch nicht bereit sind, die elterlichen und häuslichen Aufgaben gerecht zu teilen«, so Badinters Analyse, »gilt der Staat als mitverantwortlich für das Wohl und die Erziehung der Kinder.«[117]

Die heile Welt der Familie und die schmutzige Sphäre des Gelderwerbs

Warum diese Rückbesinnung auf ein überwunden geglaubtes Frauenbild aus den fünfziger Jahren? Wenn sich Meinungsführer in Medien und Politik in Deutschland seit den neunziger Jahren dazu aufgerufen fühlen, ein Loblied auf die traditionelle Familie zu singen, dann findet das unter anderen Vorzeichen statt als in der Nachkriegszeit. In den neunziger Jahren geschah etwas anderes: Das Familienleben wurde als Gegenbild zum Erwerbsleben entworfen. Die heile Welt der Familie sollte angeblich frei sein von den ökonomischen Gesetzen, die auf dem Arbeitsmarkt den Menschen immer mehr abverlangten. Der Arbeitsmarkt bot immer weniger Sicherheit, der Druck, sich den Marktmechanismen anzupassen, nahm zu. Auf die Wirtschaftkrise in den siebziger Jahren hatten als Erste die USA und Großbritannien und schließlich auch Deutschland mit einer neoliberalen Politik reagiert. Die staatlichen Regulierungen des Arbeitsmarktes wurden seit den achtziger Jahren nach und nach aufgeweicht. Das Normalarbeitsverhältnis mit Anstellung auf Lebenszeit war nicht mehr die Regel. Die gut ausgebildeten geburtenstarken Jahrgänge trafen nach ihrer Ausbildung auf einen Arbeitsmarkt, der ihnen vor allem befristete, zum Teil prekäre Arbeitsverhältnisse bot. Für die Frauen dieser Generation war es besonders schwierig, Fuß zu fassen. Wollten sie gleichzeitig noch eine Familie gründen, erhöhte das ihr Risiko, in einer prekären Beschäftigung zu landen oder ganz aus dem Arbeitsmarkt gedrängt zu werden um ein Vielfaches.

Der Begriff der Zwei-Drittel-Gesellschaft wurde in dieser Zeit geprägt, um das neue Auseinanderdriften der Gesellschaft zu beschreiben: Ein großer Teil lebt in relativer Sicherheit, ein kleinerer Teil ist in seiner ökonomischen Existenz immer stärker gefährdet. Daran hat sich bis heute nichts geändert.

Die neue Form des Kapitalismus forderte Arbeitskräfte, die jederzeit flexibel auf die neue Unsicherheit reagieren: jederzeit bereit, sich fortzubilden, sich einen neuen Arbeitsplatz, zur Not auch einen neuen Beruf zu suchen und dorthin umzuziehen, wo es Arbeitsplätze gab.[118] In dieser Erwerbswelt, in der Menschen mit Haut und Haar der ökonomischen Logik unterworfen sind, bietet sich die Familie als Rückzugsraum an.

Für die Journalistin Elisabeth von Thadden ist die Familie ein »atemberaubendes Paradies«, bedroht durch die »Welt des Erwerbs«. Ihre erste Zugfahrt an ihren Arbeitsplatz nach der Familienpause schildert sie in ihrem Buch »Familiäre Gründe« aus dem Jahr 2000 denn auch als Vertreibung aus dem Paradies: »Sie fuhren wie ich in die Welt des Erwerbs, der Interessen, des Berufs, nur hatte ich diese Welt vor Jahren mit prallrundem Bauch verlassen und seither nicht wieder betreten. Nun weiß ich nicht, wie sich ein Sündenfall anfühlt. Aber bei diesem Aufbruch nach Hamburg glaubte ich mich Adam und Eva durchaus verwandt. Ein Foto meiner Kinder anzusehen wäre mir in diesem Moment unmöglich gewesen. Ich hätte den Lokführer augenblicks um einen U-Turn gebeten, um dorthin zurückzufahren, wo ein kleiner Junge und ein kleines Mädchen dem Aufstehen entgegenschliefen und nicht von mir ihre Morgenmilch ausgehändigt bekommen würden.«[119] Die »Welt des Erwerbs« stilisiert von Thadden zu einer Bedrohung der Familie, weil durch sie Kinder angeblich nicht zu ihrem Recht kommen. Deshalb macht aus Sicht der Autorin auch allenfalls eine Halbtagsbeschäftigung glücklich. Wer dagegen finanzielle Unabhängigkeit anstrebt, fügt der Familie Schaden zu: »Wo immer die finanzielle Unabhängigkeit der Eltern voneinander zum ersten Klassenziel ihrer Bindung wird, haben Kinder kaum die Option, mehr als Störfaktoren reibungsloser Tagesabläufe zu sein.«[120] Unter neuen Vorzeichen propagiert sie im Jahr 2000 ein Familienleitbild, das ziemlich genau den Vorstellungen der fünfziger Jahre folgt. In seiner modernisierten Variante darf die Ehefrau und Mutter ein wenig hinzuverdienen.

Politik für die Geburtenrate

Parallel zur Deregulierung des Arbeitsmarkts und dem Rückzug des Staates zeichnete sich mit Beginn der achtziger Jahre eine wertkonservative Wende ab. Die politischen Zielsetzungen der siebziger Jahre, nämlich die verfassungsrechtliche Gleichstellung von Mann und Frau auch in der Realität einzulösen, wurden mit der Verkündung der »geistig-moralischen Wende« durch Helmut Kohl aufgegeben. An die Stelle einer emanzipatorischen Politik trat eine Politik, die sich in erster Linie als Familienpolitik verstand. »Hatten sich die sozialliberalen Regierungen der siebziger Jahre bemüht, Frauen ihre Doppelrolle in Beruf und Familie zu erleichtern, zielt die ab 1982 amtierende christdemokratische Regierung darauf ab, die ›sanfte Macht der Familie‹ zu stärken und Frauen die Familienarbeit wieder schmackhafter zu machen«,[121] schreibt Ute Frevert 1986. Als die Frauen der geburtenstarken Jahrgänge noch Schülerinnen waren, hatten sich viele von ihnen die Ideale einer emanzipatorischen Politik zu eigen gemacht. Beruf und finanzielle Unabhängigkeit standen für sie an erster Stelle. Dafür strengten sie sich in Schule und Ausbildung an und erreichten so hohe Bildungsabschlüsse wie keine Frauengeneration vor ihnen. Als sie Schule und Universität verließen, wurde ihre Euphorie bereits gedämpft: »Vieles deutet darauf hin, dass sich die Berufs- und Erwerbschancen für Frauen in den nächsten Jahren verschlechtern werden«, analysierte Frevert Ende der achtziger Jahre.

Tatsächlich war der Anteil der Studienanfängerinnen seit 1982 kurzfristig zurückgegangen. Anstatt gegenzusteuern, tat die Politik nun alles, um Frauen wieder in den »Mütterberuf« zu locken. Mit dem Erziehungsgeldgesetz von 1986 wurde es Frauen leichter gemacht, sich nach der Geburt eines Kindes für längere Zeit aus dem Beruf zurückzuziehen. Ursprünglich auf ein Jahr begrenzt, wurde der Zeitraum 1992 auf drei Jahre ausgedehnt. Das Erziehungsgeld bot keinen Lohnausgleich wie das 2007 eingeführte Elterngeld, es verharrte eineinhalb Jahrzehnte auf niedrigem Niveau: 600 DM bzw. 300 Euro monatlich. Meistens hatten die Frauen, wenn sie Kinder bekamen, auch gar keine andere Wahl. Ein auch nur halbwegs flächendeckendes Angebot an Kindergartenplätzen gab es nicht. Allenfalls in Großstädten wie Berlin oder Hamburg konnten Frauen mit etwas Glück und beharrlicher Suche einen Ganztagsplatz für ihre Kinder finden. Nutzten sie dieses Angebot, mussten sie sich dafür nicht selten als Rabenmütter beschimpfen lassen. Der Staat, das machte diese Politik deutlich, ist nur dann bereit, Frauen zu unterstützen, wenn sie sich in den Dienst der Gesellschaft stellen: wenn sie Kinder bekommen und sich gegen einen mageren finanziellen Ausgleich um deren Erziehung kümmern. Da ist sie wieder, die Mutter-Heldin. Anerkennung bekommt nur die Frau, die sich für die Gemeinschaft aufopfert.

Gleichzeitig verschob sich der Fokus in der Familienpolitik. Nun galt es, die Geburtenrate zu erhöhen, wie sich an den Enquete-Kommissionen ablesen lässt, die der Bundestag zwischen den siebziger und den neunziger Jahren einsetzte. Diesen Kommissionen gehören Sachverständige und Abgeordnete aller Parteien an. Ihr Auftrag: politische Entscheidungen des Bundestags vorzubereiten. Ob Parlament und Regierung das Wissen der Experten ignorieren oder ihren Empfehlungen folgen, entscheidet am Ende die politische Mehrheit.

Von 1973 bis 1981 war eine Enquete-Kommission »Frau und Gesellschaft« tätig mit dem Auftrag, »Entscheidungen vorzubereiten, die zur Verwirklichung der vollen rechtlichen und sozialen Gleichberechtigung der Frau in der Gesellschaft führen«.[122] Gut zehn Jahre später, 1992, folgte die Enquete-Kommission »Demographischer Wandel«.[123] Was passiert, wenn Gleichstellungspolitik unter dem Vorzeichen der Demographie verhandelt wird? Die Interessen der Frauen geraten aus dem Blick: Sie sollen Kinder bekommen. Wie es um ihre Chancen steht, einen Arbeitsplatz zu finden, der ihrer Qualifikation entspricht und der ihre Existenz sichert, das ist zweitrangig.

Der erste Zwischenbericht der Enquete-Kommission »Demographischer Wandel« von 1994 betrieb Ursachenforschung zum anhaltend niedrigen Niveau der Geburten – statistisch etwa 1,4 pro Frau –, zur steigenden Zahl von Single-Haushalten und von alleinerziehenden Müttern. Die Kommissionsmitglieder machten sich Gedanken darüber, wie die sozialen Sicherungssysteme in einer Gesellschaft funktionieren können, in der die traditionelle Ernährerfamilie nur eine von vielen Lebensformen ist und in der sich das zahlenmäßige Verhältnis zwischen den Jungen und den

Alten verschiebt. Überraschend klar räumte die Kommission das Scheitern der bisherigen Familienpolitik ein und nannte auch die Gründe dafür: Insgesamt führten die derzeitigen Regelungen, womit in erster Linie die Ausweitung des Erziehungsurlaubes gemeint war, »– gewollt oder ungewollt – zu einer deutlichen Traditionalisierung der familialen Aufgaben«.[124] Frauen seien zunehmend weniger bereit, »das Arbeitsmarktrisiko alleine zu tragen und daraus resultierende Benachteiligungen in Kauf zu nehmen, weshalb (insbesondere hochqualifizierte) kinderlos blieben«.[125]

Bereits Mitte der neunziger Jahre war also bekannt, warum immer mehr Frauen eine Schwangerschaft aufschoben oder gar keine Kinder bekamen. Als die Enquete-Kommission 1992 eingesetzt wurde, war die Geburtenrate auf ein historisches Tief gesunken. Daran hat sich nichts Wesentliches geändert. Im Jahr 2008 waren nach Angaben des Statistischen Bundesamts 21 Prozent der 40- bis 44-jährigen Frauen ohne Kinder, unter den Frauen mit höherer Bildung im Westen Deutschlands sogar 26 Prozent. Viele Frauen der Babyboomer-Generation verzichteten auf Kinder, weil die Bedingungen ihnen keine andere Wahl ließen: entweder Beruf oder Familie. Sie werden ihr Wissen und ihre Erfahrung nicht an eigene Kinder weitergeben können. Sie fehlen Söhnen und Töchtern als Vorbilder für ein selbstbestimmtes Frauenleben.

Es hätte anders kommen können – wenn die Regierungsparteien auf die Sachverständigen der Enquete-Kommission gehört hätten. Denn die gingen über die Ursachenforschung hinaus und schlugen in ihrem Bericht von 1994 Lösungen vor. Sie fordern ein soziales Netz, das Frauen und Kindern auch außerhalb der Ernährerfamilie Sicherheit bietet. Sie benennen genau, wer durch das soziale Netz fallen wird, wenn sich der Staat bei der Gesetzgebung weiterhin an der Ernährerfamilie orientiert: »Arbeitslose, Alleinerziehende, Geschiedene, Verwitwete und hier wiederum insbesondere

Frauen werden auch zukünftig zu den Risikogruppen gehören, wenn ihre soziale Absicherung weiterhin aus abgeleiteten Ansprüchen der Männer herrührt, sie im Falle der
Geburt von Kindern weiterhin allein das Arbeitsmarktrisiko tragen, familiale Erziehungs- und Pflegeleistungen
weiterhin so wenig rentenrechtliche Anerkennung finden
und nicht die Möglichkeiten für die Vereinbarkeit von Fa-
milien- und Erwerbstätigkeit für Männer und Frauen deutlich verbessert werden.«[126]

Unseren demokratisch gewählten Repräsentanten und
den Regierungen, die seither unser Land gestalten, waren
also nicht nur die Probleme bekannt, sondern auch die politischen Lösungen. Keiner kann heute so tun, als habe er
nicht gewusst, was auf die Frauen der geburtenstarken Jahrgänge zukommt. Gehandelt haben sie nicht. Den Erkennt-
nissen der Experten zum Trotz empfahl eine Mehrheit der
Kommissionsmitglieder dem Bundestag: »Der bisher einge-
schlagene Weg, durch Erziehungsgeld und Erziehungsurlaub die Erfüllung von Familienaufgaben für Frauen und
Männer in den ersten Lebensjahren der Kinder zu erleichtern, sollte weiter ausgebaut werden.«[127]

Warum diese Ignoranz? Welche Motivation verbirgt sich
dahinter? Auch dazu liefert der über 300 Seiten lange Bericht eindeutige Hinweise. Er prognostiziert eine anhaltend
hohe Arbeitslosigkeit bis zum Jahr 2010. Als arbeitsmarkt-
politische Maßnahme wird der Ausbau der Teilzeitbeschäftigung, auch der geringfügigen Beschäftigung vorgeschla-
gen – angeblich für Frauen wie für Männer. Die geschlechtsneutrale Formulierung verschleiert hier, wie so oft, was
wirklich gemeint ist. Die gut bezahlten und aussichtsreichen
Arbeitsplätze waren für die Frauen der Babyboomer-Generation gar nicht vorgesehen. Die sollten angesichts steigen-
der Arbeitslosigkeit dem Familienernährer vorbehalten
bleiben. Frauen sollten allenfalls hinzuverdienen. Genauso
ist es gekommen. Seit den neunziger Jahren ist die Erwerbs-

quote der Frauen zwar angestiegen, das Arbeitszeitvolumen aber nicht. Immer mehr Frauen sind in Teilzeit, häufig geringfügig beschäftigt. Eine andere Verteilung von Arbeit und von staatlichen Leistungen hätte eine grundlegende Umverteilung zur Folge gehabt: von Frauen zu Männern und von den besser Verdienenden zu den weniger gut Verdienenden. Das wurde verhindert. Den Preis dafür zahlen die Frauen. Jede Regierung seither hat die ökonomische und soziale Benachteiligung von Frauen billigend in Kauf genommen.

Politiker haben die Möglichkeiten für eine gesellschaftliche Erneuerung in den vergangenen Jahrzehnten ebenso in den Wind geschlagen wie einflussreiche Publizisten. Sie arbeiteten lieber mit am Krisenszenario einer alternden Gesellschaft und machten sich damit zu Komplizen einer rückwärtsgewandten Politik. In zahllosen Artikeln und Sendungen beschworen sie die demographische Katastrophe herauf, und manche sahen mit den Zerfallserscheinungen der traditionellen Familie gleich noch den Untergang der deutschen Leitkultur voraus.[128]

In erster Linie Mutter

Die zynische und irreführende Aufwertung der Hausfrau und Mutter wurde in keinem anderen Land Europas so weit getrieben wie in Deutschland. Dennoch ist sie kein Alleinstellungsmerkmal deutscher Politik oder deutscher Autoren und Journalisten. Die angebliche Erhabenheit weiblicher Fürsorge wurde seit den achtziger Jahren überall in den westlichen Industrienationen in Szene gesetzt. Elisabeth Badinter spricht von einer »maternalistischen Ideologie«, die sich als Folge der Wirtschaftskrise und einer Identitätskrise der Geschlechter in den siebziger Jahren ausbreitete. »Die Krise und der Naturalismus fügen sich dabei gut ineinander. Die Anfänge reichen in die Siebziger und Achtziger Jahre des letzten Jahrhunderts zurück. Auch manche Feministinnen haben den biologistischen Ansatz aufgegriffen und plötzlich Schwangerschaft, Geburt und Mutterschaft als etwas Erhabenes verehrt. Das Kind wird dabei zum eigenen Werk, für das die Mutter die ganze Verantwortung trägt.«[129] In Deutschland fiel diese Ideologie auf besonders fruchtbaren Boden. Den hatte einerseits der Protestantismus früh bereitet, indem er »die physische Mutterschaft« aufwertete zu einer »geistlichen Mutter«, die die Kinder vor der Welt schützte und deren Sorge und Erziehung indirekt ein Dienst für Gott und an der Gesellschaft war.[130] Andererseits traf die Betonung der guten Mutter als Gegenentwurf zur männlichen Welt des zerstörerischen Egoismus auf große Resonanz in der ökologischen Bewegung. Die maternalistische Ideologie wurde in Deutschland seit den achtziger Jahren immer stärker, bis sie schließlich im Mainstream angekommen war.

Dieses mütterliche Ideal verlangt Frauen immer mehr ab. Die Sorge für die Kinder wird immer aufwendiger. Es sind die Mütter, die dafür geradestehen sollen, wenn die Erziehung scheitert, wenn der schulische Erfolg der Kinder ausbleibt, wenn Kinder sich nicht konform verhalten oder ganz ausscheren. Jeder maßt sich ein Urteil über Erfolg und Misserfolg der Erziehung an. Wenn Experten im Fernsehen über die schädlichen Auswirkungen eines übermäßigen Medienkonsums bei Kindern und Jugendlichen diskutieren, schwingt stets der Vorwurf mit: Die Mütter sind schuld, wenn Kinder zu viel vor dem Computer oder der Spielkonsole sitzen, denn sie sind es, die für einen vernünftigen Medienkonsum ihrer Kinder zu sorgen haben. Damit es auch in der Schule klappt. Und die Schulen lassen Mütter ganz selbstverständlich mitarbeiten: Kontrolle der Hausaufgaben, Einüben des Lernstoffs und Vorbereitung von Klassenarbeiten. »Die Schule setzt weitgehend unreflektiert eine bestimmte (teil-)traditionelle Geschlechterrollenteilung in der Familie voraus, indem sie erwartet und verlangt, dass Mütter jederzeit für den Schulalltag ihres Kindes einsatzbereit sind und ihren Einsatz kurzfristig erhöhen und intensivieren können, falls es die Noten oder Klassenarbeiten erfordern.«[131] Das ist einer der zentralen Befunde einer Studie, die die Konrad-Adenauer-Stiftung und das Bundesfamilienministerium in Auftrag gegeben haben. Um für den Schulerfolg ihres Kindes verfügbar zu sein, auch das steht in der Studie von 2013, reduzierten einige Mütter ihre Erwerbstätigkeit. Der Schulerfolg ihrer Kinder sei vor allem für Frauen ein Gradmesser dafür, ob sie eine »gute Mutter« sind.

Frauen der geburtenstarken Jahrgänge, die in den achtziger und neunziger Jahren in den Beruf einstiegen und Familien gründeten, waren nicht nur von der Politik nicht für die aussichtsreichen und existenzsichernden Arbeitsplätze vorgesehen, sie trafen zudem auf gesellschaftliche Erwartungen, die die Verbindung von Mutterschaft und Beruf fast unmöglich machten. Kein Wunder, dass sich ein beträchtlicher Teil von ihnen diese Zumutung ersparen wollte. So wie Lydia T., die 1994 in Alter von 27 Jahren aus Griechenland nach Deutschland kam, um an der Universität Siegen zu promovieren. Eigentlich, sagt sie, sei es für sie immer selbstverständlich gewesen, eine Familie zu gründen – genauso selbstverständlich wie ihr Wunsch, einem Beruf nachzugehen. Sie kannte es nicht anders von ihrer Familie in Thessaloniki. In Deutschland wurde sie immer wieder mit der Einstellung konfrontiert, Kinder brauchten ihre Mutter in den ersten Jahren – und zwar voll und ganz. Sie schob es darauf, dass sie zunächst in Siegen, »in der deutschen Provinz«, gelandet war. »Richtig schockiert war ich dann später in Berlin, als ich beobachtete, dass auch hier viele Frauen aus meinem Umfeld genau das taten. Sie verabschiedeten sich aus dem Job, um nur noch für die Kinder da zu sein.« Gemeinsam mit ihrem Ehemann zog sie eine andere Konsequenz:

»Wir stellten beide fest, dass die Möglichkeiten der Kinderbetreuung es in Deutschland nicht zulassen, dass beide Elternteile ihren Beruf ganz normal weiter ausüben. Deshalb haben wir auf Kinder verzichtet.«

Was für Lydia T. das Ergebnis einer nüchternen Abwägung gewesen sein mag, ist für andere Frauen ihrer Generation mit viel Schmerz und Bedauern verbunden. Heute arbeitet die Mathematikerin bei einer Bundesbehörde und beobachtet, wie Kolleginnen sich Urlaub nehmen, um zu Hause den Kindergeburtstag vorzubereiten oder mit ihren Kindern für die Klassenarbeit zu lernen. »Das kenne ich aus Griechenland nicht, obwohl dort die Beziehung zwischen Eltern und Kindern besonders eng ist«, sagt sie.

Der Beruf der Frau wird in Deutschland marginalisiert. Zu übermächtig ist das Mutterideal, erst recht dann, wenn es von der Politik instrumentalisiert wird mit dem Ziel, die Geburtenrate zu erhöhen. Dass die Interessen der Frauen da nur stören, lässt sich an der Bebilderung des Internetportals »Zukunft mit Kindern. Fertilität und gesellschaftliche Entwicklung«[132] ablesen. Sie zeigt eine Frau mit prallem Babybauch. Sie sitzt am Laptop, den Kopf sieht man nicht, das Bild ist oberhalb ihres Bauchs abgeschnitten. »Wir empfehlen, intensiver zu erforschen, warum Geburten aufgeschoben werden«, diese Zeile steht über dem Bild, ein Zitat aus dem Bericht des Forschungsprojekts. Die Antwort liefert das Bild selbst.

Mütter im Beruf

Die künstliche Unterteilung der Welt in eine häusliche und eine außerhäusliche ökonomische Sphäre und die enge Kopplung von Frau und Mutterschaft in Deutschland lässt wenig Raum für andere weibliche Identitäten. Das hat für Frauen Folgen auf dem Arbeitsmarkt: Sämtliche Tätigkeiten, die mit Erziehung, Sorge und Pflege anderer Menschen zu tun haben, werden schlecht bezahlt – schließlich sind es Arbeiten, die traditionell von Frauen zu Hause unentgeltlich und ungefragt miterledigt werden. Das spiegelt sich auch in der wirtschaftswissenschaftlichen Forschung wider. Hausarbeit galt über lange Zeit gar nicht als ökonomische Kategorie: »Es gab zunächst nur Erwerbsarbeit oder Freizeit«, sagt Elke Holst, Forschungsdirektorin am Deutschen Institut für Wirtschaftsforschung (DIW). Das heißt, Arbeit im Haushalt wurde nicht als Leistung im ökonomischen Sinne bewertet. »Hausarbeit wurde erst mit der neuen Haushaltstheorie ökonomisch bewertet. Diese neoklassische Theorie unterstellte den Frauen aber wiederum eine im Vergleich zu Männern stärkere Präferenz für die Haus- und Familienarbeit, letztendlich aus biologischen Gründen. Die geringeren Einkommen von Frauen wurden als freie Wahl interpretiert. Sie seien bereit, auch bei gleicher Qualifikation schlechtere Verdienste zu akzeptieren, da sie, aufgrund der ›zweiten Schicht‹ zu Hause, angeblich nicht so viel Energie in die Erwerbsarbeit stecken wollten. Viele Ökonominnen wehren sich gegen diese stereotypen Unterstellungen und Zuschreibungen, die den traditionellen Rollenbildern entsprechen.«[133]

Andererseits steht die Vorstellung von der Frau als für andere Sorgende, sich aufopfernde Mutter den Frauen im Weg, die in der beruflichen Hierarchie aufsteigen wollen, die traditionell männlich geprägte Berufe ergreifen wollen oder die in Beruf oder Politik nach Macht streben. Denn in dieser Situation sind genau die Eigenschaften, die als weiblich = mütterlich definiert werden, nicht gefragt. »Frauen haben das schwierige Problem, auch im Berufsleben mit ihrer Geschlechterrolle konfrontiert zu sein«, sagt Elke Holst. »Oft wird angenommen, Frauen könnten nicht so gut führen wie Männer. Nimmt eine Frau aber eine Führungsposition ein, verhandelt hart und ist durchsetzungsfähig, dann wirkt dies oft irritierend. Bei einem Mann entsprechen solche Verhaltensweisen dagegen ganz dem Klischee einer führungsstarken Persönlichkeit. Diese traditionellen Rollenvorstellungen mit den tatsächlichen Berufsrollen vereinbar zu machen ist für Frauen eine besondere Hürde.«

Frauen bekommen in unserer Gesellschaft bis heute widersprüchliche Signale. Auf der einen Seite locken die vermeintliche Sicherheit der Versorgerehe und die Anerkennung, die einer Mutter zuteilwird, die immer für ihre Kinder da ist. Auf der anderen Seite gehört zum Selbstverständnis der allermeisten Frauen eine Berufstätigkeit – für die meisten ist sie außerdem eine existenzielle Notwendigkeit. Die Anforderungen, mit denen Frauen auf beiden Seiten konfrontiert sind, schließen sich in Deutschland noch immer gegenseitig aus. Die Sozialforscherin Jutta Allmendinger hat dafür das philosophische Gleichnis vom Esel gewählt, der sich nicht zwischen zwei Heuhaufen entscheiden kann und deshalb verhungert: »Frauen leben in zwei Welten, stehen unentschieden zwischen zwei Heuhaufen wie immer schon Buridans Esel. Hier der Beruf, dort die Familie. (…) Irgendwie geht das nicht zusammen, hier in diesem Land.«[134]

Für die Frauen der Babyboomer-Generation gilt das in besonderem Maße. Eine Ganztagsbetreuung für Kindergarten- und Schulkinder war in den alten Bundesländern eine Seltenheit. Für Frauen, die beides wollen, einen erfüllten Beruf und eine Familie, wird der Alltag zu einer Belastungsprobe. Am Arbeitsplatz heißt es: Nur so viel Familie, dass die beruflichen Aufgaben nicht darunter leiden. Zu Hause gilt für Frauen meist: Nur so viel Beruf, dass die häuslichen Aufgaben nicht darunter leiden. So gesehen könnte man sagen, dass noch immer Geltung hat, was bis zur Eherechtsreform von 1977 Gesetz war: Die Frau »ist berechtigt, erwerbstätig zu sein, soweit das mit ihren Pflichten in Ehe und Familie vereinbar ist«.

Es gibt eine wahre Flut von Büchern, in denen Mütter ihren Alltag beschreiben. Von »Ich bin eine Suchmaschine. Mein Alltag mit Kindern« bis »Auf nach Cappuccino! Wohlfühltipps einer glücklichen Mutter«. Die Geschichten, die erzählt werden, wirken dabei wie Trostpflaster. Die Autorinnen versuchen angesichts der Überforderung der Mütter gute Laune zu verbreiten, auch über handfeste Probleme wird charmant hinweggelächelt: Alles halb so schlimm, lautet die Botschaft, es geht ja schließlich allen Müttern so.

Wieder populär: Biologie als Argument

Begleitet und unterstützt wird die scheinheilige Aufwertung der Mutterschaft von Forschungen, die die Unterschiede zwischen den Geschlechtern mit ihrer jeweiligen biologischen Konstitution erklären wollen. Das Verhalten von Männern und Frauen, von Mädchen und Jungen wird auf körperliche Ursachen wie die Zirkulation von Hormonen in bestimmten Lebensphasen oder eine geschlechtertypische Verschaltung von Nervenzellen im Gehirn zurückgeführt. Solche Erklärungsversuche sind natürlich alles andere als neu. Heute klingen sie nur anspruchsvoller, und die angeblichen Belege werden mit komplizierten Verhaltensexperimenten und Hightech-Geräten wie Hirnscannern hervorgebracht. Dadurch ist die Beweisführung schwerer zu durchschauen.

Der französische Philosoph Nicolas Malebranche behauptete im 17. Jahrhundert, »alles Abstrakte ist ihnen [den Frauen] unbegreiflich«, und führte dies auf die »zarte Beschaffenheit der Gehirnfasern« zurück.[135] Das klingt grotesk naiv, aber auch über dreihundert Jahre später gibt es Forscher, die nicht davor zurückschrecken, eine kausale Beziehung zwischen Hirnbeschaffenheit und geschlechterspezifischem Verhalten herzustellen. So hatte der US-amerikanische Psychologie-Professor Ruben C. Gur 1999 das Volumen der weißen Hirnsubstanz bei Frauen und Männern gemessen und das angeblich bessere Raumvorstellungsvermögen bei Männern mit ihrem größeren Volumen an weißer Gehirnmasse in Verbindung gebracht. Auch Gerhard Roth, einer der »renommiertesten deutschen Neurowissenschaftler«, macht diese Kausalbeziehung zur Grundlage, um über die Begabungen von Jungen und Mädchen zu urteilen. Auf die Frage, ob es geschlechterspezifische Begabungen gebe, antwortet er 2011 in einem Interview mit der Zeitschrift »GEO«: »In der Tat sind Jungen im räumlichen Bereich und deshalb mathematisch und musikalisch besser talentiert, es gibt ja auch nur wenige bedeutende Mathematikerinnen und Komponistinnen.«[136] Der Interviewer hakt nicht nach, sondern folgt der fragwürdigen Argumentation des Hirnforschers.

Wie unkritisch sich Medien gerade in den letzten drei Jahrzehnten auf solche Forschungsergebnisse gestürzt haben, beschreibt die britische Journalistin Natasha Walter in ihrem Buch »Living Dolls. Warum Frauen heute lieber schön als schlau sein wollen«. In den reformerischen siebziger Jahren seien biologistische Forschungen zu Geschlechtsunterschieden nicht unwidersprochen geblieben, schreibt Walter, heute dagegen fänden sie »begeisterten Widerhall«. Für Natasha Walter ist die Popularisierungswelle des biologischen Determinismus Teil einer restaurativen Geschlechterpolitik: »Denn wer den Glauben an die Möglichkeit eines sozialen Wandels hin zu mehr Gleichberechtigung verloren hat«, schreibt Walter, »findet offensichtlich scheinbar wissenschaftliche Theorien reizvoll, die seinen Eindruck stützen, der ungleiche Status quo sei nur natürlich.«[137]

Die Lüge von der Wahlfreiheit

Die Politik hat das Ziel der Gleichstellung für Frauen bereits in den achtziger Jahren leichtfertig aufgegeben. Stattdessen betrieb sie eine Familienpolitik, die Frauen wieder zurück ins Haus lockte. Eine gesellschaftliche Debatte über die Widersprüche und Nöte, die daraus für Frauen folgen, fand nicht statt. Es war ein Politikwechsel, der im Geheimen ausgeheckt wurden und der zulasten der Frauen ging. Was in Wirklichkeit eine widersprüchliche Politik ist, wird heute unter dem Motto Wahlfreiheit verkauft. Besonders penetrant wurde sie von der ehemaligen Familienministerin Kristina Schröder vertreten: Halbherzig betrieb sie den Ausbau der Kitas und befürwortete gleichzeitig das Betreuungsgeld für Frauen, die ihre Kinder zu Hause betreuen. Ein Stück weit hatte ihre Vorgängerin im Amt den Weg geebnet. Ursula von der Leyen hatte die angebliche Wahlfreiheit von Frauen besonders aufdringlich in Szene gesetzt: in Familienfotos mit sieben Kindern und ein paar Haustieren. Die perfekte Familie – und eine Mutter mit politischer Karriere. »Diese Ministerin ist nicht nur ein Versprechen, sondern zugleich seine Erfüllung. Doch auch hier wird ein Image inszeniert«, kommentierte eine Journalistin 2007 in der »Frankfurter Allgemeinen Sonntagszeitung«.[138] Doch Kristina Schröder ging noch weiter und schrieb mit ihrem Buch »Danke, emanzipiert sind wir selber« so etwas wie das Manifest der Wahlfreiheit für Frauen in Deutschland. Darin rechnet sie »mit den Verfechtern eines traditionellen Familienmodells« genauso ab wie mit dem Feminismus. Sie schmeißt Traditionalisten und Feministinnen bedenkenlos in einen Topf, weil angeblich beide Seiten den Frauen mit ihren »Rollendiktaten« geschadet hätten. Schröder aber will »Perspektiven für eine emanzipierte Frauen-generation entwickeln«[139] – und scheitert kläglich. Denn der Kampf um Gleichberechtigung ist für sie nicht mehr als eine Wahl zwischen unterschiedlichen Lebensentwürfen. Jegliche Entscheidungen darüber will sie als strikt privat verstanden wissen. Sie predigt die freie Wahl und die Vielfalt der Lebensentwürfe und stellt diese der »Lebensplanwirtschaft« eines bevormundenden Feminismus gegenüber. Die Wortwahl zeigt, wie ideologisch sie in Wirklichkeit selbst denkt. Ihre Worte klingen nach Kaltem Krieg, nach dem Familienminister der fünfziger Jahre, der die Berufstätigkeit von Müttern als »Sowjetisierung der Frau«[140] bezeichnet hatte. Inzwischen hat sie sich aus der Politik zurückgezogen, aus »familiären Gründen«, wie sie in einer Twitter-Nachricht am Tag der Bundestagswahl 2013 meldete.

Geleugnete Rahmenbedingungen

Die ehemalige Familienministerin und mit ihr viele konservative und wirtschaftsliberale Politiker zollen mit ihrem Slogan von der Wahlfreiheit in Wirklichkeit einem wirtschaftswissenschaftlichen Dogma Tribut, das sich zunächst in den angelsächsischen Ländern und in den achtziger Jahren auch in Deutschland durchgesetzt hat. Es beruht auf der Entscheidungstheorie in der Ökonomie, der zufolge Menschen Entscheidungen in einem neutralen Raum treffen: unabhängig von ihrem Geschlecht und unabhängig von Rahmenbedingungen. Der wirtschaftswissenschaftliche Mainstream ignoriert gesellschaftliche Normen und politische Rahmenbedingungen und spricht stattdessen von »persönlichen Präferenzen«, die individuelle Entscheidungen leiten. Wer dieser Logik folgt, geht grundsätzlich davon aus, dass Rahmenbedingungen auf alle Menschen immer gleich wirken. Ein sehr lebensfernes Modell. Es mag taugen, um eng eingegrenzte wirtschaftswissenschaftliche Fragen zu untersuchen, aber wenn auf dieser Basis Politik gemacht wird, kann das nur in die Irre führen.

Für Politiker ist es ein Armutszeugnis, wenn sie leugnen, dass staatliche Strukturen als Ausdruck und Verstärkung gesellschaftlicher Normen einen Einfluss darauf nehmen, wie Menschen leben, welche Entscheidungen sie in Bezug auf ihren Beruf und ihre Familie treffen. Dabei war es die Familienministerin Kristina Schröder selbst, die den Ersten Gleichstellungsbericht in Auftrag gegeben hat. Und dieser zeigt deutlich, wie stark Rahmenbedingungen das Leben von Frauen über den gesamten Lebensverlauf prägen. Ursprünglich partnerschaftliche Lebensentwürfe mit nicht-traditioneller Arbeitsteilung schwenken im Verlauf der Ehezeit auf die traditionelle, dem Ernährer-Modell folgenden Linie ein. Ist das ein Ergebnis der Wahlfreiheit für Frauen? Nein, aber es zeigt, dass Frauen gezwungen sind, ihre Entscheidungen allein im Privaten zu verhandeln – ohne den Rückhalt staatlich initiierter und organisierter Strukturen.

Genauso will es auch das Familienrecht. In Art. 1356 des Bürgerlichen Gesetzbuches heißt es: »Die Ehegatten regeln die Haushaltsführung im gegenseitigen Einvernehmen (…) Beide Ehegatten sind berechtigt, erwerbstätig zu sein. Bei der Wahl und Ausübung einer Erwerbstätigkeit haben sie auf die Belange des anderen Ehegatten und der Familie die gebotene Rücksicht zu nehmen.« Das Recht haben beide Ehepartner auf ihrer Seite, doch die Bedingungen, das Recht einzulösen, unterscheiden sich eklatant. Gelingt es Frauen nicht, sich mit ihren Partnern auf eine gerechte Verteilung von Erwerbsarbeit auf der einen sowie Haushalts- und Sorgearbeit auf der anderen Seite zu einigen, zahlen die Frauen den Preis dafür. Spätestens wenn es zu einer Trennung kommt. Erziehen sie dann die Kinder alleine, ist der Preis besonders hoch, nicht selten existenzbedrohend.

Der Slogan von der Wahlfreiheit ist verführerisch. Er verleiht das Gefühl von uneingeschränkter Autonomie. Vor allem in den Momenten des Erfolgs, denn dann kann sich jeder den Erfolg ganz persönlich zuschreiben. Für diejenigen, deren Leben nicht so geschmeidig verläuft, kann der Glaube an die Wahlfreiheit ganz gegensätzliche Konsequenzen haben: Anstatt zu beflügeln, lähmt er. Die persönliche Verantwortung für das eigene Scheitern belastet und kann jegliche Initiative im Keim ersticken.

Die Legende von der Wahlfreiheit wird gerne von jenen propagiert, für die aus der Arbeitszeit-, der Bezahlungs- und der Rentenlücke keine existenziellen Probleme erwachsen, die nicht auf öffentlich finanzierte Kindertagesstätten und Ganztagsschulen angewiesen sind, weil sie wohlhabend sind oder sichere und sehr gut bezahlte Arbeit haben. Häufig geht beides, ein hohes Einkommen und Vermögen, Hand in Hand. Leben Frauen in dieser privilegierten Situation, schwindet allzu oft die Bereitschaft zur Solidarität mit Frauen, denen es anders geht.

Das Verständnis von Wahlfreiheit als Ausdruck »individueller Präferenzen« führt nicht zu mehr Gerechtigkeit – allenfalls schafft es Wahlfreiheit für einige wenige. Das Geschlechterverhältnis wird sich nicht von selbst zurechtrütteln, wenn wir nur einfach die Hausfrauen Hausfrauen und die Karrierefrauen Karrierefrauen sein lassen. »Mit der Individualisierungsstrategie schaffen es vielleicht zehn Prozent der Frauen, bei der Erwerbstätigkeit, den guten Jobs, bei Führungspositionen und bei den Renten aufzuholen«,[141] sagt die Sozialwissenschaftlerin Cornelia Heintze. Das sind diejenigen, die nicht auf den Staat angewiesen sind, die es aus eigener Kraft schaffen, die ungeschriebenen Regeln zu überwinden.

Verschleierte Machtverhältnisse

Die neoliberale Interpretation vom Zusammenleben in der Gesellschaft leugnet die strukturellen Bedingungen von Machtverhältnissen. Auch jene, die dem Geschlechterverhältnis zugrunde liegen. Das lässt die Grenzen, die durch Macht und Interessen abgesteckt werden, zusehends verschwimmen. Nicht etwa durch die Frauen und Männer, die die Grenzen überschreiten, die Pioniere, die entgegen der traditionellen Geschlechterrollen leben. Es sind gerade die Ausnahmen, die die Grenzziehungen zwischen den Geschlechtern bestätigen.

Politiker und andere Meinungsführer schaffen Desorientierung, indem sie sich in der Öffentlichkeit rhetorischer Kniffe bedienen. Wenn sie etwa über das Ehegattensplitting sagen, jeder der Ehepartner könne schließlich die Steuervorteile nutzen – je nachdem, wer die Rolle des Familienernährers übernimmt. Die geschlechtsneutrale Formulierung legt hier eine falsche Fährte. Sie verschleiert reale Machtverhältnisse: nämlich, dass es in der Regel der Mann ist, der das höhere Einkommen hat – mit allen Vorteilen, die daraus entstehen –, und die Ehefrau nicht automatisch davon profitiert. Und dass Frauen, die ihre Familien ernähren, meist so wenig verdienen, dass das Ehegattensplitting so gut wie keine Steuerersparnisse bringt.

In den siebziger Jahren, als die Frauen der Babyboomer-Generation in die Schule gingen, waren sich die Mädchen der Grenzziehungen zwischen den Geschlechtern wohl bewusst. Sie wussten auch, dass sie sich in der Schule anstrengen mussten, um gegenüber den Jungen aufzuholen. Angespornt und unterstützt durch eine emanzipatorische Bildungspolitik, erreichten sie gute, häufig sogar bessere Schul- und Studienabschlüsse als ihre Altersgenossen. Seitdem ist es schwieriger geworden, die »Ordnung der Geschlechter« zu erkennen.

Gegen Ende der neunziger Jahre erreichte die Vernebelung ihren vorläufigen Höhepunkt. Denn wer dem neoliberalen Dogma der Wahlfreiheit folgte, konnte nun ungeniert behaupten: Frauen verdienen weniger, Frauen sind seltener in Führungspositionen, wählen schlechter bezahlte Berufe, und warum? Weil Frauen lieber Haushaltsarbeit machen, weil sie lieber in Dienstleistungsberufen arbeiten und weil sie nicht so durchsetzungsfähig sind wie Männer. Das Verhältnis von Ursache (Frauen werden diskriminiert) und Wirkung (Frauen sind in vielen gesellschaftlichen Bereichen unterrepräsentiert) wird einfach in sein Gegenteil verkehrt. Frauen haben ja die freie Wahl, Entscheidungen sind lediglich das Ergebnis persönlicher Präferenzen. Es ist die gleiche Herrschaftsstrategie, die hinter der biologistischen Ideologie steckt: Frauen werden Erzieherinnen, wählen den Hauptberuf Hausfrau, weil sie zu so viel mehr Empathie in der Lage sind, weil diese Arbeit ihrer weiblichen Natur entspricht.

Die proklamierte Wahlfreiheit und die geleugneten Rahmenbedingungen sorgen für eine Unschärfe in den gesellschaftlichen Beziehungen. Der US-amerikanische Soziologe und Autor Richard Sennett hält das für ein Markenzeichen des »neuen Kapitalismus«. In einer Gesellschaft, in der die Markierungen nicht leicht zu dechiffrieren sind, fällt es den Menschen schwer, sich zu orientieren.[142] Sennett hat die postmoderne Unschärfe am Beispiel der Arbeitswelt untersucht. Die neuen, netzwerkartigen Organisationen, in denen es im Gegensatz zur pyramidenförmigen Bürokratie keine offiziellen Hierarchien gibt, versprächen mehr Freiheit, in Wirklichkeit schafften sie aber neue Kontrollen.[143] Um diese subtilen Kontrollen zu durchschauen, sei ein Code erforderlich, schreibt Sennett, ein Schlüssel, der nicht jedem zur Verfügung stehe.

Die Beziehung zwischen den Geschlechtern ist in dieser Hinsicht ein besonders komplizierter Fall. Denn die Bindungen zwischen Frauen und Männern sind sehr eng, sowohl räumlich als auch emotional, sie bestehen oft über Jahrzehnte, manchmal ein Leben lang – und schließlich sind beide Geschlechter aufeinander angewiesen, wenn die Menschheit überleben will. Um unter diesen Bedingungen Herrschaftsverhältnisse aufrechtzuerhalten, ist eine ganz besonders ausgeklügelte symbolische Ordnung vonnöten – sie zu entschlüsseln entsprechend schwierig.

Pierre Bourdieu, einer der wichtigsten Soziologen der Gegenwart, hat die Logik von Macht und Herrschaft untersucht. Er fragte sich, warum es nicht zu mehr »Zuwiderhandlungen oder Subversionen, Delikten und ›Verrücktheiten‹ kommt«.[144] Das Verhältnis der Geschlechter erschien ihm ein besonders geeigneter Untersuchungsgegenstand, um diese Frage zu beantworten. Denn nach Bourdieu ist es gerade die Vertrautheit mit den Verhältnissen, die es uns so schwermacht, die Grenzziehungen zwischen den Geschlechtern wahrzunehmen. Um seinen Blick für die Machtverhältnisse zu schärfen, studierte Bourdieu die »Männliche Herrschaft« – so der Titel seines 2005 auf Deutsch erschienenen Werks – in Algerien, bei den Bergbauern in der Kabylei. Nur mit Hilfe des ethnologischen Blicks sieht sich der Forscher in der Lage, der symbolischen Ordnung zu entkommen, die »wir in Form unbewusster Wahrnehmungs- und Bewertungsschemata« verinnerlicht haben. In der Forschung lässt sich diese Distanz bewusst herstellen, im Alltag ist das schwierig. Es braucht Zeit und Kraft, um die Strukturen in den »vertrauten Verhältnissen« zu erkennen. Diesen analytischen Blick auszuhalten kann zudem sehr belasten. Er lässt viele Gewissheiten und das eigene Verhalten plötzlich fragwürdig erscheinen. Wenn Frauen ihrem Unbehagen aus Einsicht in für sie untragbare Verhältnisse Entscheidungen folgen lassen, dann stehen immer Beziehungen auf dem Spiel: zum Partner, zu den Kindern, zu Freunden und anderen Familienmitgliedern.

Das schwierige »Wir«

Je unübersichtlicher die Machtverhältnisse werden, je mehr die Grenzen verschwimmen, desto schwieriger ist es, Bündnisse zu schließen. Das gilt für die Solidarität unter Frauen auf besondere Art und Weise. Schon 1949 schrieb Simone de Beauvoir in der Einleitung zu ihrem Klassiker der Frauengeschichte »Das zweite Geschlecht«, Frauen formulierten kein »wir« wie andere diskriminierte Gruppen, weil sie »durch Wohnung, Arbeit, wirtschaftliche Interessen, soziale Stellung mit einzelnen von ihnen – Mann oder Vater – enger verbunden [leben] als mit den anderen Frauen«.[145]

Die widersprüchliche Politik der letzten drei Jahrzehnte, die die Ernährerfamilie fördert und gleichzeitig Selbstverantwortung von Frauen fordert, hat diese Interessen- und Loyalitätskonflikte weiter zugespitzt. Die Gräben sind tiefer geworden: zwischen Frauen mit Kindern und Frauen, die kinderlos geblieben sind, Frauen, die aus familiären Gründen ganz oder zeitweise auf eine Berufstätigkeit verzichten. und denen, die trotz Kindern voll im Beruf stehen. Die Politik hat das geschickt ausgenutzt.

In der öffentlichen Debatte um die Einführung des Betreuungsgeldes konnte man beobachten, wie versucht wurde, Frauen gegeneinander auszuspielen, sie zu Konkurrentinnen zu machen. Wer hat die Aufmerksamkeit und Zuwendung des Staates mehr verdient? Verfassungsrechtler kritisierten, dass der Staat mit der Einführung des Betreuungsgeldes seine Neutralität verletze, weil er damit die Erziehungsleistung nur bei bestimmten Eltern anerkenne.[146] Solange der Staat sich nicht neutral verhält und die gerechte Teilhabe von Frauen am Arbeitsmarkt unter dem Vorzeichen der Mutterschaft verhandelt wird, lassen sich die unterschiedlichen Interessen von Frauen leicht gegeneinander ausspielen.

Das »Wir« geht nicht so leicht über die Lippen. Eher schon: wir, die Frauen mit Kindern; wir, die Karrierefrauen; wir, die berufstätigen Frauen mit Kindern; wir, die Ehefrauen; wir, die Hausfrauen. Nicht selten verbindet sich mit der peniblen Sortierung der Lebensentwürfe die Abwertung der anderen: Euer Lebensentwurf ist nicht geglückt, weil ihr den falschen Mann geheiratet habt; weil ihr die Karriere zugunsten der Kinder vernachlässigt habt; weil ihr den Berufsweg falsch geplant oder weil ihr ausschließlich auf die Karriere gestarrt habt. Man könnte die Liste der Vorwürfe endlos fortsetzen. Verantwortlich für das »Scheitern« wird die Frau selbst gemacht.

Und welche Frau rechnet sich schon freiwillig jenen zu, die das Versprechen der Wahlfreiheit nicht persönlich eingelöst haben? Sie gelten als Verliererinnen. Lieber zählt sie sich zu den Leistungsträgerinnen.

Das Leistungsprinzip

Das Aufwerten des eigenen und das Abwerten der Lebensentwürfe anderer findet selbstverständlich nicht nur unter Frauen statt. Die Gnadenlosigkeit, mit der Menschen beurteilt und abgeurteilt werden, ist das Symptom einer Gesellschaft, der ein erstrebenswertes Ideal abhandengekommen ist; das einer Gesellschaft, in der jeder Bürger gleich viel wert ist. Seit der neoliberalen Wende wird Wertschätzung an die Leistungsfähigkeit jedes Einzelnen gekoppelt – und das heißt vorrangig ökonomische Leistungsfähigkeit. Jeder Bürger ist selbst verantwortlich für sein Wohlergehen, für seinen Erfolg ebenso wie für sein Scheitern. Eigenverantwortlichkeit wird als Rechtfertigung dafür angeführt, dass der Staat sich zurückzieht, sich nicht mehr für das Wohl aller Bürger verantwortlich fühlt, insbesondere für die nicht, die es aus eigener Kraft nicht schaffen.

Diese Verhältnisse sind nicht vom Himmel gefallen. Politiker jeglicher Couleur und die Medien haben seit den neunziger Jahren daran mitgewirkt. Parallel zum Rückzug des Staates haben sie die Errungenschaften des Sozialstaats als »soziale Hängematte« verhöhnt. Von konservativ bis sozialdemokratisch wurde versucht, den Sozialstaat in Misskredit zu bringen und mit ihm diejenigen, die auf Einkommen aus Sozialleistungen angewiesen sind. Besonders hervorgetan hat sich Guido Westerwelle, der im Februar 2010, damals noch Vorsitzender der FDP, die Lebensbedingungen im modernen Sozialstaat mit »spätrömischer Dekadenz« verglich. Dagegen klingt das, was Helmut Kohl sagte, noch vergleichsweise milde: In seiner Regierungserklärung warnte er 1993 davor, »unser Land als einen kollektiven Freizeitpark [zu] organisieren«.

Die Grenzen wurden zwischen den »Leistungsträgern« und den angeblich weniger leistungsbereiten Bürgern gezogen. Damit gerieten auch Frauen ins Visier der selbsternannten Leistungsträger. So richtete der ehemalige Berliner Finanzsenator und spätere Bundesbankvorstand Thilo Sarrazin, SPD, seine Attacken gegen alleinerziehende Mütter und generell gegen Menschen mit geringem Einkommen.

Der Bielefelder Soziologe und Konfliktforscher Wilhelm Heitmeyer spricht von »Menschenfeindlichkeit«, die in dieser »Betonung von *Ungleichwertigkeit* und der *Verletzung von Integrität*« gegenüber einzelnen Gruppen in der Gesellschaft zum Ausdruck kommt.[147] Er hat solche Einstellungen in einer Langzeitstudie seit 2002 untersucht und festgestellt: Insgesamt hat die Abwertung einzelner Bevölkerungsgruppen abgenommen, nur innerhalb der höheren Einkommensgruppen hat sie seit 2009 zugenommen.[148] Das zurückliegende Jahrzehnt, so seine These, ist von »Entsicherung und Richtungslosigkeit im Sinne einer fehlenden sozialen

Vision« geprägt. Richtungsweisend für diese Entwicklung waren dafür aus seiner Sicht die als Hartz-Reformen bekannt gewordenen Arbeitsmarkt- und Sozialreformen seit 2003 ebenso wie die seit 2008 andauernde Finanz- und Wirtschaftskrise und generell ein Verlust an gesellschaftlichem Zusammenhalt.

Wo Geld ist, da ist ein Weg

Der Gesellschaftsvertrag wird offenbar von denjenigen aufgekündigt, die davon profitieren, dass sich die Einkommens- und Vermögensschere in Deutschland immer weiter öffnet; und von denen, die beharrlich darauf setzen, dass, wenn schon nicht sie selbst, so doch ihre Kinder zu den Gewinnern gehören sollen. Von diesem Trend versuchten sich die Sozialdemokraten abzusetzen, als sie im Frühling 2013 mit dem Slogan »Das Wir entscheidet« in den Bundestagswahlkampf zogen.

Wie stark die Einkommensunterschiede in Deutschland seit den neunziger Jahren zugenommen haben, zeigt eine Studie der OECD aus dem Jahr 2011. Während Deutschland unter den weltweit 34 Mitgliedsländern bisher zu den sozial ausgeglichenen Staaten gehörte, ist die »Einkommensungleichheit seit 1990 erheblich stärker gewachsen als in den meisten anderen OECD-Ländern«.[149] Ursache ist vor allem die ungleiche Entwicklung von Löhnen und Gehältern – hier Tariflöhne und astronomische Managergehälter, dort außertarifliche Leih- und Zeitarbeit – und die Zunahme der Teilzeitbeschäftigung. Gut bezahlte Arbeit mit sozialer Absicherung bis ins Rentenalter steht prekärer Arbeit gegenüber, mit Niedriglöhnen und Renten, von denen keiner leben kann. 7,1 Millionen, fast ein Viertel aller Beschäftigten, verdient unter zehn Euro pro Stunde.[150] Das sind mehr als in allen anderen westeuropäischen Ländern. Driften die Gehälter auseinander, bekommen das in Deutschland vor allem die Frauen zu spüren. Die Geringverdienerquote von Frauen liegt hierzulande doppelt so hoch wie bei den Männern. Weder in Frankreich noch in Italien oder in den Niederlanden ist das der Fall. In Dänemark zählt nur jeder Zehnte zu den Geringverdienern, etwa gleich viele Frauen wie Männer.

Bürgerliche Werte – nur Fassade

Trotz des Schwadronierens über bürgerliche Werte – zu denen auch die Aufopferungsbereitschaft der Mutter gehört –, sind sich die Meinungsmacher der »neuen Bürgerlichkeit« einig: Leistung ist in erster Linie ökonomische Leistungsfähigkeit. In diesem Wettbewerb werden alle zu Verlierern gemacht, die unbezahlte Arbeit leisten: Familienarbeit, Fürsorge für Kinder, Kranke und Alte – und das sind in unserer Gesellschaft mehrheitlich Frauen. Wenn Frauen die finanziellen Mittel haben, können sie die Sorgearbeit von bezahlten Kräften erledigen lassen: von der Haushälterin aus Rumänien, der Kinderfrau aus Südamerika oder der Altenpflegerin aus der Ukraine. Ihre Fürsorge für Kinder oder Eltern lässt sich dann leicht als »Aufopferung« als »Arbeit aus Liebe« überhöhen. Alle anderen müssen einen hohen Preis dafür bezahlen. Es ist perfide, wenn ein elitebewusstes Bürgertum einerseits für sich bürgerliche Werte wie Humanismus beansprucht, diese aber verleugnet, wenn es um die Schwächeren in der Gesellschaft geht.

Die Verklärung der Familie als Hort der Innerlichkeit macht auch halt vor jenen Familien, die nach dem bürgerlichen Familienverständnis nicht komplett sind, Einelternfamilien, in der Regel Mütter mit ihren Kindern. Alleinerziehende Mütter und ihre Kinder gelten in diesem System als defizitär, sie haben ohne den mythischen Familienernährer an der Seite wenig Chance auf Anerkennung. Als Dank dafür, dass sie die alltägliche Erziehungsarbeit und Sorge für ihre Kinder allein übernehmen, werden sie – und mit ihnen ihre Kinder – in der deutschen Öffentlichkeit als »Restfamilie« marginalisiert und nicht selten sogar als Schmarotzer diffamiert, die sich staatliche Transferleistungen sichern. Wie Alleinerziehende auf diesem Wege zu einer »Risikogruppe in der heilen Familienwelt« abgestempelt werden und wie sie wirklich leben, schildert Christina Bylow in ihrem 2011 erschienenen Buch »Familienstand: Alleinerziehend«.[151]

Auch dem Staat ist nicht jede Mutter und nicht jedes Kind gleich viel wert: Während bis 2006 jede Frau nach der Geburt eines Kindes Anspruch auf ein – wenn auch geringes – Erziehungsgeld hatte, ist das im Jahr 2007 eingeführte Elterngeld an die Bedingung geknüpft, dass die Mutter berufstätig ist. Frauen, die sich für die Rolle der Hausfrau entscheiden, werden dagegen seit 2013 mit einem Betreuungsgeld abgespeist. Sie aber sind dem Staat immer noch mehr wert als Frauen mit Kindern, die arbeitslos sind. Sie bekommen weder Elterngeld noch Betreuungsgeld. Davon sind auch viele alleinerziehende Mütter betroffen.

Familienstand: Alleinerziehend

Die meisten Frauen mit Kindern werden durch eine Trennung oder Scheidung zu alleinerziehenden Müttern. Jede fünfte Familie ist die eines alleinerziehenden Elternteils, in neun von zehn sind dies Frauen. Mehr als zwei Drittel der insgesamt 2,7 Millionen Alleinerziehenden sind zwischen 35 und 54 Jahre alt. So häufig wie in der Generation der geburtenstarken Jahrgänge waren Frauen nie zuvor alleinerziehende Mütter. Sie sind weitaus stärker von den strukturellen Ungerechtigkeiten betroffen als Frauen und deren Kinder, die in Ehen oder Partnerschaften leben: 43 Prozent, fast die Hälfte der Kinder und Erwachsenen in Eineltternfamilien, sind nach Angaben des Statistischen Bundesamts armutsgefährdet.[152] Und das, obwohl über 60 Prozent der Alleinerziehenden erwerbstätig sind. Ein Drittel aller Eineltternfamilien muss mit weniger als 900 Euro im Monat auskommen, ein weiteres Drittel ist auf Einkommen aus Sozialtransfers angewiesen.[153] Das liegt auch daran, dass Alleinerziehende heute steuerlich schlechter gestellt sind als noch vor zwanzig Jahren. 1982 wurde für Alleinerziehende als Ausgleich für das Ehegattensplitting ein Haushaltsfreibetrag eingeführt. Zwei Jahrzehnte später wurde er gemindert und 2004 schließlich vollständig gestrichen. An die Stelle trat der Entlastungsbetrag für Alleinerziehende, der mit 1308 Euro nur noch die Hälfte des früheren Haushaltsfreibetrages ausmacht und seitdem nie erhöht wurde. Bei einem durchschnittlichen zu versteuernden Einkommen von 27 000 Euro bringt er einer Alleinerziehenden eine Steuerersparnis von nicht einmal 20 Euro im Monat. Wir erinnern uns: Ein Ernährer-Ehemann erhält auf sein Einkommen einen Steuerrabatt von mehreren tausend Euro im Jahr – allein aufgrund der Tatsache, dass er eine Ehefrau versorgt. Mehrere Klagen des Verbandes alleinerziehender Mütter und Väter (VAMV) vor dem Verfassungsgericht mit dem Ziel, einen gerechten steuerlichen Ausgleich für das Ehegattensplitting für Alleinerziehende zu schaffen, wurden abgewiesen.

Eine Gesellschaft, in der Menschen nach guten und schlechten, nach erwünschten und unerwünschten Lebenswegen sortiert werden, kann keine gerechte Gesellschaft sein. Wir brauchen keine »Frauenvertrösterinnen«,[154] die wie Angela Merkel die steuerliche Absetzbarkeit von Minijobberinnen im Haushalt noch weiter ausbauen wollen oder wie Kristina Schröder die Vielfalt der Lebensentwürfe feiern, ohne die jeweiligen Konsequenzen in Betracht zu ziehen. Aufgabe der Politik wäre es vielmehr, die Unterschiede auszubalancieren: wenn eine alleinerziehende Mutter die Verantwortung für die Kinder mit niemandem teilen kann, wenn eine Altenpflegerin schlecht bezahlt und für das Alter nicht abgesichert ist, obwohl sie eine höchst verantwortungsvolle Aufgabe für die Gesellschaft übernimmt, und wenn ambitionierte, hochqualifizierte Frauen auf der Karriereleiter ausgebremst werden. Halten Politik und Gesellschaft auch in Zukunft an der Ideologie der individualisierten Verantwortung fest, wird das die Geschlechterhierarchie weiter zementieren. Gleichstellungspolitik verkümmert dann zu einem Recht der Stärkeren.

Kapitel IV

Entfremdungen –
warum die Liebe schwierig wird

Christina Bylow

Körperbilder.
Über den reduzierten Blick

Zwei weiße Frauen sonnen sich in Liegestühlen an einem Pool. Ihre Badeanzüge spannen über den Bäuchen, jung sind sie nicht mehr, aber noch nicht alt. Deshalb sind sie hier, im künstlichen Paradies eines Ferien-Resorts in Kenia, wo es schwarze Männer gibt, die das nehmen, was weiße Männer verschmähen. Frauen jenseits der vierzig, mit Körpern, die so sind, wie sie sind. Ob sie sich rasieren soll, fragt die unerfahrene der beiden Frauen die erfahrene. Das habe ihr Letzter gewollt, auch da unten, ja, und sie sei sich vorgekommen wie »a nackertes Baby«. »I wo«, sagt die Erfahrene. Die Männer hier interessiere genau das, das Wilde, die Natur. Sie schere sich um nichts mehr. Was sie sich in ihrem Leben schon verbogen habe für Männer, für den einen so, für den anderen so. Nein, das sei vorbei. Die Unerfahrene hört es mit Staunen – und wirft sich bald selbst auf den Liebesmarkt. Als Sugar Mama sucht sie in Kenia die Zuwendung junger Beach Boys – und zahlt mit Dollars dafür.

Alt und fett

Eine Szene aus dem Spielfilm »Paradies: Liebe«. Der österreichische Regisseur Ulrich Seidl zeigte ihn im Mai 2012 im Wettbewerb der Filmfestspiele in Cannes. Er bildete den Auftakt einer Trilogie über Frauen und ihr Leiden an Körpernormen. Im Januar 2013 kam »Paradies: Liebe« in die deutschen Kinos. Kritiker beschrieben die Körper der Frauen mit einer Mischung aus Ekel und Faszination. Eine Radiomoderatorin sprach vom Fremdschämen, das sie beim

Treiben dieser Frauen befalle, andere hoben den Tauschhandel zwischen Sex und Geld in der postkolonialistischen Ära hervor. Über eines waren sich fast alle Rezensenten einig: Diese Frauen sind eine Zumutung fürs Auge. Allen voran diese »ältliche Österreicherin«, wie die Hauptfigur im »Spiegel« charakterisiert wurde. Teresa, eine blonde, blauäugige Frau um die fünfzig, beruflich mit behinderten Jugendlichen beschäftigt, alleinerziehende Mutter einer pubertierenden Tochter, löste bei vielen Journalisten Abscheu aus – und Angst. Eine offenbar jüngere Kritikerin, die den Film durchaus positiv würdigt, ist wie paralysiert vom ungewohnten Anblick auf der Leinwand: »Die Frauen sind mittleren Alters, großbusig und übergewichtig, der Gegenentwurf zum filmischen Bild der Frau. Die Präsentation ihrer nackten und vor allem sexualisierten Leiber, der Kontrast zu den nackten, dunklen Körpern der Männer (die hier interessanterweise niemals Lust zu haben scheinen) ist ein Anblick, der verstört. Nicht weil sie so hässlich sind. Im Gegenteil, es wird vielmehr klar, dass man so etwas gar nicht mehr zu sehen bekommt und dass man selbst auch bald mittleren Alters und sehr wahrscheinlich untersetzter Natur sein wird. Und dann? Vielleicht ein Kenia-Urlaub?«[155]

Wer sich mit Filmfiguren identifiziert, sieht nicht mehr genau hin. Er erkennt vor allem nicht, dass es die eigenen Vorstellungen sind, die er dem Film und seinen Heldinnen anklebt. Die Angst vor dem eigenen Alter macht die Begegnung mit den älteren Frauen auf der Leinwand so unerträglich.

Man muss diesen Film nicht mögen, aber die Heftigkeit der Reaktion auf diese Frauen ist ein Symptom dafür, dass der Anblick nicht mehr junger, nicht dem Schlankheitsideal entsprechender Frauenkörper nicht einmal mehr toleriert wird. Dem Regisseur dann noch »Frauenfeindlichkeit« zu unterstellen, weil er zeigt, wie Frauen auch agieren können, ist eine vollends verdrehte Projektion. »Dass etwas nicht sein darf, heißt nicht, dass es das nicht gibt«, sagt Seidl[156] im Gespräch mit der Autorin. Seidl, geboren 1952, befasst sich in seinem gesamten, vielfach ausgezeichneten Werk mit den Zurichtungen, denen sich Menschen in einer globalisierten Gesellschaft unterwerfen oder denen sie sich zu entziehen versuchen.

Frauen sind in Ulrich Seidls Filmen keineswegs immer nur Opfer und Männer immer nur Täter. Was ihn interessiert, ist das Machtgefüge, die Strategien der Dominanz, die Scham- und Einsamkeitshöllen. Über die Frauen in »Paradies: Liebe« spricht Seidl ohne Überheblichkeit. Das unterscheidet ihn von seinen Kritikern. Die schwimmen wie Treibholz im Fluss der Zeit. Denn die Herablassung gegenüber Frauen, die nicht mehr jung sind, ist inzwischen so verbreitet, dass sie niemandem mehr auffällt. Nicht die Frauen sind hässlich – der Blick auf sie ist es. Seidl verortet die Verachtung gegenüber diesen Frauen im Kontext der Kultur, aus der sie kommen. Wären sie in den Augen der Afrikaner gänzlich unattraktiv, funktionierte der Handel nicht.

»Was sie (die Fauen) in jedem Fall suchen, ist Wertschätzung. Sie wollen so angenommen werden, wie sie sind. In ihrem Alter, mit ihrem Aussehen. Ihnen ist Zärtlichkeit wichtig und Sexualität, und beides bekommen sie. Das können diese schwarzen Männer den Frauen geben. Es muss ja einen Grund haben, warum Millionen weiße Frauen Ähnliches tun, auf der ganzen Welt. Das wirft einen Blick zurück auf unsere Gesellschaft, wo man einem bestimmten Schönheitsideal genügen muss, und wenn man dem nicht mehr entsprechen kann, bleibt man vielleicht einsam zurück.«

Dies wird von vielen angewiderten Journalisten übersehen. Wozu über etwas nachsinnen, was sowieso Allgemeingut ist: »Jenseits der Gebärfähigkeit werden Frauen in unserem Kulturkreis unsichtbar wie Pavianweibchen, deren Hintern nicht mehr blau leuchtet. Wie soll eine Frau da noch an Sex und Liebe kommen?«,[157] fragt, in karikierendem Ton, die Kritikerin in der »Berliner Zeitung« und nennt die Hauptfigur »alt und fett«. Ja, was soll da noch kommen?

Der Regisseur geht weit weniger zynisch mit seinen Figuren um, als es die meisten Kritiker tun. Ohne den Rassismus und die Machtgelüste der weißen Frauen zu beschönigen, erzählt er vor allem von ihrem Seelen- und Körperkummer. Sie leben in einer Welt, in der Frauen jenseits eines bestimmten Alters und jenseits allgegenwärtiger Körperideale nicht nur übersehen, sondern offenbar mit Ekel betrachtet werden. Die Normen, sagt Seidl im Gespräch mit der Autorin, haben sich verschärft:

»Das Körperbild war vor zwanzig Jahren völlig anders. Da war niemand rasiert, und heute ist es gar nicht mehr denkbar, dass eine Frau in einer gewissen Generation nicht rasiert ist. Auch die Körper waren anders. Wenn man sich heute Fotos aus den 1960er und 1970er Jahren anschaut, sieht man, dass Frauen einen anderen Körper hatten, sie hatten Formen, sie waren mehr Frau. Heute müssen sie abgemagert sein. Und wenn sie schlank und dabei vollbusig sein sollen, müssen sie beim Busen künstlich nachhelfen.«

Aber kann man diese Zwänge nicht einfach ignorieren? Seidl beantwortet die Frage skeptisch: »Das ist nicht so einfach. Ich finde schon, dass wir in einer diktatorischen Welt leben. Das mediale Bild ist bestimmend und hat einen großen Einfluss. Die geschönte Oberfläche, die tagtäglich vertreten wird in dieser Medienvielfalt, ist diktatorisch.«

Der Zwang zur Sexiness

Liegt es in der Natur der Sache, dass Menschen, die mit Bildern arbeiten, Bildern mehr Macht zusprechen, als sie tatsächlich haben? Oder hat Seidl recht? Bleibt einer nicht mehr jungen, nicht mehr schlanken Frau, die nicht auf den begehrenden Blick verzichten will, tatsächlich nichts anderes übrig als Sextourismus? Den sie sich dann noch gefühlig schönredet? Eine bedrückende Aussicht. Vielleicht aber auch eine Übertreibung im Dienst des Kinos.

Das wäre tröstlich. Aber es trifft nicht zu. Denn vieles spricht dafür, dass die Verachtung gegenüber der älter werdenden Frau in den europäischen Industrienationen inzwischen ein Ausmaß erreicht hat, das rassistischen Stigmatisierungen in nichts nachsteht. Sicher sind auch Männer zunehmend Attraktivitäts-Normen ausgesetzt, allerdings trifft sie die Altersdiskriminierung nicht so umfassend wie Frauen. Dieses Ungleichgewicht ist schon in den Klassikern feministischer Literatur beschrieben worden: »Biologisch sind die Männer stärker benachteiligt; die Frau dagegen bringt ihre Situation als erotisches Objekt gesellschaftlich in eine ungünstigere Lage«,[158] befand Simone de Beauvoir in »Das Alter«. Ein optimistischer Fortschrittsglaube geht davon aus, dass sich »gesellschaftlich ungünstige Lagen«, besonders für Frauen, kontinuierlich verbessern. Was die Wertschätzung des Alters angeht, ist jedoch das Gegenteil der Fall. Mehr als vierzig Jahre nach dem Erscheinen des Buches haben sich die Anforderungen an das Aussehen eines Frauenkörpers in rasantem Tempo gesteigert. Waren Schönheit und Jugend zu allen Zeiten erwünscht, kommt mit der Hypersexualisierung des weiblichen Körpers in der Werbung nun das Gebot der »Sexiness« hinzu. Die Soziologin Eva Illouz schildert die Konsequenz für Frauen in ihrer herausragenden, 2011 erschienenen Studie »Warum Liebe weh tut«. Frauen, schreibt sie, verfügen über eine »verschärfte Zeitwahrnehmung«. Und dies nicht nur, weil ihre Fruchtbarkeit begrenzt ist. Die Schönheitsindustrie »konstruiere« den weiblichen Körper als eine von »ständigem Zerfall bedrohte Einheit«.

»Die Vorherrschaft der ›Sexyness‹ und immer striktere Schönheitskriterien haben die subjektive Bedeutung von Jugendlichkeit und folglich das Bewusstsein des Alterns besonders unter Frauen gesteigert.«[159]

Die Unterwerfung unter bestimmte Körpernormen setzt inzwischen früh an. Die bereits erwähnte englische Feministin Natasha Walter analysiert in ihrem Buch »Living Dolls«, warum sich viele junge Frauen ausschließlich über ihren Körper definieren. Das Altern muss über diese Frauen irgendwann hereinbrechen wie eine Katastrophe. Wie können junge Frauen, die sich einem Ideal verschreiben, das seinen Ursprung wahrscheinlich in der Porno-Industrie hat, jemals älter als dreißig werden? Der deutsche Spielfilm »Little Thirteen« hat die pornographisierte Welt junger Mädchen und Frauen nachzustellen versucht. Ärgerlich zwar in seiner Scheinheiligkeit, aber treffend, was die Sorgen dieser Teenager-Mädchen betrifft. Die größte Angst: vom Jungen, den man süß findet, nicht sexy gefunden werden.

Nein, mit 13 wollten wir Mädchen der siebziger Jahre nicht sexy sein. Pickel störten und der fettige Pony, die Jeans, wenn sie zwickte. Die Sex-Welle griff damals nicht nach den Teenagern, es gab auch keine heimlich mit dem Handy gefilmten Sexszenen, die auf dem Schulhof vertickt wurden. Keine Foren der freizügigen Selbstdarstellung, kein im Netz flottierender Bilderstrom, keine »Bitches« (Schlampen), keine »Milfs« (Mothers I'd like to fuck) und keine »Sluts« (Huren) – das ganze weibliche Figurentheater der Macho-Raps. Das soll nicht heißen, dass wir uns nostalgisch nach früher sehnen. Nicht alles muss uns aufregen. Aber betrifft es uns wirklich nicht? Sind es nur die jungen Frauen, die sich alldem mit unterschiedlichen Strategien stellen? Ganz so einfach ist es nicht. Wenn Sexiness über den Wert und über das Wohl einer Frau entscheidet, ist die ältere Frau ein »No-Go«. Und so müssen wir zwischen vierzig und fünfzig mit Standards leben, die uns erst als erwachsene Frauen überfielen.

Wann die Sexiness-Welle Deutschland erreichte, ist nicht genau auszumachen. In den USA hatte die Feministin Naomi Wolf schon Anfang der neunziger Jahre in ihrem Buch

»Mythos Schönheit« den Schönheitswahn als gewaltige Rückschlagsbewegung gegen die Errungenschaften der Emanzipation ausgemacht. Das Buch wurde in den USA und in England zum Bestseller – doch die Schönheitschirurgie ist bis heute ein expandierender Markt. Inzwischen lassen sich Frauen auch an Stellen operieren, die normalerweise nicht sichtbar sind. Schamlippen-Straffungen und ähnliche Absurditäten sind längst nicht mehr nur in der Porno-Branche verbreitet.[160]

Anfang 2004 präsentierte in Deutschland eine der ersten Königinnen des Privatfernsehens, die Moderatorin Verona Feldbusch, spätere Pooth, in ihrer Sendung »The swan – endlich schön« auf dem Sender Pro 7 Schönheitsoperationen von sechzehn Frauen, als handle es sich um Shoppingtouren. Sexiness ist herstellbar, das war die Botschaft. Busen vergrößern, Lippen aufspritzen, Zahn- und Nasenkorrektur – das ganze Paket plastischer Chirurgie wurde als Selbstverständlichkeit angepriesen – und als einziger Weg zum Glück. Es war die Zeit, in der sich der Kult um unerreichbare Topmodels schon weitgehend leergelaufen hatte. Doch der Drang zur optischen Selbstoptimierung hatte die einschlägigen Oberflächen-Branchen des Showbusiness längst verlassen. Die Nachbarin, von Beruf Laborantin, ließ sich alle sechs Wochen Botox spritzen und die Zähne »bleachen«.

Nun könnte man einwenden, nichts zwinge Frauen dazu, sich dem Schönheits-Diktat zu unterwerfen. Es ist ja ihre freie Wahl. Sie könnten ja rebellieren. Etwa durch stumme Verweigerung, wie beim Kinderkriegen auch. Viele tun das, und nicht nur aus finanziellen Gründen. Doch die Proteste gegen den Sexiness-Wahn und die von der Kosmetik-Industrie hochgepuschte Angst vor dem Altern bleiben in Deutschland aus. Die starken Stimmen, wie Natasha Walter und Cordelia Fine, kommen – mit Verspätung – aus dem Ausland an. Schwarzer setzte sich 2001 zwar mit Feldbusch in eine Talkshow und mahnte, sie, Feldbusch, sei mit dem gestrigen Frauenbild, das sie in ihren Werbespots verkörpere, eine »Ohrfeige für Frauen« und trage Mitschuld daran, dass vier von fünf jungen Frauen mit ihrem Aussehen unzufrieden seien. Es war eine Krawallveranstaltung, auf der Feldbusch den Beifall der Zuschauer kassierte. Was nicht verwundert, schließlich agierte sie in einem Medium, das ihr passte, wie die von ihr bevorzugten High Heels. Die Chance einer ernsthaften Auseinandersetzung war hier nie gegeben.

Aber auch in anderen Arenen fand sich in diesen Jahren des gerade angebrochenen Jahrtausends in Deutschland nichts Rebellisches gegen den Jugend- und Schönheitswahn.

Die mit den Wölfen heulen

Statt Protesten oder wenigstens Analysen erschienen auf dem Buchmarkt nur bittere Abgesänge auf die Jugend. Das Thema »Alter« war auf einmal gefragt. Literaturwissenschaftlerinnen wie Hannelore Schlaffer und Silvia Bovenschen umkreisten es in persönlichen Essays. »Es gibt keine alte Venus«, beklagte Schlaffer und sinnierte, dass das Alter bei Frauen früher anfange.

Die Zweiteilung des Alters in Fülle und Reife (Mann) gegenüber Verfall und Reduktion (Frau) hat seither in allen Medien Nachbeterinnen und Nachbeter gefunden. Vor allem Frauen sind es, die selbstquälerisch über sich schreiben, die jedes Detail ihres Verfalls nahezu genießerisch an die Öffentlichkeit bringen. Auch dies begann gleich nach der Jahrtausendwende.

In den USA waren inzwischen alle öffentlichen weiblichen Gesichter gestrafft, korrigiert und unterspritzt. Mit zehn Jahren Verspätung war nun das Verbot, alt auszusehen, auch in Deutschland angekommen. Es hätte also Stoff genug gegeben, diese Zumutung als solche zu beschreiben.

Aber was geschah – und geschieht immer noch? Profilierte Frauen, Journalistinnen, die sich mit komplexen Themen auseinandersetzen, die ein erfülltes Leben führen, die Erfolge feiern konnten, werden auf einmal zu Parzen, die das Schicksal der Frau beklagen. Im März 2003 brachte die politische Kulturzeitschrift »Kursbuch« einen Band mit dem Schwerpunkt »Alter« heraus. Der sarkastisch-gespreizte Ton, der dort herrscht, ist inzwischen aus der Mode gekommen. Aus den Sätzen zweier Autorinnen spricht hinter der Maske der Souveränität die pure Selbstverachtung: »Sicher, man braucht irgendwann Mut, um in den Spiegel zu schauen, wie überhaupt, wer alt werden will, kein Feigling sein darf; das Gesetz der Schwerkraft wird nur unwesentlich positiv beeinflusst von der genetischen Grundausstattung, die über die Alternative ›Kuh‹ oder ›Ziege‹ entscheidet.«[161]

Was für Bilder in einem Text, der anfangs vorgibt, sich von der Kategorie »ältere Frau« verabschiedet zu haben. Am Ende entblößt er sich ganz als das, was er ist: chauvinistisch wie ein echter Stammtisch-Brüller: »Übrigens: Man sollte uns ebenso wenig für frustriert oder unfroh halten, wenn wir mal die Mundwinkel hängen lassen. Das sagt weniger etwas aus über unsere innere Verfassung als über die unbestreitbare Gültigkeit des Gesetzes der Schwerkraft. Weshalb, übrigens, Frau oben und Mann unten nur dann dazu geeignet ist, so etwas wie weibliche Emanzipation unter Beweis zu stellen, wenn sie unter dreiundzwanzig ist. Danach liege Frau unten. Es sieht einfach besser aus.«

Hätte nicht Cora Stephan, sondern ein Mann das geschrieben, es wäre ihm sicher um die Ohren geflogen. Damals. Heute ist das die Sprache derer, die ihren Hass auf Frauen in den Kommentarspalten des Internets ausagieren. Kommt aber eine Autorin mit derart abgehalfterten Sprüchen daher, gilt das als selbstironisch. Dabei biedern sich solche Autorinnen im Grunde nur der männlichen Sicht an.

Oder dem, was sie darunter verstehen. Die Gnadenlosigkeit, mit der Frauen über die Veränderungen des weiblichen Körpers schreiben, findet man bei Männern selten. Frauen übernehmen diesen Part offenbar mit Gewinn. Die Kränkung des Übersehenwerdens wird auf destruktive Weise nach außen getragen. Lies, so ist es, damit müsst ihr nun fertig werden, ihr Schwestern im Leid. Fast nie können die Autorinnen dabei auf Bevormundung verzichten. Selbst wenn sie im Plauderton daherkommen, wie Eva Demskis ebenfalls im Kursbuch »Das Alter« erschienener Text: »Der letzte Auftritt«. Um zum »großen Einverstandensein mit uns selbst« (Demski) zu kommen, führt sie abschreckende weibliche Prototypen des öffentlichen Lebens auf. Solche, die sich völlig verausgaben, um »sichtbar« zu bleiben. Leider mit den falschen Mitteln:

»Liebe Blondinen: Bitte auch Sie kein Blau – es macht starr, kalt und spießig. (…) Ja, und der Schmuck. Wie oft möchte man tröstend sagen: Wir glauben dir ja, dass dein Mann Geld hat. Befreie dich doch ein wenig, meine Liebe, trage zu etwas Unauffälligem lieber ein Stück, das so verrückt ist, dass man die Frage nach echt oder falsch gar nicht mehr stellt.«[162]

Madame, wie die imaginäre Leserin hier angesprochen wird, möge sich im Farbenspektrum ihrer Garderobe an der Erde und an Gewürzläden orientieren.

Schon beim ersten Lesen dieser Empfehlungen vor zehn Jahren kam uns dieser Ton befremdlich vor. Heute, wo wir ein Alter erreicht haben, in dem uns dieser Text etwas angehen sollte, erscheint er noch abstoßender als damals. Wer braucht solche Ratschläge? Welcher Mann würde es wagen, einem anderen Mann nahezulegen, doch gefälligst nicht mehr den klumpigen Chronographen am Handgelenk zu tragen, schließlich sei er kein Formel-1-Fahrer. Und bitte die schwarze Motorradjacke einzumotten, die fürs arthritische Knie nun viel zu schwere Moto-Guzzi am besten gleich mit. Niemand schreibt Männern so etwas vor. Es sind Frauen, die andere Frauen maßregeln, ihnen Vorschriften machen, sie einschränken. In vielen Gesellschaften übernehmen Frauen willfährig die Rolle von Gehilfinnen bei der Disziplinierung anderer, meist jüngerer Frauen.

Man könnte einwenden, dass diese Auslassungen von Demski und Stephan olle Kamellen sind. Leider ist es nicht so. Sonst wären in der Folge nicht so viele dieser Litaneien erschienen. Zuletzt etwa von Jutta Voigt, »Blond war ich immer«, ein Auszug aus ihrem Buch: »Spätvorstellung. Von den Abenteuern des Älterwerdens«, 2012 erschienen. Auch hier wird uns der Lupenblick auf das Gesicht der »älteren Frau« geboten. Auf Hängebäckchen, Nasolabialfalten, Tränensäcke.

Wie eine Kontra-Stimme zu Voigts Geschichte erschien in derselben Ausgabe des Magazins der »Berliner Zeitung« vom 12. September 2012, nur eine Seite weiter, das Porträt der 57-jährigen Pariser Mode-Journalistin Carine Roitfeld. Ganz in schwarzer, kühn geschlitzter Couture war sie auf dem Foto zu sehen. Und im Text hieß es: »Carine Roitfeld provoziert gern; in allem, was sie sagt, liegen Ironie und eine verführerische Unartigkeit. Sie liefert den Beweis dafür, dass eine Frau – zumindest eine Pariserin – in jedem Lebensalter sexy sein kann.« Abgesehen davon, dass auch solche Sätze durch und durch konformistisch sind, im Sinn der geforderten Sexiness: Das Foto zeigt eine Frau, die keine Lust hat, sich curryfarbene Gewänder umzuhängen und die Beine züchtig zu bedecken.

Das biedere Hausmütterchen, egal in welcher Aufmachung, ist in Deutschland immer noch in seinem angestammten Revier. Und hinter viel Wortgeklingel steckt es eben auch in der erwähnten Mahn- und Jammer- Essayistik. Die Biederfrau ist immer voller Angst, sie könne unangenehm auffallen. Niemals wehrt sie sich, lieber heult sie mit den Wölfen.

Fragwürdige Standards

Lassen wir andere Stimmen zu Wort kommen. Solche, die ihr Äußeres schon von Berufs wegen einer gnadenlosen Medienöffentlichkeit aussetzen. Wie die der Schauspielerin Martina Gedeck, geboren 1961. Sie gehört nicht zu den Darstellerinnen, die in Interviews beklagen, sie bekämen nun, da sie über vierzig sind, keine guten Rollen mehr. Eine meinte gar, ab vierzig trage eine Schauspielerin schon das Verfallsdatum auf der Stirn. Martina Gedeck, in einem Gespräch mit der Autorin im Februar 2007 angesprochen auf diese Bemerkung, holte mit ihrer Antwort etwas weiter aus – und ging zum Angriff über:

»Diejenigen, die so etwas erzählen, sind Pippi-Mädchen, keine Schauspielerinnen. Wenn man so denkt, kann man überhaupt nicht Schauspieler sein, dann ist man nur ein Möchtegern-Star. Es gibt Leute, die sind nur mit ihrer eigenen Eitelkeit unterwegs, und natürlich kommen die irgendwann an Grenzen, weil sie sich abhängig machen von außen. Von irgendwelchen komischen, nicht einmal wirklich existierenden Dingen, wie zum Beispiel Fotos von Models, lassen sie sich suggerieren: So musst du aussehen. Wenn man sich da hinein begibt, steht man nicht mehr in der Realität. Das sind fremde Vorstellungen, die man inhaliert, die man integriert, von denen man terrorisiert wird. Man glaubt, dass es so ist, obwohl nichts, aber auch gar nichts darauf hindeutet, außer einer Industrie, die sich das zunutze macht. Man ist dem natürlich ausgeliefert, wenn man sich nicht durch eigene gedankliche Arbeit und Reflexion schützt. Nur – es ist so subtil, es ist uns untergejubelt worden. Schleichend, und plötzlich fangen alle an, sich rauf- und runter-operieren zu lassen. So wie wir zum Friseur gehen, gehen sie in Los Angeles zu ihrem Botox-Auffüller. In Europa sind wir noch nicht ganz so fremdgesteuert, da bestehen noch Chancen, nur wird man natürlich ausgegrenzt, wenn man anders denkt und das auch äußert. Deswegen machen diese Schauspielerinnen im Grunde auch mit. Ihr Jammern ist kompatibel, systemimmanent. Dann heißt es: Ja, jetzt bist du schon 43, da muss es dir ja schlechtgehen. Und sie haben eine Ausrede für sich gefunden.«[163]

Sicher findet sich in dieser Antwort viel Widersprüchliches. Einerseits wurde der Jugendwahn subtil implantiert und kapert das Selbstbewusstsein der Frauen aus dem Hinterhalt. Andererseits sind Frauen aber offenbar nicht stark genug, um sich dagegen zu wehren, sondern lechzen mit ihrem Gejammer nach Mitleid – das selbstverständlich ausbleibt. Allerdings erkennt Martina Gedeck genau: Wer das Klagelied nicht mitsingt, gehört schnell nicht mehr dazu. Was die erwähnten Altersekel-Autorinnen angeht: Ihre Larmoyanz wird gedruckt, bringt also Geld in die Kasse. Widerspruch zahlt sich nicht aus. Opportunismus gehört zum Geschäft. »Eigene gedankliche Arbeit und Reflexion«, wie Gedeck es nennt, offenbar nicht.

Schauspielerinnen, die ihren Beruf nicht als Plattform für die eigene Eitelkeit betrachten, wissen, was sie verlieren, wenn sie sich normierten Attraktivitäts-Vorstellungen unterwerfen. Die große Charakterdarstellerin Barbara Sukowa, die seit 1992 in den USA lebt, unterlief die festgefügten Bilder davon, was als attraktiv gilt, in fast allen Filmen. Besonders aber in der Liebesgeschichte »Die Entdeckung der Currywurst«, einem Film aus dem Jahr 2008. Darin spielte sie die Hauptfigur, eine ältere Frau, die ein höchst erotisches Verhältnis mit einem deutlich jüngeren Mann eingeht. Im Gespräch mit der Autorin erzählte sie, warum es ihr wichtig war, dabei nicht immer nur »gut« auszusehen.

»Genau das finde ich interessant an Frauen in meinem Alter: Man kann zehn Jahre älter aussehen, als man ist, oder auch zehn Jahre jünger, es gibt einen großen Spielraum, und den wollte ich zeigen in diesem Film. Sie haben sicher gesehen, dass es große Unterschiede gibt. Ja, alles, was diese Frau erlebt, verändert ihr Aussehen. Wenn sie mit ihrem Freund im Bett liegt, blüht sie auf. Wenn sie seine Kleidung durchsucht und die Fotos seiner Familie findet, sieht sie fahl und müde aus. Das ist ein spannender Vorgang, und ich wollte nicht, dass das weggeleuchtet wird. Abgesehen davon, kommt es darauf an, was man als ›gutaussehend‹ empfindet. Ich finde es nicht ›gutaussehend‹, wenn man faltenfrei ist oder ganz dünn. Das sind irgendwelche Standards, die interessieren mich nicht. Wir wollten bei diesem Film aber vermeiden, dass man sich andauernd Gedanken über das Alter macht. Ich glaube, das ist auch gelungen, man fragt sich nicht ständig, oh Gott, was passiert da zwischen einer Frau und einem Mann, der 25 Jahre jünger ist. Darf das sein? Ich habe im Film den Bauch rausgestreckt, manchmal nach unten geguckt, damit man die Falten unterm Kinn sieht, und das hätte man natürlich alles nicht machen müssen. Aber dann gibt es auch die Szenen, wo wir bei schönem Licht in einer Liebesszene aus dem Bett fallen und ich wieder jünger aussehe. Wir wollten die ganze Bandbreite drinhaben.«[164]

Barbara Sukowa war knapp sechzig, als sie diese Rolle spielte. Eine Frau um die fünfzig in einer leidenschaftlichen Beziehung mit einem jungen Mann. Die Schauspielerin verlieh der Frau, die sie darstellte, jene Wahrhaftigkeit, die in einem anderen Genre über Frauen jenseits der fünfzig vollkommen fehlt.

Hormonelles Wetterleuchten

Nennen wir es Hormon-Soap. Wie in allen Soaps ging es auch in der TV-Serie »Klimawechsel«, im Jahr 2010 in sechs Folgen vom ZDF ausgestrahlt und inzwischen bei arte wiederholt, um Sex, Liebe, Untreue, Neid, Konkurrenz und Rache. Die Hauptakteure waren in diesem Fall jedoch nicht Krankenhaus-Belegschaften mit ihren notorischen Intrigen und Affären, ihren patenten Schwestern und Silberrücken-Chefärzten, sondern ein paar Gymnasiallehrerinnen und eine Frauenärztin zwischen Anfang vierzig und Ende fünfzig. Hauptmerkmal dieser Frauen ist ihr Hormonstatus: Sie sind in den Wechseljahren – und sonst nirgends. Ihre körperlichen Malaisen bestimmen ihre Existenz: Hitzewallungen, Gewichtszunahme, Gier nach sexueller Bestätigung, Libido-Verlust.

Ein ganzes Patientinnenkollektiv fuhr Doris Dörrie mit diesen Filmfiguren auf. Die Prominenz deutscher Stars, darunter Ulrike Kriener, Andrea Sawatzki, Maren Kroymann, konnte endlich mal richtig die Sau rauslassen. Für Schauspielerinnen sicherlich ein teuflisches Vergnügen. Ein bisschen so wie spätpubertäre Exzesse auf Klassenreisen. Sawatzki schreit in brutalstem Bairisch »Mir platzn die Titten«, Maren Kroymann hüpft als maligne Frauenärztin in einem Rock mit Flecken an verdächtigen Stellen über den Golfplatz, und Ulrike Kriener kauft sich als Lehrerin Beate Busch einen Callboy, der sie mit seinem schwäbischen Geschwätz aus dem Hotelbett treibt. Eine zum Islam konvertierte Deutschlehrerin mit heftiger Neigung zum Sufismus ist auch dabei. Was die Frauenfiguren angeht, ist man stolz darauf, sich von jedem angeblichen Tabu befreit zu haben.

Dörrie und ihre Mitstreiterinnen – allesamt Frauen bis auf den Produzenten Oliver Berben – halten sich viel darauf zugute, mit dieser Serie dem durchgestylten sentimentalen Frauenbild im Fernsehen etwas entgegenzusetzen. Abgesehen davon, dass diese Diagnose schon nicht stimmt: Dörries Gegenentwurf hat nichts mit einem selbstbewussten, kantigen Frauenbild zu tun. Ihre hormongesteuerten Gestalten sind Karikaturen, seicht wie der Plattensee. Von Wallungen aller Art hin- und hergeworfen wie Kähne in Seenot. Jede dieser Figuren brauchte einen Drehbuch-Doktor, der ihr ein wenig Komplexität verschreibt. Denn auch die kann lustig sein. Die erst recht. Wer nun über »Klimawechsel« aber nicht lacht – oder zu wenig lacht –, gilt als verkniffen. Er kapiert Sarkasmus nicht, typisch deutsch, dieser Mangel an Humor. Typisch feministisch, auch das noch: Aber bitte, man kann ja abschalten. Und das taten viele auch.

Viele Zuschauer fühlten sich mit dieser Serie nicht besonders gut unterhalten. »Klimawechsel« war ein Quotenkiller.[165] Ob es nur daran lag, dass die Wechseljahre angeblich ein »Tabuthema« sind? Oder fehlte es am Mindestmaß an Identifikationsmöglichkeiten, weil sich die meisten Frauen in diesem Alter nicht als Patientinnen betrachten und auch keine Lust haben, solchen zuzusehen? Der humane Witz, der aus dem Leiden kommt – und es erträglicher macht –, fehlt in »Klimawechsel« ganz. Die Serie baut auf Schadenfreude und auf den bekannten fragwürdigen Schulterschluss der »Schwestern im Leid«. Dich erwischt's auch noch. Bild dir bloß nichts ein.

Wem nützt die Miesmacherei?

Frauen ernst zu nehmen sieht anders aus. Aber dafür müsste man den Horizont weiten, weg vom Körper, der hier allein im Mittelpunkt steht. Darin ist die Darstellung der Frauen in den Wechseljahren einem biologistischen Modell verhaftet, das seit mehr als einem Jahrzehnt eine Renaissance erlebt. Egal ob es um die berufliche oder um die private Sphäre geht: Es ist selbstverständlich geworden, Unterschiede zwischen den Geschlechtern als absolut naturgegeben und damit unveränderlich dazustellen. Groß aufgebauschte Studien erforschen gehirnphysiologische Differenzen. In populär- und pseudowissenschaftlichen Büchern werden fragwürdige Schablonen auf den Markt geworfen und ersetzen ein universalistisches Bild der Geschlechter. Die Neurowissenschaftlerin Cordelia Fine hat den ideologischen Ansatz des Biologismus in ihrem Buch »Die Geschlechterlüge. Die Macht der

Vorurteile über Frau und Mann« aus dem Jahr 2010 sehr genau untersucht. Er spielt denen in die Hände, die Frauen – und auch Männer – wieder in ihre »naturgegebenen« Schranken verweisen möchten. Sorge und Pflege hier, Macht und Erwerb da. Das familiäre Nest und die kalte Welt der Ökonomie bedingen einander. Man kennt es.

Für Frauen in der Lebensmitte wirkt sich die mediale Fixierung auf ihren Körper noch einmal negativ aus. Beständig werden sie damit konfrontiert, dass ihnen nun nichts anderes bevorstünde als Einsamkeit und Verfall. Was wird damit bezweckt? Ist es eine Form der Disziplinierung? Die letzte Stufe in einer Reihe von Entmutigungs-Maßnahmen?

Das Reduktionsmodell steht für Frauen in allen Lebenslagen und Lebensphasen bereit. Schon das Mädchen soll sich minderwertig fühlen, wenn seine Oberschenkel »zu dick« sind. Die junge Frau findet sich minderwertig, wenn sie keinen Partner findet. Die allein lebende Frau ist »übrig geblieben«, die alleinerziehende Mutter ein Mängelwesen, ein Risiko für ihr Kind und eine Belastung für den Staat. Die Frau im mittleren Alter schließlich wird heute vom Klimakterium befallen wie Frauen im 19. Jahrhundert von der Hysterie. Im Grunde ist die Frau im biologistischen Verständnis nach der Menopause zu nichts mehr nütze – höchstens als Großmutter kann sie noch eine Funktion erfüllen, wenn sie sich um ihre Enkel kümmert.

Entgegen – oder besser gesagt – trotz der Darstellungen in Presse und Medien fühlen sich Frauen um die fünfzig meist kraftvoll und kreativ. Sind sie nicht von existenziellen Problemen geplagt, strahlen sie deutlich mehr Lebensfreude und Souveränität aus als in ihren Dreißigern. Vor allem sind sie furchtloser denn je. Sie verlieren das Geduckte, Unsichere ihrer jüngeren Jahre. Diese Frauen sagen, was sie denken. Sie machen bei vielem nicht mehr mit, wenn sie zu denen gehören, die Erwartungen nicht fraglos erfüllen. Das allerdings lässt sie unbequem werden. Die amerikanische Frauenärztin Christiane Northrup hat das in ihrem Buch »Weisheit der Wechseljahre« mit sehr viel Kenntnis und Empathie beschrieben.

Es gibt Frauen und Männer mit einem anderen Blick auf Frauen in der Lebensmitte. Einem, der ohne Häme auskommt. Aber in einem Zeitalter, in dem sich bereits junge Mädchen entwürdigenden Casting-Shows aussetzen, verliert sich das Gespür für das Recht auf Integrität. Wir haben ein Recht darauf, nicht ständig von Miesmacherei und Herabwürdigung belästigt zu werden. Denn ob wir wollen oder nicht – all dies sickert in unsere Gedanken, untergräbt unsere Lebenslust.

In zehn Jahren wird das Gejammer über die Verflüchtigung jugendlicher Schönheit nur noch in den letzten Reservaten des wohlhabenden Mittelstands und darüber zu finden sein. Der Rest hat andere, existenziellere Sorgen.

Davon könnte man schon heute etwas wissen wollen, auch dann, wenn man möglicherweise nicht davon betroffen sein wird. Aber mit dem steten Geschwätz über den Körper der Frau hält man die dringlicheren Themen draußen.

Wie werden wir wohnen, wenn wir die Mieten in den Städten nicht mehr bezahlen können? Wie werden unsere Kinder leben, unsere Enkel?

Das sind Fragen, die nicht allein Frauen etwas angehen. Können wir sie gemeinsam mit Männern lösen? Und wenn ja, mit welchen?

In eigener Sache unterwegs:
Die Männer unserer Generation

Nichts ist im Grunde langweiliger als das allgemeine Gerede über Frauen und Männer und warum sie nicht zusammenpassen oder ob doch und wenn ja unter welchen Umständen. Comedy-Quatschköpfe leben davon, Geschlechterklischees immer wieder neu aufzuwärmen. In den großen Buchhandlungen leuchtet die Stapelware mit Büchern über Frauen und Männer schon von weitem in grellem Pink. Der humorige Zugang steht in drastischem Gegensatz zum Schlagabtausch über Geschlechterfragen – wie er im Netz stattfindet. Wer sich die Laune für den Tag verderben will, werfe einen Blick in die Kommentarspalten zu einschlägigen Artikeln und Interviews über den Themenpark der Gleichberechtigung von Männern und Frauen. Sorgerecht, Unterhaltsreform, Frauenquote, Sexismusdebatte, Alleinerziehende, Lohngerechtigkeit, Feminismus. Unter erhellenden Phantasienamen (Doktor Gonzo, Dame von Welt, Hunter, Justizverfolgung, Eulen nach Athen) kippen hier Menschen ihren Hass aus, die in der Anonymität Deckung suchen. Die Gleichzeitigzeit von gewalttätiger Sprache und Feigheit macht die Lektüre unerträglich. Vom Mobbing mit den Mitteln des Internets wissen alle zu berichten, die sich unter ihrem Klarnamen öffentlich über Themen der Gleichberechtigung äußern. Wer Männer dabei auch kritisch betrachtet, kann sicher sein, dass sein Account von Hassmails überschwemmt wird. Die 31-jährige Kommunikationsberaterin Anne Wizorek, eine der Initiatorinnen der Anti-Sexismus-twitter-Aktion »#Aufschrei«, hat das im Frühjahr 2013 erlebt und sich immer wieder aus dem Netz, ihrem Zweitwohnsitz, verabschiedet.

Anne Wizorek betont in Diskussionen und Gesprächen immer wieder, dass ihr, gerade als Feministin, an einer Kooperation mit Männern gelegen sei. So auch im April 2013, als sie in der Reihe »Freitagsalon« im Maxim-Gorki-Theater von Jakob Augstein, Herausgeber und Chefredakteur der Wochenzeitung »Freitag«, über ihr Verständnis von Feminismus befragt wurde. Sie kenne viele tolle Männer, sagte sie während des Gesprächs.

Wir können uns ihr nur anschließen. Auch wir kennen viele tolle Männer. Wir haben tolle Männer geliebt, mit tollen Männern gelebt, mit tollen Männern gearbeitet und mit tollen Männern tolle Dinge gemacht und tun das immer noch. Wir halten Anne Wizoreks Willen zur Kooperation, zu Bündnissen mit Männern für sinnvoll. Aber wir sind skeptisch. Unsere Generation hat andere Erfahrungen gemacht, was die Kooperationswilligkeit von Männern angeht. Denn unser Tollfinden von Männern ändert nichts daran, dass viele Männer es zum Beispiel nicht so toll finden, wenn Frauen dieselben Jobs beanspruchen wie sie. Mit demselben Verdienst, mit denselben Einflussmöglichkeiten. Viele Männer unserer Generation finden es auch nicht toll, wenn sie sich mit Kindern nicht nur als lustiger Spaßvater austoben dürfen, sondern sich mit uns die Niederungen von Elternabenden und Sockensortieren teilen sollen.

Über derlei Banalitäten wurde im Gorki-Theater nicht gesprochen. Was die berufliche Sphäre betrifft, so dämpfte der 45-jährige Jakob Augstein, Vertreter unserer Generation, den Optimismus seiner Gesprächspartnerin: »Die Medienmänner wollen keine Frauenquote«, sagte er. Im Interview mit Anne Wizorek im »Freitag« fügte er später hinzu:

»Meine Erfahrung in Zeitungsredaktionen zeigt, dass, wenn Männer nicht durch Frauen gezwungen werden, auch keine Veränderungen zustande kommen.«[166]

Man sehe sich einmal die Kommentare dazu von Männern online an – und frage sich, ob das starke Verb »zwingen« in Verbindung mit »Frauen« so glücklich gewählt war. Davon abgesehen: Die Quote beruht nicht auf weiblicher Machtausübung, über sie wird demokratisch entschieden. Wie wir wissen, ist die Einführung einer 30-Prozent-Quote für Frauen in den Führungsetagen in Unternehmen im April 2013 im Bundestag gescheitert. Zurück zu Jakob Augstein:

Männer seiner – also unserer – Generation nannte er im Salongespräch »aufgeschlossen«. Das Attribut ist eines dieser Leerwörter, die alles bedeuten können. Aufgeschlossen wofür? Für eine Verbindung unter freien, gleichberechtigten Individuen? Mann, was ist dein Geheimnis?

Nun sind Männer in den letzten Jahren immer mehr in den Fokus der Soziologen und der Historiker gerückt, die genau das untersuchen. Wissen sie, was »aufgeschlossen« im wirklichen Leben heißt?

Welche Werte und Einstellungen haben diese Männer? Wie wollen sie mit Frauen leben? Wie mit ihren Kindern, wenn sie Kinder haben? Liegt ihnen etwas an der Gleichstellung von Mann und Frau?

Vier Männertypen

Eine Untersuchung dieser Fragen, die speziell die deutschen Männer der geburtenstarken Jahrgänge berücksichtigt, gibt es nicht. Aber es erscheinen immer wieder Studien, meist im Auftrag der Bundesregierung oder von ihr unterstützt, die Männern auf den Zahn fühlen. Unterschieden wird dabei vor allem nach Milieus, weniger nach Generationen. Deshalb sind die beiden großen Männer-Studien von 2009[167] nur eine Annäherung. Beide filtern – mit allen Einschränkungen gegenüber Typisierungen generell – vier unterschiedliche Männertypen heraus. Carsten Wippermann definiert die

177

»dominanten Geschlechtsidentitäten von Männern heute«
wie folgt:

1. Der »starke Haupternährer der Familie«. Dieser Mann
   schätzt eine attraktive Hausfrau an seiner Seite. Die traditionelle Arbeitsteilung zwischen Mann und Frau ist für
   ihn naturgegeben, seiner Frau zollt er für ihre Leistung
   Anerkennung, wie auch er ihre Anerkennung für seine
   Erwerbsarbeit erwartet. Diesem Typus entsprechen 23 Prozent der Männer. Er ist in allen Schichten anzutreffen.
2. Der »Lifestyle-Macho«: Dieser Mann, vorhanden in der
   Oberschicht und der Unterschicht gleichermaßen, wünscht
   sich eine Frau, die sexy ist, sich unterordnet und ihn als
   Überlegenen anerkennt. 14 Prozent der Männer entsprechen diesem Typus. Innerhalb dieser Gruppe sind anti-
   feministische Einstellungen am stärksten ausgeprägt.
3. Der »Neue Mann«. Er lässt weichere Seiten zu und schätzt
   berufstätige, selbstbewusste Frauen. Er zeigt Verände-
   rungsbereitschaft, was Gleichstellung betrifft. Zu finden
   ist er in alternativen, kreativen und den gutsituierten
   Nach-Achtundsechziger-Milieus – die Soziologen nennen diese »postmateriell« und sprechen von »moderner
   Mitte«. Sein Anteil beträgt 32 Prozent.
4. Der »postmodern-flexible Mann«. Er verbindet Stärke
   und weibliche Facetten. Als Partnerin wünscht er eine
   selbstbewusste, tatkräftige Frau. »Gleichstellung sieht er
   entspannt und hat Interesse an neuen Wegen«. Sein Anteil beträgt 31 Prozent. Zu finden unter »Experimentalis-
   ten« und in »postmodernen Schichten«.

Auf den ersten Blick stimmen die Prozentzahlen hoffnungsvoll. Doch das täuscht. Zwischen geäußerten »Einstellungen« und gelebter »Umsetzung« liegt eine große Kluft, das
arbeitet die Studie deutlich heraus. Zu dieser Erkenntnis
passen dann auch die Ergebnisse der Shell-Jugend-Studie

von 2006. Die Shell-Studie belegt, dass »mehr als 70 Prozent der deutschen Schüler sich ausdrücklich *keine* emanzipierte Partnerin wünschen«.[168] Sind das die emanzipationsmüden Söhne der aufgeschlossenen Väter und gleichberechtigten Mütter? Oder sind sie einfach noch nicht so versiert in der Selbstdarstellung und daher authentischer?

Studien, die auf der Abfrage von Selbsteinschätzungen und Wertvorstellungen basieren, geben offensichtlich vor allem das Wunsch- und Selbstbild der Befragten wieder. In der Realität sieht ihr Handeln anders aus. Wippermann, dem wir die vorher beschriebene Männertypologie verdanken, stellte auf einer Tagung mit dem Titel »Wann ist der Mann ein Mann«, veranstaltet von der Friedrich-Ebert-Stiftung in Berlin im März 2013, seine neuesten Untersuchungsergebnisse zum »Neuen Mann« denn auch mit dieser Einschränkung vor – und kommt zu dem Fazit: »Konsequent gleichgestellt« – also in Einheit von Wort und Tat – leben nur 7,2 Prozent der Männer zwischen 40 und 49 Jahren. In der Gruppe der 50- bis 59-jährigen Männer sind es 6,1 Prozent.

Ist die vom »postmodern-flexiblen« Mann genannte »Entspanntheit« in Bezug auf Gleichberechtigung angesichts dieser Ergebnisse nicht einfach eine Form von Ignoranz? Die Äußerungen der selbstbewussten männlichen Generationschronisten – siehe Kapitel I – legen das nahe. Frauen kommen da nur am Rande vor. Die Vereinbarkeitsfrage stellten sich Männer in unserer Generation nicht.

Was die Frauen unserer Generation betrifft: Wir hatten und haben es vermutlich mit allen vier Männertypen und ihren Mischformen zu tun. Nicht, weil wir in wilder serieller Monogamie von einem zum anderen gewechselt hätten: Die Männer wechselten ihren Typus, und das meist während einer bestehenden Beziehung oder danach. So kann sich ein Mann, der sich in den Beziehungsjahren vor der Familiengründung durchaus als »Neuer Mann« verhielt, mit der Ge-

burt des ersten Kindes übergangslos in den »Starken Ernährer« verwandeln – teils, weil er »vorher schon mehr verdient
hat« – teils, weil alte Erziehungsmuster erst dann zum Vor-
schein kommen und unweigerlich ein Traditionsschub
nachfolgt.

Das ist die »Rolle rückwärts«, von der Wippermann
spricht. Der Frau kann diese Verwandlung nun recht sein
oder nicht. Nicht immer hat sie sich den Mann passend zu
ihrem Lebensentwurf ausgesucht, wie Bettina Wündrich in
ihrem Buch »Einsame Spitze« mutmaßt.[169] Selbst wenn sie
es tut: Der Mann ist wie die Frau keine gläserne Existenz.
Niemand ist kalkulierbar. Das häufig von Psychologen gera-
tene »Aushandeln der partnerschaftlichen Arbeitsteilung«
überfordert viele – und nicht nur Männer.

Ist der Frau, die nun Mutter geworden ist, der Wandel
des Mannes zum »starken Alleinernährer« nicht recht und
sieht sie sich dadurch in ihrer eigenen beruflichen Entwicklung und potenziellen Existenzabsicherung im Scheidungs-
fall bedroht, kommt es mit großer Wahrscheinlichkeit zum
Bruch. Und dann hat sie vielleicht plötzlich den »Lifestyle-
Macho« gegen sich, der sie als »Abzockerin« und »Parasi-
tin« beschimpft. Gerät er – möglicherweise aus Wut und
Enttäuschung über die gescheiterte Beziehung – in den Sog
misogyner Männerrechtler, erkennt sie den einst »Neuen
Mann« nicht wieder, der sich nun seinerseits als Opfer sieht.
Der Rest ist Schweigen und erbitterter Kampf.

Die Gesetzgebung spiegelt dabei die Zerrissenheit der
männlichen Rolle wider. Das Sorgerecht und das neue Unterhaltsrecht gehen vom »Neuen Mann« aus, der sich während der Beziehung die Kinderbetreuung und alle häuslichen Aufgaben mit der Frau geteilt hat. Das neue Unterhaltsrecht setzt eigentlich genau den Mann voraus, der während der Ehe die Berufstätigkeit der Frau gewollt und unterstützt hat und die eigene nicht in den Vordergrund stellte.
Steuerlich aber wird während der Ehe der »starke Ernäh-

rer« bevorzugt. Denn der Hauptverdiener ist noch immer vorwiegend männlich. Nicht nur Männer und Frauen leben auf unterschiedlichen Modernitätsebenen. Widersprüchliche Signale kommen von allen Seiten. Ist es da verwunderlich, dass Männer sich wie Chamäleons verhalten?

Misstrauen und Unsicherheit

Wer also sind sie – die Männer, mit denen wir aufgewachsen sind? Die Philosophin Elisabeth Badinter hat sich in ihrem Buch »Die Identität des Mannes« Anfang der neunziger Jahre eingehend mit der veränderten Rolle des Mannes befasst. Am Ende steht ihre Vision vom »versöhnten Mann«, der »Festigkeit und Sensibilität miteinander zu verbinden weiß«. – »Der Mann, der zum Mann geworden ist, ohne das Weiblich-Mütterliche in sich zu verletzen.«[170]

Badinter betrachtet ihn als Mann der Zukunft, nicht der Gegenwart: »Schließlich kann der versöhnte Mann nur aus einer großen Revolution der Väter hervorgehen. Sie setzte vor mehr als zwanzig Jahren ganz allmählich ein, und es wird mehrere Generationen dauern, bis sie wirklich vollzogen ist. Sie erfordert einen radikalen Wandel der Denkweisen und eine tiefgreifende Veränderung der Bedingungen des Privat- wie auch des Berufslebens, die innerhalb eines Jahrzehnts nicht realisiert werden können.«[171]

Fast zwanzig Jahre nach diesen Sätzen, im Herbst 2010, erschien ihr Buch über den Konflikt zwischen den Rollen der Frau und der Mutter. Die Männer sind hier Randfiguren. Doch im Interview mit der Autorin sagt Badinter etwas, das an der Existenz des »versöhnten Mannes« auch zwei Jahrzehnte nach ihrem Männer-Buch zweifeln lassen muss.

»In Wahrheit aber hat die feministische Revolution – denn die finanzielle Unabhängigkeit der Frauen ist trotz allem eine Revolution – ein schreckliches Problem für die

Männer hervorgebracht: die Krise der Identität. Ich bin überzeugt, dass dies die Quelle großer Verwirrung und Unsicherheit ist. Ich möchte nicht übertreiben: Aber ich sehe bei Männern ein unglaubliches Misstrauen gegenüber Frauen – und Angst. Sie fragen sich: Was bin ich, wenn du alles kannst, was ich auch kann – und dazu noch Kinder bekommen kannst? Was bleibt mir?«[172]

Trifft das Charakteristikum der »Verwirrung« und »Unsicherheit« tatsächlich auf die Männer unserer Generation zu? Und sind »Verwirrung« und »Unsicherheit« nicht Ausdruck einer tiefen Krise? Das mag sein. Doch das seit Jahren ausgebreitete Krisenszenario des Mannes wirkt sich auf die belastete Situation von Frauen nicht positiv aus. Die Krisen-Beschwörer haben etwas anderes im Sinn, als Männer zu Veränderungen ihres Verhaltens anzuregen: Auf der bereits erwähnten Männer-Tagung der Friedrich-Ebert-Stiftung im Jahr 2013 sagte der Historiker Martin Lücke:

»Es gibt keine echte Krise, es gibt nur einen Krisendiskurs, der als Re-Souveränitätsstrategie genutzt wird. Davon profitieren Männer. Es ist eine Strategie, um männliche Herrschaft in Zeiten des Wandels zu stabilisieren.«

Als Beispiel nennt er die oft wiederholte Behauptung, das Schulversagen von Jungen habe mit der Dominanz der Frauen im Schul- und Erziehungsbereich zu tun. Tatsächlich aber sind es nicht die Jungs mit bürgerlichem Familienhintergrund, die in der Schule schwächeln. Es sind Kinder aus Migrantenfamilien, die benachteiligt sind. Das aber verschleiern die Krisenstrategen.

Unsere Altersgenossen, auch sie von zahlreichen Frauen unterrichtet, sind jedenfalls beruflich fast alle überaus selbstbewusst ihren Weg gegangen. Getragen wurden sie von der Gewissheit, sich am Ende doch durchzusetzen, unterstützt von älteren Männern, die sich als Mentoren gern der jungen Männer annahmen, wenn diese ihnen irgendwie ähnelten.

Gibt es hinter der Erfolgs-Fassade der Männer im mittleren Alter tatsächlich all die kleinen gekränkten Jungs, die völlig verunsichert sind von einem Feminismus, als dessen Opfer sie sich begreifen? Damit kokettiert mancher Journalist in Talkshows oder beklagt als Herausgeber eines bedeutenden Blatts angesichts zweier einflussreicher Verleger-Witwen gar die Übernahme der Bewusstseins-Industrie durch Frauen. Eine groteske Übertreibung angesichts der wenigen Chefredakteurinnen außerhalb der Frauenzeitschriften.

Antifeministische Männerrechtler

Ein Phänomen, das für Badinters Diagnose der »Unsicherheit« und des »Misstrauens« spricht, gibt es wohl doch: die Formierung der militanten Männerrechtsbewegung, des vor allem im Netz organisierten Antifeminismus. Seit etwa zehn Jahren sucht er sich geschickt seine Kanäle in den Mainstream. Die Akteure kommen häufig aus dem Journalismus und wirken dahin zurück. Die mediale Präsenz führt zu dem Eindruck, dass es sich dabei um eine breite soziale Bewegung handle, was nicht der Fall ist. Es wäre unlauter, die unterschiedlichen Gruppierungen der Männerrechtler in einen Topf zu werfen. Hinrich Rosenbrock hat die Akteure und ihre Strategien in seiner ausführlichen Studie für die Heinrich Böll Stiftung dargestellt. Dezidiert beschäftigt er sich auch mit den Verbindungen zwischen Antifeminismus und Rechtsextremismus – der in seiner Substanz emanzipationsfeindlich ist. Die »Männerfeindlichkeit des Feminismus« ist dagegen eines der Klischeebilder, die von antifeministischen Männerrechtlern verbreitet werden – in Unkenntnis oder mit gezielter Ignoranz gegenüber feministischen Denkweisen: Denn im Feminismus sind extremistische Stimmen, die zum Hass gegen Männer aufrufen, äußerst selten. Umgekehrt ist das nicht der Fall. »Frauenhass ist viel verbreiteter als Männerfeindlichkeit. Die Entwertung von Frauen ist Ausdruck eines inneren Kampfes gegen die Abhängigkeit der Männer von weiblichen Körpern, nährenden und haushaltenden Frauen«, sagte die Publizistin Ute Scheub auf der Männer-Tagung der Friedrich-Ebert-Stiftung.

Oft aber geht es neben dem inneren Kampf um handfeste Interessen. Mit der Attitüde des Tabubruchs rücken die Akteure der antifeministischen Männerrechtsbewegung nun Frauen als Nutznießerinnen und Männer als Opfer der Geschlechterpolitik ins Bild. Jungen seien im Bildungswesen benachteiligt, Männer im Familienrecht. Die ehemalige Familienministerin Schröder hörte die Signale und richtete prompt ein Referat für Jungen und Männer in ihrem Ministerium ein.

Väterrechtler sind in den vergangenen zehn Jahren mit ihren Forderungen in der Politik weitgehend durchgedrungen: Auch Männer, die nie mit der Mutter ihres Kindes gelebt haben, die nie Unterhalt für das Kind bezahlt haben, die das Kind nie im Alltag versorgt und betreut haben, können nun das Sorgerecht für das Kind einfordern und erlangen – auch gegen den Willen der Mutter. Das sind fundamentale Gesetzesänderungen, die vor allem Männer unserer Generation erstritten haben.

Staatlich subventionierte Verantwortungslosigkeit

Die von früheren Männergenerationen noch gesellschaftlich geforderte Verbindlichkeit gegenüber Frauen, zumal gegenüber denen, mit denen sie Kinder zeugen, hat sich währenddessen vollkommen verflüchtigt. Kaum jemand zeiht umgangs- und unterhaltsverweigernde Väter öffentlich der Verantwortungslosigkeit. Es gibt keine politische Kampagne gegen die zahlreichen Unterhaltssäumigen unter den

Vätern, und das, obwohl sie den Staat jährlich etwa eine Milliarde Euro kosten.[173]

Ist das die »Entspanntheit« in Gleichberechtigungsfragen? Unterhaltsdelikte richten sich nicht nur gegen die eigenen Kinder, sie richten sich gezielt gegen Frauen. Die Armut so vieler alleinerziehender Frauen und ihrer Kinder hat sehr viel mit ausbleibenden Kindes-Unterhaltszahlungen zu tun. Diese »finanzielle Gewalt«, wie sie inzwischen zu Recht von Frauenverbänden genannt wird – zeigt im Extrem, woran es vielen Männern unserer Generation offenbar gebricht:

Viele sind nicht loyal gegenüber Frauen. In den Zustandsbeschreibungen »Unsicherheit« und »Misstrauen« schwingt ihre Illoyalität unausgesprochen mit. In der Selbstbezogenheit dieser Männer tritt sie offen zutage.

Mangel an Loyalität

Weshalb ist das so?

In ihrer überwiegenden Mehrzahl sind die Männer der Babyboomer-Generation Söhne von Hausfrauen-Müttern. Die Frau, die ihnen in den prägendsten Jahren am nächsten war, schwirrte als Dienstleisterin um sie herum. Den Töchtern – also uns – wurde das zum Schreckbild. Die Söhne entwickelten dagegen kaum Widerstand. Warum sollten sie auch? Sicher war die mitstudierende Freundin nachher erst einmal ein Gegenbild zu Mama. Aber wenn die Lebensgefährtin Mutter wurde, brach die Schein-Emanzipation des Mannes zusammen. Plötzlich war seine Hilfe dringend notwendig, plötzlich geriet das ganze Gefüge auseinander, wenn er nicht mitzog. Jetzt war Handeln gefragt, nicht »Aufgeschlossenheit«. Viele aber zogen sich heraus.

Das war der kollektive Schock, der Moment der Wahrheit, den viele Frauen unserer Generation erlebten, die auf die Loyalität von Männern in der Familie angewiesen waren, weil der Staat die Infrastrukturen der Kinderbetreuung verweigerte. Hier liegt die große Ernüchterung der Frauen, die anders leben wollten als ihre Mütter. Das war das Ende ihrer Illusion von gleichberechtigter Liebe und Komplizenschaft.

Diejenigen, die mit Männern nie in die Situation echter Arbeitsteilung über das bisschen Haushalt hinausgerieten, können das schwer begreifen. Sie wollen es auch nicht wissen. Stattdessen aber wird auf Frauen, die am Ende des Ernüchterungsprozesses alleine mit ihren Kindern leben, herabgesehen. Da ist ihr etwas nicht gelungen, der Frau. Wahrscheinlich hat sie Fehler gemacht, die Arme. Dabei wäre es an der Zeit, einmal die Beweggründe der Männer für ihr Verhalten in den Blick zu nehmen.

Die israelische Soziologin Eva Illouz hat das getan. Jenseits der allgegenwärtigen Psychologisierung, die so fatal mit den biologistischen Geschlechterbildern verbunden wird. In ihrem bereits erwähnten Buch »Warum Liebe weh tut« legt Illouz dar, wie sich das Männlichkeitskonzept in den westlichen Ländern seit dem 19. Jahrhundert verändert hat. Galt ein Mann bis zur Mitte des 20. Jahrhunderts nur dann als ehrbarer Mann, wenn er Verbindlichkeit bei der Partnerwahl bewies, trifft dies heute nicht mehr zu. Viele Faktoren haben dazu beigetragen. Die sexuelle Befreiung im Zuge der Moderne, die Ökonomisierung und auch die weiblichen Autonomiebestrebungen selbst.

»Männlichkeit definierte sich im Bürgertum des 19. Jahrhunderts über das Vermögen, starke Gefühle zu empfinden und zum Ausdruck zu bringen, Versprechen zu machen und zu halten sowie sich zielstrebig und entschlossen an jemanden zu binden.«[174]

Nun wurde diese Bindungswilligkeit natürlich durch ökonomische Anreize verstärkt, die Mitgift etwa, wie überhaupt das Ziel der Familiengründung fraglos der Wahrung von Besitz und Erbfolge diente. Eine Frau sitzenzulassen,

mit Kindern gar oder in schwangerem Zustand, galt als un-
ehrenhaft. Männer, die so etwas taten, zogen sich Wut und
Verachtung mindestens von Seiten der Familie der Frau zu.
Illouz ist weit davon entfernt, diesen Status als positives Ge-
genbild zu den Beziehungen in der Moderne zu stilisieren.
Es dient ihr vor allem als Folie, um die schwächere Position
darzustellen, in die Frauen heute mit ihrem Wunsch nach
Verbindlichkeit geraten sind.

Seit den siebziger Jahren haben sich die Regeln des Lie-
besmarktes radikal verändert. Illouz beschreibt dies anhand
zahlreicher, unterschiedlicher Quellen – Ratgeberliteratur,
populärer Liebesfilme, Chats, Internet-Partnerbörsen und
eigener Interviews. Frauen mit ihrem Wunsch nach Bindung werden auf einem Markt, in dem Männern infolge der
Auflösung traditioneller Schranken das größere Angebot
bereitsteht, zu Bittstellern. Denn das Kapital der Frau ist
heute vor allem ihre Sexiness, verbunden mit ihrer biologisch begrenzten Zeit der Fruchtbarkeit. Diese im Vergleich
zum Mann kürzere Zeitspanne setzt die Frau unter Druck,
ihr »Kapital« rechtzeitig zu investieren. Allerdings muss sie
heute alles tun, um dies gegenüber dem Mann zu verbergen.
Der Mann scheut die Bindung, er ist permanent auf der Suche nach der besten »Option«. Er kontrolliert den Grad der
Verbindlichkeit in den jeweiligen Beziehungen.

Eva Illouz sagt: »Ich behaupte, dass Männer dem Gebot
der Autonomie konsequenter und für einen längeren Teil
des Lebens folgen und dadurch weibliches Begehren nach
Verbundenheit emotional dominieren können. Sie tun dies,
indem sie Frauen zwingen, ihre entsprechende Sehnsucht
zu verschweigen und die Distanziertheit der Männer sowie
ihren Drang nach Autonomie zu imitieren. Frauen, die
nicht an einem heterosexuellen Familienleben, Kindern und
der Verbindlichkeit eines Mannes interessiert sind, werden
Männern emotional auf gleicher Augenhöhe begegnen können.«[175]

Eine Frau, die mit Anfang vierzig von ihrem gleichaltrigen Mann für eine Frau Ende zwanzig, Anfang dreißig verlassen wird, darf sich dieser Distanzierungs-Logik zufolge nicht einmal öffentlich empören. Im Sinn der Demographie – mit der Jüngeren kann und soll er noch (einmal) Kinder zeugen – ist seine Suche nach der nächsten, besseren Option inzwischen auch durch das neue Unterhaltsrecht staatlich untermauert und akzeptiert. Die Kinder aus der Erstfamilie haben nicht mehr das Recht darauf, in zuvor erreichtem Lebensstandard aufzuwachsen. Den muss die geschiedene Frau nun allein bewerkstelligen, was ihr fast nie gelingt. Im Gegenteil. Ihre finanzielle Lage verschlechtert sich nach der Scheidung meist drastisch. Die logische Konsequenz aus der Unterhaltsrechts-Reform von 2008 ist eigentlich die Verpflichtung des Vaters, sich nach der Scheidung zu gleichen Teilen um die Kinder zu kümmern – und dieselben beruflichen Einbußen in Kauf zu nehmen wie die geschiedene Frau.

Allmählich begreifen Frauen, dass Vollzeitbetreuung und Vollzeitberuf auf Dauer nicht ihre alleinige Aufgabe sein können. Die Extrembelastung wird nicht durch den Kindesunterhalt ausgeglichen. Viele Frauen erkennen das erst, wenn sie die immensen Anstrengungen hinter sich haben, wie jene Physiotherapeutin, die jahrelang außer ihrer Tochter auch den autistischen Sohn weitgehend allein versorgt hat. Der Mann verließ sie, als der Junge vier Jahre alt war. »Wenn man merkt, dass man über einen langen Zeitraum ausgenutzt wurde, kommt Wut hoch«, sagt sie. Ausnutzen ist hier das richtige Wort. Denn wenn ein Mann jede Betreuung der Kinder verweigert oder sich um seine Kinder nur dann kümmert, wenn es gerade in sein Leben passt, hat eine Frau keine Chance, den abtrünnigen Vater dazu zu zwingen. Im Jahr 2008 entschied das Bundesverfassungsgericht, dass ein Vater nicht gegen seinen Willen zum Umgang mit seinem Kind gezwungen werden darf. Es widerspreche dem

Persönlichkeitsrecht des Vaters.[176] Die Autonomiebestrebungen der Männer bleiben so auch mit Hilfe des Staates gewahrt. Denken solche Väter eigentlich an die seelischen Verletzungen der Kinder? Vermutlich nicht. Geht es den Kindern nicht gut, ist ja bekanntlich die Mutter schuld.

Frauen sind durch die Gesetzesreformen der letzten Jahre in eine vertrackte Situation geraten. Übrigens auch diejenigen, die verheiratet sind, ihren Lebensunterhalt aber nicht allein »darstellen« können, wie es in der Sprache der Anwälte heißt. Da erstaunt es nicht, dass viele Frauen alles daransetzen, Männer zu halten. Verzweifelt stecken sie ihre Zeit in Therapien, in denen ihnen erzählt wird, dass sie selbst aufgrund ihrer Bindungsschwächen sich entsprechend bindungsängstliche Männer gesucht hätten. Da werden Kindheiten nach unsicheren frühen Bindungen durchforstet, als gäbe es keine Außenwelt, keinen Liebesmarkt, kein erotisches Kapital. Es sind Frauen im mittleren Alter, die scharenweise therapeutische Hilfe suchen. Oder Bücher lesen, die ihnen Ratschläge erteilen, wie sie den Mann am Absprung hindern können. Etwa indem sie fortgesetzte Untreue akzeptieren. Alles eine Sache der Frauen, versteht sich. Nicht der Mann hat ein Problem, sie hat es.

Neue Freiheit

Nun sind Frauen unserer Generation aus dem Alter heraus, in dem man Familien gründet. Als wir uns binden wollten, gab es die Internetportale noch nicht, das ideale Medium für Bindungsvermeider. Ein Klick und weg, Profil gelöscht. Männer hatten für uns als junge Frauen noch nicht in diesem Maße die Entscheidungshoheit über Nähe und Distanz. Die Kultfigur Bridget Jones mit ihren Gewichtsproblemen und dem Hang zum Hallodri kam 2001 in die Kinos, mehr als zehn Jahre nach unserer Paarbildungsphase. Die Hallodris mit Bindungsangst aber haben wir auch kennengelernt – sie sind, inzwischen auch in die Jahre gekommen, noch immer stolz auf sich und ihren Umgang mit Frauen. Sven etwa, mit dem eine von uns beiden Autorinnen während der Schulzeit etwas mehr zu tun hatte, stellte seine weibliche Trophäensammlung (Beata, Jenny, Gaby, Tine, Jule, Tinka, Odile) unlängst ganz offen ins Netz. Im Magazin von Werder-Bremen[177] verband er seine Passion für Fußball mit seiner Frauenkollektion zu einer Chronik männlicher Eitelkeit. Auch eine von uns fand sich hier unerwartet wieder. So leicht wird man zum Accessoire.

Die Liebesbiographien der Frauen unserer Generation ähneln sich. An Beziehungen mit Männern, mehr oder weniger verbindlich, war in jungen Jahren kein Mangel, gewiss nicht. Wir haben uns unbehelligt von Moralvorstellungen verliebt, wann und wie wir wollten. Fast immer in Männer unseres Alters, die viel Älteren standen bei jungen Frauen damals nicht so hoch im Kurs. Sicher gab es vereinzelt die Verbindung junge Journalistin/Chefredakteur um die fünfzig. Junge Lektorin/alter Verleger. Junge Sprechstundenhilfe / älterer Zahnarzt. Nicht zu vergessen: junge Redakteurin, geboren 1963/Ministerpräsident und später Bundeskanzler, geboren 1944. Und natürlich den Klassiker: Doktorandin / Professor. Manches hielt, das meiste nicht. Männer im Alter unserer Väter kamen uns doch befremdlich vor in ihrem hartnäckigen Werben. Die Erotomaninnen unter uns hatten bald auch ihre Probleme mit »alten Ohrläppchen«, wie eine Freundin befand, und ähnlichen physiologischen Details. Auch Frauen können gegenüber Männern altersdiskriminierend sein.

Wie geht es den Frauen unseres Alters mit ihren deutlich älteren Männern heute? Nicht unbedingt berauschend. Margot Käßmann fragt sich: »Wie wird die dann – relativ gesehen – immer noch junge Frau mit dem alten Mann in ihrem Leben umgehen? (…) Hat sie am Anfang der Beziehung den älteren, beruflich etablierten, lebenserfahrenen Mann gefunden und auch ihren Kinderwunsch mit ihm erfüllt, ist sie jetzt Mutter, häufig zugleich in der versorgenden Tochterrolle einem alten Vater gegenüber und eben oft auch zusätzlich noch die Versorgende für ihren deutlich älteren Mann. Sie trägt damit weit vor ihrer Zeit schon die Last des Alters – und zwar ihres Partners.«[178]

Oft bricht schon mit der Pensionierung des älteren Gefährten eine Zeit herein, in der Liebe und Loyalität der Frauen schwer geprüft werden. Nicht jede trägt die »Last des Alters mit«: Immer häufiger werden Männer schon nach ihrer Pensionierung von ihren deutlich jüngeren Frauen aus dem gemeinsamen Nest hinauskomplimentiert. Nicht mehr begehrt und wider Erwarten schon gar nicht versorgt, wenn die Zipperlein überhandnehmen.

Mancher Mann trennt sich da lieber vorausschauend von der mäkelnden, kaltschultrigen Jüngeren und kehrt zur eigenen Generation zurück. Wie der schon erwähnte Zahnarzt. Mit einer Frau seines Alters will er nun die restlichen Jahre ohne beständigen Aktivitäts-Zwang verbringen. Karten spielen, in Konzerte gehen, miteinander kochen und lesen. Herrlich.

Wollen wir wirklich bis dahin warten, wenn wir in unseren Vierzigern und Fünfzigern allein sind? Jetzt, wo die Voraussetzungen für eine erwachsene, gelassene Liebesbeziehung so gut sind wie nie zuvor? Die Konflikte um Kinder und deren Erziehung liegen hinter uns, das Einfamilienhaus im Vorort interessiert uns nicht. Wir sind nicht mehr angetrieben von Motiven, die mit der Liebe oft wenig zu tun haben. Wir könnten ihr endlich den Raum geben, den sie verdient, jenseits von Zwängen und Routine. Aber es scheint so, als treffe uns gerade jetzt die Altersdiskriminierung. In einer Lebensphase, in der wir nicht einmal alt sind.

Frau, 47, sucht …
Die Labyrinthe der Partnersuche

Nach so vielen Jahren hat er genug. »Du kennst jeden Pickel an mir, ich kenne jede Falte an dir, ich weiß, was du einkaufst, das ist doch ein Alptraum.« Er macht sich ein Bier auf, im Auto beschlagen die Scheiben, der Regen prasselt aufs Dach wie Begleitmusik zum schäbigen Ende. »Und was ist mit dem Haus? Was sagen wir den Kindern?«, sagt sie. »Die kennen das doch, das kommt doch in vielen Familien vor«, sagt er. Beide erfasst die Kamera schräg von hinten, vom Rücksitz aus. Seine Augen erscheinen im Rückspiegel, sie flackern nervös und genervt. In ihren steigt eine Träne hoch, fließt aber nicht. Die Frau fragt nach der Neuen. »Ach was«, sagt er. »Darum geht es doch gar nicht.« Und ermutigt sie: »Das ist doch deine Chance.«

Der 30-jährige Regisseur Nico Sommer drehte 2012 einen bemerkenswerten Film über die Partnersuche einer Frau, die nach mehr als zwanzig Jahren Ehe von ihrem Mann verlassen wird, beiläufig, bei einer Flasche Bier im Auto. Die Frau, grandios gespielt von Lina Wendel, ist erst einmal im Schockzustand. Aber dann – nein – trifft sie nicht auf die Liebe. Diesen Handlungsbogen gibt es nur in Frauenzeitschriften und Büchern mit rosafarbenem Einband.

Silvi lernt die Nächte am Tresen kennen, Sex mit verbundenen Augen, das Organisationstalent eines verheirateten Mannes, die Phantasien eines Bildungsbürgers, der sich von ihr im Schrank einschließen lassen will. Den ganzen Wahnsinn da draußen. Manchmal weint sie, mit dem Rücken zum jeweiligen Mann. Drei sind es, die ihr zulaufen wie verlassene Kinder. Der Busfahrer Uwe unterbreitet ihr seinen Schichtplan. Eine Beziehung brauche er nicht. »Ha-ick-schon«.

Und dann Juan, mit dem sie kokst und die Facetten von SM erkundet. Schließlich Thomas, mit dem alles so vielversprechend leichtfüßig beginnt. Aber irgendwie stimmt was nicht in der Dramaturgie von Nähe und Distanz. Die Männer sind sehr bemitleidenswert in diesem Film, immer am Spielen, Überspielen und dabei mutterseelenallein.

Das ist der Perspektivwechsel in diesem Film. Nico Sommer perpetuiert nicht den TV-Klassiker der verlassenen Frau Ende vierzig. Er begibt sich in die verwüsteten Seelenlandschaften von Männern im selben Alter. Im Herbst 2013 kam er ins Kino – mit Erfolg. »Silvi« traf einen Nerv, weil er nicht lügt und seinen Figuren die Würde lässt. Er zeigt ihre Not, auch die der Männer, ohne sie zu denunzieren. Er nimmt sich Zeit für sie.

Eine Geschichte aus der eigenen Familie lieferte Nico Sommer das Vorbild für »Silvi«. In jedem Wort, in jedem Blick spürt man, wie nah der Film am Leben ist. Hält man das aus? Im Leben?

Wie das im Leben aussieht, notiert eine von vielen Journalistinnen, die ihre Partnersuche im Netz öffentlich machten. Atemlos protokolliert eine Frau, 48, was ihr dabei widerfährt: Nachdem sie unzählige (»gefühlt Hunderttausende«) von Männern online kontaktiert und mit manchen mehr als einen Kaffee getrunken hat, resümiert sie:

»Möchte nicht mehr dieses Gefühl haben, nur noch ein Restposten zu sein. Suche Nähe, Geborgenheit, Zuverlässigkeit. (…) Auf der Suche nach dem Richtigen finde ich Affären, komplizierte Geschichten, Streitigkeiten, schon bevor überhaupt etwas wie eine Beziehung begonnen hat. Das verbotene Wort! Mit dem man noch fast jeden Mann verscheucht! Lese Anzeigen von Frauen, die schreiben, suche erst mal nur eine Begegnung, kann auch verbindlicher werden, muss aber nicht. Und denke: Genauso muss man es formulieren, als wenn man kleine, furchtsame, in der Wildnis aufgewachsene Tiere anlocken möchte, na, komm schon, hab keine Angst, hier passiert dir doch nichts. Doch, es passiert was – das letzte Abenteuer unserer Zeit.«[179]

Alles, was auch Illouz diagnostiziert, findet sich in diesen hastigen Zeilen. Die Furcht der Männer vor »Beziehung«. Die Frau, die ihre Wünsche maskieren muss, um etwas ganz und gar Legitimes zu finden. Nähe, Vertrauen, Wertschätzung. Die Ignoranz gegenüber diesen Wünschen lässt Frauen verzweifeln. Also imitieren sie Männer. Cool auftreten, sich nichts vergeben, niemals auch nur einen Hauch von echtem Interesse signalisieren. Nichts führt zielsicherer in die Verödung. In einen Zustand, der nicht einmal mehr Liebesunglück genannt werden kann. Was bleibt, ist Leere, Überdruss. Die Dramatik des »Unglücks« gehört in eine andere Zeit. Ihm muss ein Glück vorausgehen. Das gibt es hier nicht.

Die Frau, die ihre Odyssee im scheinbaren Überangebot des Liebesmarkts beschreibt, sieht sich als »Restposten«. Bei aller Selbstironie meint sie das im Grunde ernst. Verunsichert sucht sie Halt zwischen dem letzten Stolz auf durchaus vorhandene Attraktivität und dem Wissen um den eigenen geringen Marktwert aufgrund ihres Alters. Das gespaltene Bewusstsein ist typisch für Frauen dieser Generation. Einerseits sind sie auch nach den marktüblichen Maßstäben meist attraktiv, andererseits nützt ihnen das nichts. Sie gelten als alt in den Augen der anderen. Das Traurigste an diesem Text ist das Selbstbild der Frau. Ungefiltert hat sie die Fremdbilder von außen übernommen und lässt sich von ihnen aushöhlen. Widerstand dagegen ist schwer, wir wissen es, aber er gibt jene Würde zurück, die etwa die Figur der Silvi im gleichnamigen Film auszeichnet.

Denn »Silvi« erzählt keine Geschichte über die vergebliche Suche einer Frau, der es aufgrund ihres Alters an »Sexiness« mangelt. Sie handelt von Männern, die vor lauter Suche nach der besten Option die Liebe an sich vorbeiziehen lassen, die eine Frau nicht einmal kennenlernen, geschweige denn wertschätzen können. Darum geht es. Das ist der notwendige Perspektivwechsel, den Nico Sommer im Gegensatz zu so vielen Kollegen aus der Film- und Medienbranche wagt.

Die anderen liefern Frauen und Männern weiterhin Bilder und Worte mit eindeutiger Botschaft: Frauen müssen sich ändern, Frauen müssen ihren Körper optimieren und ihre Emotionen im Zaum halten. Weil sie sonst gar nichts mehr kriegen. Als ob Frauen in diesem Alter nicht vor allem wüssten, was sie nicht mehr wollen:

Monologe, ohne auf das Gegenüber zu achten. Anrufannahme-Verweigerungs-Spiele. SMS-Nachrichten, mit denen Verbindungen gekappt werden, bevor sie entstehen können. Die Unbeweglichkeit der Gedanken, das Verharren in Gewohnheiten.

Silvi ist keine Verlassene, sondern eine unabhängige Frau, die schmerzhaft herausfinden muss, was sie will und was nicht. Am Ende der letzten Begegnung lächelt sie – und fängt wieder an. Sie ist frei, sie muss den Mann nicht mehr in Funktionen drängen, und sie übernimmt auch keine für ihn. Sie hat Zeit und Gelassenheit für die Liebe und die Leidenschaft. Vielleicht hat sie endlich auch den Mut dazu.

Genau dafür plädiert Illouz am Ende ihres Buches, bei aller Ernüchterung. Nicht für die Lüge, nicht für die Manipulation.

Ein paar Monate bevor dies geschrieben wurde, traf sich eine Freundin von uns mit ihrem neuen Freund. Nächstes Jahr wird sie fünfzig, er auch. Jeden Mittag kam er zum Essen in ihr Café. Erst nach Monaten sprach er sie an, schüchtern wie ein Teenager. Er wollte etwas wissen von ihr, er fragte nicht ab. Sie redeten stundenlang. Sonntags spazierten sie im Wald herum, verliefen sich auf Feldwegen, sie waren verliebt und sagten sich das auch.

Aber der Mann sprach nach drei Monaten von Heirat.

Die Freundin fühlte sich überrumpelt, bat um eine Pause. Er fühlte sich abgewiesen, konnte nicht verstehen, warum sie nicht sofort auf das Angebot einging. Dabei wollte sie sich einfach nur die Zeit nehmen, die sie brauchte. Wie es weitergeht, ist offen.

Kapitel V

Wie geht es weiter?

Kristina Vaillant (Arbeitsmarkt und Pflege)
und Christina Bylow (Wohnen)

Arbeitsmarkt und Pflege

Mama, wann gibt es endlich Essen?«, fragt die pubertierende Tochter. »Du musst mir die Füße salben«, fordert die an Diabetes erkrankte Mutter. »Sind die Urlaubssachen gepackt?«, fragt der Ehemann. Väter, Brüder, Ehemänner, kümmert Euch!, möchte man rufen. Ulrike und Anne, 46 und 49 Jahre alt, tun es nicht. In der ZDF-Reportage »Eine für alle. Frauen zwischen Kindererziehung und Elternpflege«[180] sieht man sie durch das Treppenhaus ihres Eigenheims jagen, immer mit dem Ziel vor Augen, die Wünsche der anderen zu erfüllen. Sie pflegen Angehörige und sorgen außerdem noch für ihre halbwüchsigen Kinder. Beide Frauen haben deswegen ihre Berufstätigkeit aufgegeben. »Die letzten Jahre hatte ich das Gefühl, ich finde gar nicht statt«, sagt Ulrike. Ihr Arbeitstag zu Hause beginnt um 6:30 Uhr morgens und endet kurz vor Mitternacht. Sie leidet unter Schlafmangel und hat in den letzten Jahren durch die Belastung stark zugenommen. Anne, von Beruf Krankenschwester, versorgt neben drei Kindern und ihrer Mutter, die im Rollstuhl sitzt, auch noch ihre schwerbehinderte Schwester. Sie sagt: »Ich fühle mich zu achtzig Prozent fremdbestimmt.« Es gebe Tage, da funktioniere sie nur. Die Stimmen der beiden Frauen verhallen im Film. Die beiden Regisseurinnen greifen die Hilferufe nicht auf, die vom Verschwinden der eigenen Person hinter den Bedürfnissen der anderen erzählen. Doch das ist die eigentliche Last auf ihrem Leben, neben dem körperlichen Kraftakt, den sie Tag für Tag vollbringen.

Frauen der Babyboomer-Generation wird jetzt zusätzlich noch die Sorge für ihre hilfe- oder pflegebedürftigen Eltern aufgetragen. Nicht immer sind die eigenen Kinder schon aus dem Haus. Anstatt nach Jahren der Doppelbelastung nun endlich zu sich selbst zu kommen, sollen sie erneut den Vereinbarkeitsspagat bestehen, im schlimmsten Fall mit Dreifachbelastung: Beruf, Pflege von Angehörigen und Sorge für die Kinder. Für alle gleichzeitig zu sorgen ist Schwerstarbeit. Zusätzlich noch berufstätig zu sein, das ist kaum zu schaffen. Es ist gut, dass der Film das zeigt. Die Botschaft, die er hinterlässt, ist aber fatal: Seht her, wie Ulrike und Anne diesen Spagat hinkriegen! Dass die Frauen dabei auf der Strecke bleiben könnten? Danach wird nicht gefragt. Die Ungerechtigkeit der Lastenverteilung stellen die Regisseurinnen nicht in Frage und erst recht machen sie sich nicht auf die Suche nach den Gründen dafür. Aus ihrer Sicht scheint allenfalls die Beziehung der Frauen zu ihren Ehepartnern gefährdet zu sein. Aber auch die Rettung der Liebe ist offenbar allein Sache der Frauen. Eine für alle!

Sorgearbeit ist Frauenarbeit

Aber stehen »alle« auch ein für die vielen Frauen, die so oder so ähnlich leben, die Tag für Tag unbezahlt für Kinder und Familie sorgen? Das vorneweg: Unbezahlte Sorgearbeit gibt es in unserer Gesellschaft, anders als Erwerbsarbeit, im Überfluss – und sie ist ungleich verteilt. 96 Milliarden Stunden unbezahlter Sorgearbeit stehen in Deutschland Jahr für Jahr 56 Milliarden Stunden bezahlter Erwerbsarbeit gegenüber. Frauen leisten zwei Drittel der unbezahlten Arbeit und ein Drittel der Erwerbsarbeit. Bei Männern ist das Verhältnis genau umgekehrt.[181]

Bei der Pflege von Angehörigen sieht es nicht anders aus. Auch hier investieren Frauen doppelt so viel Zeit wie Männer. Von den etwa 2,5 Millionen pflegebedürftigen Menschen werden zwei Drittel zu Hause versorgt, die meisten von Angehörigen, das sind vorwiegend Töchter, Ehefrauen,

Schwestern und Schwiegertöchter. Mehr als ein Viertel von ihnen gibt deshalb ihren Beruf auf. Wieder werden ihnen wegen der Unterbrechung oder der Reduzierung der Berufstätigkeit Gehaltseinbußen und Rentenabschläge zugemutet. Doch es steht noch mehr auf dem Spiel: Jetzt, in der Lebensmitte, geht es auch um ihre Gesundheit. Eine Umfrage im Auftrag der Techniker Krankenkasse ergab im Herbst 2013: Fast jeden zweiten pflegenden Angehörigen bringt die Aufgabe an den Rand eines Burn-outs, jeder dritte fühlt sich ständig nervös und gereizt, und jeder fünfte leidet unter niedergedrückter Stimmung oder Depressionen.[182] Das hat Folgen. »Nach der Pflegezeit, die durchschnittlich mehr als acht Jahre dauert, sind viele Pflegende selbst pflegebedürftig. 420 000 der pflegenden Angehörigen sind nicht nur doppelt, sondern dreifach belastet: Erwerbsarbeit, Sorge für Kinder und Sorge für pflegebedürftige Angehörige.« Davor warnt Barbara Stiegler, die sich als Wissenschaftlerin und Politikberaterin für eine geschlechtergerechte Verteilung der Lasten in der Pflege einsetzt.

Alte Menschen, die zu Hause gepflegt werden, erhalten aus der staatlichen Pflegeversicherung je nach Pflegestufe ein Pflegegeld zwischen 305 und allerhöchstens 700 Euro monatlich. Der Höchstsatz gilt bei Pflegestufe III, dann wenn Pflegebedürftige eine Rund-um-die-Uhr-Betreuung brauchen. Das Pflegegeld können sie ihren sorgenden Angehörigen überlassen, einen Anspruch darauf haben die Angehörigen nicht. Und was tut der Staat, um sie zu unterstützen? Berufstätige, die Angehörige pflegen, dürfen nach dem Pflegezeitgesetz von 2008 bis zu sechs Monate lang aus dem Job aussteigen – ein Lohnersatz wie beim Elterngeld ist allerdings nicht vorgesehen. Das Familienpflegezeitgesetz, das seit 2012 in Kraft ist, sollte Berufstätigen die Pflege von Angehörigen erleichtern. Familienpflegezeit wird aber von kaum jemandem in Anspruch genommen.[183] Das hat seinen Grund: Arbeitnehmer können zwar für einen längeren

Zeitraum, nämlich für bis zu zwei Jahre, ihre Arbeitszeit auf 15 Stunden reduzieren, aber auch hierfür erhalten sie keinerlei Lohnausgleich. Lediglich bei der Rente gibt es einen gewissen Ausgleich. Sind pflegende Angehörige bei der gesetzlichen Rentenversicherung als Pflegende gemeldet, erhalten sie bei einer drei Jahre dauernden Pflege pro Jahr 0,8 Rentenentgeltpunkte, das ist noch weniger als für die Kindererziehung.

Wie viel Geld der Staat einspart, wenn Familienangehörige pflegen, hat der Sozialverband VdK berechnet: »Der Gesamtumfang der Angehörigenpflege entspricht rund 3,2 Millionen Vollzeitarbeitsplätzen – das wären je nach zugrunde gelegtem Stundenlohn zwischen 75 und 145 Milliarden Euro Lohnkosten.«[184] Der Staat spart und bürdet den Frauen der Babyboomer-Generation wie schon bei der Kindererziehung jetzt auch noch bei der Pflege der Angehörigen ganz allein das Risiko von Einkommensverlusten und Rentenabschlägen auf. Von den gesundheitlichen Folgen ganz zu schweigen.

Für einen Heimplatz gibt der Staat mehr Geld aus. Dann bekommt ein Pflegebedürftiger aus der Pflegekasse bis zu 1550 Euro monatlich, doppelt so viel wie der höchste Satz des Pflegegeldes. Aber auch diese Summe reicht bei weitem nicht, um die Kosten zu decken. Die Betreuung in einem Altenheim wird je nach Pflegestufe mit ca. 2500 bis 3500 Euro in Rechnung gestellt. Wahrscheinlich müsste sie sogar höher liegen, wenn professionelle Pflegekräfte in Deutschland nicht so schlecht entlohnt würden.

Die Altenpflege ist ein typischer Niedriglohnsektor in Deutschland – 90 Prozent der Pflegekräfte sind Frauen. Sie verdienen durchschnittlich etwa 2000 Euro im Monat auf einer Vollzeitstelle, das sind knapp 1400 Euro netto abzüglich Steuern – für eine Arbeit, die körperlich und seelisch äußerst fordernd ist.[185] Ein Lohn, von dem man gerade so leben kann, eine existenzsichernde Rente lässt sich damit nicht erwirtschaften. Zum Vergleich: In Dänemark verdient eine Pflegeassistentin im Altenheim 2600 bis 2800 Euro, eine Pflegefachkraft kommt auf einen Stundenlohn von 25 bis 28 Euro.[186] Anders als in den skandinavischen Ländern, wo kommunale Einrichtungen dominieren, ist die professionelle Pflege in Deutschland überwiegend in privaten Händen. Die Pflegebranche ist mit vielen kleinen Unternehmen sehr unübersichtlich, lange nicht alle halten sich an den seit 2010 geltenden Mindestlohn von 8,50 Euro (West) bzw. 7,50 Euro (Ost), gewerkschaftlich organisiert sind die wenigsten Pflegekräfte. Eine Vollzeitbeschäftigung ist in der Branche die Ausnahme: Etwa zwei von drei Pflegekräften arbeiten Teilzeit, viele davon auf Basis von Minijobs – fast ohne soziale Absicherung.

Unsere Gesellschaft leistet sich eine preiswerte Pflege. Das geht nicht nur zulasten der Frauen, der Töchter, Ehefrauen und Schwiegertöchter, die für Angehörige sorgen und dafür allenfalls eine mickrige Prämie erhalten. Das trifft genauso die professionellen Pflegefachkräfte mit Niedriglohn. Und erst recht die Pendelmigrantinnen aus dem Ausland, Frauen, die Familie und Freunde hinter sich lassen, um für Deutschlands Alte zu sorgen.

Wenn Töchter und Ehefrauen ausfallen …

Deutschland werden über kurz oder lang die Pflegekräfte ausgehen. Einerseits wird es immer mehr Pflegebedürftige geben, andererseits sind immer weniger Frauen bereit, ihre Angehörigen zu pflegen. Weil sie die psychische und körperliche Belastung nicht auf sich nehmen wollen, weil sie im Beruf stehen und sich einen Ausstieg weder vorstellen noch finanziell leisten können – und weil Frauen nicht ein zweites Mal erleben wollen, dass der Vereinbarkeitsspagat zwischen Beruf und Familie einseitig zu ihren Lasten geht. In der professionellen Altenpflege laufen angesichts der miserablen Arbeitsbedingungen die Arbeitskräfte davon. Nach fünf Jahren steigen 80 Prozent der Beschäftigten aus ihrem Beruf aus oder wandern ab in Länder wie Dänemark, wo die Arbeitsbedingungen besser sind. Mehrere zehntausend Fachkräfte fehlen der Branche im Moment.[187]

Und was fiel der letzten Bundesregierung dazu ein? Sie hat 2013 eine Kampagne ins Leben gerufen, um Altenpflegerinnen aus Serbien, Bosnien oder den Philippinen anzuwerben. Auf der Internetplattform »Make it in Germany« listet die Bundesagentur für Arbeit über zehntausend Stellenangebote im Bereich Pflege auf. Es gibt Angebote, die klingen seriös, andere aber sind einer Grauzone zuzurechnen, Arbeitsverhältnisse zwischen Legalität und Illegalität. Die Arbeitgeber sind Agenturen, die ihren Kunden eine 24-Stunden-Betreuung anbieten. Als Arbeitskräfte werben sie meist Frauen aus osteuropäischen Ländern an, die dann wochen- oder monateweise im Haushalt von Pflegebedürftigen wohnen und rund um die Uhr für sie sorgen. In Deutschland hat sich dafür die Bezeichnung »System Hausengel« eingebürgert. Es ist keine Pflegearbeit zum Mindestlohn, es sind nicht einmal 450-Euro-Jobs. Es ist gar kein geregeltes Arbeitsverhältnis. Die »Hausengel« bekommen in der Regel 800 bis 1400 Euro monatlich »auf die Hand«. Wie viele unter deutschen Dächern leben, weiß keiner genau. Sicher ist aber: Die wenigsten Arbeitsverhältnisse sind legal. »Die meisten haben keine Arbeitsverträge, in denen die Arbeitsbedingungen geregelt sind. Man geht davon aus, dass nur zwei Prozent legal beschäftigt sind«, sagt Helene Ignatzi. Sie ist Sozialgerontologin und hat die Situation polnischer Pflegekräfte in deutschen Privathaushalten untersucht.[188] Sie wohnen in Einliegerwohnungen oder, wenn sie weniger Glück haben, in dunklen Kellerzimmern oder beengten Dachkammern und kümmern sich Stunde für Stunde, Tag für Tag um alte Menschen, oft um schwer pflegebedürftige. Das ist für sich genommen schon Schwerstarbeit. Daneben halten sie jedoch nicht selten auch noch den Haushalt in Ordnung, sie putzen, kochen und backen für die Familie, sie erledigen Gartenarbeiten und schippen im Winter Schnee.

Alle Frauen, mit denen Helene Ignatzi gesprochen hat, sind gut ausgebildet. Sie haben Abitur, meist auch eine Berufsausbildung, viele sogar einen Uniabschluss. Sie sind zwischen 43 und 65 Jahre alt und kommen nach Deutschland, weil sie in Polen keine Arbeit finden. Hier ersetzen sie die Angehörigen, die die Pflege nicht selbst übernehmen können, weil sie weit weg vom Elternhaus leben, weil sie sich selbst überfordert fühlen – und weil Rund-um-Betreuung nirgends kostengünstiger zu haben ist. »Diese Lösung ist attraktiv«, sagt Ignatzi. »Die Frauen sind immer präsent, immer verfügbar.« Sie zu beschäftigen ist gesellschaftlich akzeptiert.

Auch in den besseren Kreisen. Man spricht öffentlich darüber. So wie die Schauspielerin Maria Furtwängler. Zusammen mit Ursula von der Leyen berichtete sie im Magazin der »Süddeutschen Zeitung« vom 12. Juli 2013 über ihre Erfahrungen mit ihrem demenzkranken Vater. Eher beiläufig erzählt Furtwängler davon, wie sich der Jähzorn ihres inzwischen verstorbenen Vaters mit Beginn der Demenz-Erkrankung verschlimmert habe, wie schwer es gewesen sei, ihn zu waschen, und wie man nachts auf ihn habe aufpassen müssen, weil er immer aufgestanden sei. Dann erst erfahren die Leser, wer das auf sich genommen hat: »Wir hatten das System ›Hausengel‹, die kommen für vier bis acht Wochen, sind meistens Polinnen, und nach acht Wochen kommt die nächste. Es ist zwar nicht so teuer, dennoch muss man es sich leisten können«, erklärt Furtwängler auf Nachfrage der Journalistinnen. Auch der Vater von Ursula von der Leyen ist an Demenz erkrankt. Wie Betreuung und Pflege im Hause von der Leyen organisiert werden, erfahren die Leser nicht. Ursula von der Leyen spricht nur von den »Frauen, die sich im Augenblick um meinen Vater kümmern«. Was sie auch erwähnt: »Es ist unglaublich anstrengend, wenn man sieben Tage die Woche 24 Stunden mit einem Alzheimer-Kranken verbringt.« Sie weiß also genau, wovon sie spricht. Aber hat sie als Ministerin etwas dafür getan, die pflegenden Töchter zu unterstützen und die Frauen aus Osteuropa vor Ausbeutung zu schützen? Gelegenheit dazu hatte sie als Familien- und Arbeitsministerin mehr als genug. Stattdessen aber sieht der Staat weiterhin weg, wenn nicht einmal die Mindeststandards des internationalen Übereinkommens über menschenwürdige Arbeit für Hausangestellte wie faire Arbeitsbedingungen oder schriftliche Arbeitsverträge eingehalten werden (ILO-Konvention 189).[189] Die Frauen, häufig mittleren Alters, die aus Polen und anderen Ländern kommen, sind ganz auf sich gestellt. Sie sind körperlich und psychisch überfordert durch die häufig wechselnden Stellen und die schwere Pflege, die oft bis zur Sterbebegleitung geht. Die Not der Frauen, die in ihrem Heimatland keine Arbeit finden, wird in Deutschland ausgenutzt. Helene Ignatzi fordert die Legalisierung dieser Arbeitsverhältnisse. Damit die Pflegekräfte faire Arbeitsbedingungen bekommen, aber auch damit sie an Schulungen teilnehmen und sich bei Beratungsstellen Unterstützung holen können.

Pflege als gemeinschaftliche, kommunale Aufgabe

Deutschland steht nicht als einziges Land in Europa vor der Frage, wer sich heute und in Zukunft um die alten Menschen kümmern soll. Während sich zumindest bei der Kinderbetreuung inzwischen die Einsicht durchgesetzt hat, dass der Staat für eine Betreuungsinfrastruktur sorgen muss, setzt Deutschland bei der Pflege nach wie vor auf die Familie, genau genommen auf die Frauen. Wieder einmal steht die Annahme unausgesprochen im Hintergrund, dass es einen Familienernährer gibt und die Frau die Sorgearbeit deshalb unbezahlt leistet. Ist sie nicht verfügbar, duldet der Staat stillschweigend die Ausbeutung anderer Frauen.

Die skandinavischen Länder machen uns vor, dass es auch anders geht. Dort gilt die Sorge für alte und pflegebedürftige Menschen als öffentliche Aufgabe. Und diese Aufgabe orientiert sich an den Bedürfnissen der Menschen: »Ältere Menschen sollen in ihrem Wunsch nach einem selbstbestimmten Leben unterstützt werden; sie haben ein Recht auf ein Altern in Würde«, so beschreibt Cornelia Heintze[190] das Verständnis, das in den skandinavischen Ländern als Richtschnur gilt. Zuständig für Planung und Organisation dieser Altenpflege sind die Kommunen, die Gemeinden und Landkreise. Private Träger sind seit den neunziger Jahren auch zugelassen, sie spielen aber eine untergeordnete Rolle. Es sind die öffentlichen Einrichtungen, die die Standards setzen – für die Qualifikation der Pflegekräfte und für deren Bezahlung, ganz gleich, ob es um die Pflege zu Hause oder im Heim geht. Anders in Deutschland: Hier haben sich die Kommunen aus diesen Aufgaben zurückgezogen, nicht nur die häusliche Pflege, sondern auch die Pflege in Heimen ist überwiegend in der Hand von privaten Unternehmen.

Pflegekosten sozialisieren statt privatisieren

Wird Pflege als öffentliche Aufgabe betrachtet, kommt das nicht nur den alten Menschen zugute, sondern auch den pflegenden Angehörigen. Berufstätige, die für eine Zeitlang aussetzen, um Angehörige zu pflegen, erhalten in Dänemark, Norwegen und Schweden Lohnersatzzahlungen. In bestimmten Fällen kann ein Familienmitglied sogar bei der Kommune angestellt werden, um Angehörige zu pflegen. Die Kosten für ein solches Pflegesystem trägt die Gesellschaft – sie werden nicht, wie in Deutschland, privatisiert und dadurch einseitig den Frauen aufgebürdet. Dänemark hat 2010 für jeden Einwohner über 65 Jahren mehr als fünf Mal so viel ausgegeben wie Deutschland.[191] Und Deutschland nähert sich nicht etwa dem skandinavischen Standard an: In Deutschland sind die Pro-Kopf-Ausgaben der Pflegekasse für Einwohner über 65 Jahren in den letzten Jahren de facto gesunken, während sie in skandinavischen Ländern gestiegen sind. Cornelia Heintze hat die Pflegesysteme in den skandinavischen Ländern mit dem in Deutschland verglichen und wirft der Politik in Deutschland vor, sich allein an Kosten, nicht aber an den Bedürfnissen der Bürger zu orientieren: »Ziel der Politik ist es dabei, einerseits den für die Gesellschaft extrem billigen Familienpflegedienst durch etwas Unterstützung stabil und andererseits das Qualifikationsniveau der Pflegekräfte in einem Bereich zu halten, der sich mit niedriger Bezahlung vereinbaren lässt.«[192]

Ihr Vergleich zeigt aber auch, wie eine Gesellschaft profitiert, wenn die Kosten für die Pflege nicht privatisiert werden. Wenn Sorgearbeit umgewandelt wird in professionell erbrachte Dienstleistungen, profitiert die Gesellschaft dreifach: Einkommen und Wirtschaftswachstum werden generiert. Die Vereinbarkeit von Beruf und Familie wird verbessert. Und: Frauen bleiben im Alter länger gesund. In Deutschland hat die doppelte und dreifache Belastung von Frauen ihre Spuren bei der Lebenserwartung hinterlassen. Frauen in Deutschland leben zwar immer länger, aber die gesunden Lebensjahre, die sie ab 65 genießen, werden weniger. Konnten sich 65-jährige Frauen im Jahr 2005 noch auf durchschnittlich neun gesunde Lebensjahre freuen, erwarten sie seitdem nur noch zwischen sechs und siebeneinhalb Lebensjahre bei guter Gesundheit.[193]

Ältere Frauen auf dem Arbeitsmarkt

Die Art und Weise, wie ein Land die Pflege seiner alten Menschen organisiert, sagt auch viel darüber aus, wie eine Gesellschaft die Leistung von Frauen wertschätzt – oder eben nicht. Und in Deutschland wird nicht nur die Altenpflege ohne Rücksicht bei den Frauen abgeladen. In anderen Bereichen, wie der Kinderbetreuung, wo ebenfalls hauptsächlich Frauen arbeiten, sieht es nicht besser aus. Zuletzt verließ sich die Politik beim Ausbau der staatlichen Kinderbetreuung auf Tagesmütter, um die Nachfrage nach Betreuungsplätzen zu decken. »Doch ausgerechnet diese Retterinnen der Stunde sind die großen Verlierer der Familienpolitik. Tagesmütter sind fast immer unterbezahlt, oft überfordert, meist schlecht abgesichert«, schreibt die Wirtschaftsredakteurin Elisabeth Niejahr in der »Zeit« am 1. August 2013. Sie rechnet vor: Während ein Kitaplatz den Staat im Jahr etwa 36 000 Euro kostet, zahlen die Kommunen für ein Kind bei einer Tagesmutter nur 8000 Euro. Riesige Einsparungen, wiederum auf Kosten der Frauen, der älteren Frauen. Zwei Drittel der Tagesmütter sind über 40 Jahre alt.

Wertschätzung sieht anders aus

Wie wenig die Leistung von Frauen wertgeschätzt wird, das zeigte auch die Pleite des Drogeriehandelsunternehmens Schlecker im Jahr 2012. Die FDP, allen voran ihr früherer Parteichef Rainer Brüderle und der damalige Wirtschaftsminister Philipp Rösler, verhinderte die Einrichtung einer Auffanggesellschaft für die 25 000 von Entlassung bedrohten Mitarbeiterinnen. In einer Auffanggesellschaft wären sie eine Zeitlang weiter sozialversicherungspflichtig beschäftigt gewesen und hätten sich weiterqualifizieren können. Der Neustart auf dem Arbeitsmarkt wäre ihnen leichter gefallen. »Fast alle, die infolge der Insolvenz ihre Arbeit verloren haben, waren Frauen. Frauen um die fünfzig, viele ungelernt, die meisten alleinerziehend, wirtschaftlich nicht besonders interessant, weil nicht gerade kaufkräftig. Eine Frauengeneration ohne Lobby«,[194] schreibt Lara Fritzsche, eine junge, vielfach ausgezeichnete Journalistin. Sie hat drei ehemalige Schlecker-Angestellte bei der Gründung ihrer eigenen Drogerie im baden-württembergischen Bietigheim-Bissingen begleitet. Die Dienstleistungsgewerkschaft Verdi hatte die Frauen und andere, die den Sprung in die Selbständigkeit gewagt haben, bei der Gründung mit einem Genossenschaftskonzept unterstützt. »Eigentlich müssten wir Anton Schlecker sogar dankbar sein«, sagt eine der Gründerinnen in der Reportage. Und die Autorin stimmt ihr zu: »Nur weil er pleiteging, haben sie es gewagt. Nur weil sie so wütend waren, haben sie so viel Kraft aufgebracht. Weil sie zu lange abhängig waren, sind sie jetzt so selbständig.« Diese Frauen haben weit mehr erreicht, als die Politik für sie vorgesehen hatte. Philipp Rösler sprach damals herablassend von einer »Anschlussverwendung«, um die sie sich nun selbst zu kümmern hätten. Und die sieht so aus: Nach Angaben von Verdi hatten bis Ende November 2012 nur 9100 der entlassenen Schlecker-Angestellten wieder eine neue Beschäftigung. Und dabei handelte es sich fast ausschließlich um Teilzeitjobs, fast alle Stellen waren befristet und untertariflich bezahlt. Wertschätzung sieht anders aus.

Sicher, unter den Frauen, die über Jahre, oft jahrzehntelang in den Schlecker-Filialen an der Kasse gestanden, Regale eingeräumt oder die Filiale geleitet haben, mögen viele keine abgeschlossene Berufsausbildung haben. Damit gehören sie auf dem Arbeitsmarkt zu der Gruppe von Männern und Frauen, die am schwersten wieder Arbeit findet. Trotzdem teilen sie eine Erfahrung mit Frauen mittleren Alters, die hoch qualifiziert sind: den Mangel an Wertschätzung.

Die Berliner Soziologie-Professorin Christiane Funken

hat 25 erfolgreiche Managerinnen im Alter von 45 bis 55 befragt und herausgefunden: In der Lebensmitte stagniert ihre Karriere. Sie stellen ernüchtert fest, dass ihre hohen Investitionen in Ausbildung und Karriere in keinem Verhältnis zum erzielten Gewinn stehen. Als Konsequenz steigt ein Teil dieser Frauen aus dem Arbeitsverhältnis aus und geht neue Wege, andere machen weiter, aber nur »Dienst nach Vorschrift«. Vierzig Prozent von ihnen bleiben und kämpfen weiter um Anerkennung. Sechzig Prozent der Arbeitgeber nahmen in Kauf, dass die Frauen »ihre Kompetenzen, Qualifikationen und ihr überaus wertvolles, über die Jahre akkumuliertes Erfahrungswissen« abziehen. »In Zeiten des prognostizierten Fachkräftemangels und des bevorstehenden demographischen Wandels ist dies eine überaus besorgniserregende Entwicklung«,[195] schreibt Christiane Funken.

Fachkräftepotenzial oder altes Eisen?

Offiziell gehören Frauen und die über Fünfzigjährigen zu dem Reservoir potenzieller Arbeitskräfte, aus dem sich Unternehmen die vielgesuchten Fachkräfte erhoffen. Auf der Internetseite Kompetenzzentrum Fachkräftesicherung des Bundeswirtschaftsministeriums sieht das so aus: Bei der Zielgruppe Frauen sind junge Frauen um die dreißig abgebildet, bei der Zielgruppe »Generation 50 plus« ein älterer Mann mit grauem Haar und Geheimratsecken. Wie geht das also zusammen, die älteren Frauen und der Arbeitsmarkt? Wenn man nach dem Bericht der Antidiskriminierungsstelle des Bundes von 2013 geht, dann ist das ein sehr gespanntes Verhältnis. Die Hälfte aller arbeitsrechtlichen Anfragen, die die Antidiskriminierungsstelle zwischen 2009 und 2012 entgegengenommen hat, bezog sich entweder auf das Alter oder auf das Geschlecht.

Haben es Frauen in der Lebensmitte auf dem Arbeitsmarkt mit einer doppelten Diskriminierung zu tun? Darauf deutet einiges hin. Für den US-Autor und Soziologen Richard Sennett ist die Ignoranz der Arbeitswelt gegenüber dem Erfahrungswissen älterer Menschen ein Kennzeichen des »neuen Kapitalismus«. In seinem Buch »Der flexible Mensch. Die Kultur des neuen Kapitalismus« erzählt er die Geschichte von Rose, einer New Yorker Barbesitzerin mittleren Alters, die beschließt, ihre Bar zu verpachten, um bei einer Werbeagentur anzuheuern, die auf Kampagnen für die Vermarktung von Getränken spezialisiert ist. Sie erhoffte sich eine neue, interessantere Arbeit. Nach einem Jahr stand sie wieder hinter ihrem Tresen. Sie war aufgrund ihrer Erfahrung eingestellt worden, musste aber feststellen, dass ihr Wissen im Unternehmen nicht viel zählte: »Menschen mittleren Alters wurden dort wie Alteisen behandelt, Roses Erfahrung galt wenig. Alles im Büro war auf den unmittelbaren Augenblick fixiert, auf das, was hinter der nächsten Kurve liegt; wenn jemand im Imagegeschäft einen Satz mit ›Nach meiner Erfahrung‹ beginnt, wandern die Augen der anderen zur Decke.«[196] Was Sennett auch beschreibt: Rose erlebt nicht nur, wie ihr Erfahrungswissen ignoriert wird, sie bekommt auch zu spüren, dass sie mit den jungen Kolleginnen in einem Wettbewerb steht, den sie allein schon aufgrund ihres Alters nicht gewinnen kann.

Richard Sennett bringt seine Diagnose der Abwertung von Erfahrungswissen im »neuen Kapitalismus« in Zusammenhang mit dem »kürzer werdenden Zeitrahmen der Erwerbstätigkeit« und belegt das mit Zahlen. In den USA wie auch in Europa ist die Erwerbstätigkeit unter den 55- bis 64-Jährigen zwischen 1970 und 1990 stark zurückgegangen, am dramatischsten in Deutschland: von 80 auf unter 50 Prozent. Immer weniger ältere Menschen waren in Unternehmen und Organisationen sichtbar. Inzwischen wurde das Rentenalter in Deutschland angehoben, staatlich finanzierte

Frühverrentungs-Programme zurückgefahren. Das zeigt sich auch am Arbeitsplatz: Der Anteil an den 60- bis 64-Jährigen mit einem sozialversicherungspflichtigen Arbeitsplatz nimmt zu. In den fünf Jahren zwischen 2008 bis 2012 stieg er immerhin von 21 auf 28 Prozent. Das ist aber immer noch wenig, wenn man bedenkt, dass über alle Altersgruppen hinweg, also von allen Erwerbspersonen auf dem Arbeitsmarkt über die Hälfte eine sozialversicherungspflichtige Stelle hat.

Ältere sind noch dazu häufiger arbeitslos. Die Quote bei den 60- bis 64-Jährigen liegt bei 8,8 Prozent, unter allen Bürgern dagegen bei 7,3 Prozent. Wahrscheinlich liegt die Arbeitslosenquote unter den Älteren sogar noch höher, denn viele verschwinden aus der Statistik. Arbeitslosengeld-II-Empfänger, die 58 Jahre alt und darüber sind, verlieren einfach den Status arbeitslos, wenn ihnen die Agentur für Arbeit über ein Jahr kein Jobangebot mehr gemacht hat. Sie werden dann aufgefordert, ihre Rente zu beantragen. Diese Zwangsverrentung vor dem gesetzlichen Rentenalter bringt erhebliche Rentenabschläge mit sich. Besonders Frauen mit ihren geringen Rentenansprüchen drohen dann unter die Sätze des ALG II zu fallen.[197]

Nicht jeder Rat ist gut

Der Gradmesser der Wertschätzung muss sein, ob Frauen in der Lebensmitte gute Arbeit finden, Arbeit, die ihren Qualifikationen entspricht und ihnen eine unabhängige Existenz ermöglicht. Das wird in manchen Ratgeberbüchern ignoriert. Diese Autoren machen sich damit zum Komplizen der gesellschaftlichen Geringschätzung, die ältere Frauen erleben. Zum Beispiel Isabella Heuser in ihrem Buch »Glücklichmacher. So kommen Frauen entspannt durch die Lebensmitte«. Die Autorin, sie ist Direktorin der Klinik für

Psychiatrie und Psychotherapie an der Berliner Charité, schreibt über ihre Patientinnen im Vorwort: »Diese Frauen, in der Regel zwischen 40 und 60 Jahre alt, beklagen immer wieder das Gleiche: Mit zunehmendem Alter erfahren sie – ganz im Gegensatz zu Männern – weniger Anerkennung, weniger Beachtung, und das in allen Bereichen der Gesellschaft.«[198] Genau daran beteiligt sich die Autorin selbst. In ihrem letzten Kapitel »40 und aktiv weiter reifen« stellt sie Frauen vor, die einen »Neuanfang« gewagt haben. Was die Autorin darunter versteht? Entweder eine Frau hat einen gutverdienenden Mann an der Seite, der sie die beruflichen Hürden der Lebensmitte locker nehmen lässt: Eine Hautärztin und Ex-Professorengattin bekommt von ihrem neuen Lebensgefährten eine Praxis eingerichtet (»Und dann kam Hans-Joachim …«), eine andere, »ihr Mann verdient gut«, engagiert sich ehrenamtlich. Irgendwelche Alternativen in Sicht? Am Ende des Kapitels stellt Isabella Heuser unter der Überschrift »Gut zu wissen: Berufschancen für Ältere« zwei Unternehmen vor, die sie für vorbildlich hält. Eine Modefirma, die ihre »Mode für Leute ab 40« gerne von älteren Verkäuferinnen anpreisen lässt. Den Süßwarenhersteller Katjes lobt sie dafür, eine 45-Jährige, die zwei Jahre von Arbeitslosengeld II lebte, als Qualitätsprüferin am Band eingestellt zu haben.

Ist das Buch nicht vielmehr ein Unglücklichmacher? Zwischen gut versorgter Professorengattin und Verkäuferin oder Fließbandarbeiterin haben Frauen in der Lebensmitte viel mehr zu bieten. Das übergeht Heuser. Die Frage ist aber: Schätzt unsere Gesellschaft das Wissen und die Erfahrung der älteren Frauen? Ist sie bereit anzuerkennen, was diese Frauen bereits geleistet haben, und ist sie bereit, ältere Frauen ernst zu nehmen, wenn sie eine neue berufliche Aufgabe suchen?

Eva Maria Welskop-Deffaa war von 2006 bis 2012 Abteilungsleiterin im Bundesfamilienministerium, verantwortlich für Gleichstellung und Chancengleichheit. Damals brachte sie gemeinsam mit der Bundesagentur für Arbeit das Programm »Perspektive Wiedereinstieg« auf den Weg, um Frauen nach einer Familienphase den Einstieg ins Berufsleben zu erleichtern. Sie selbst wurde im Juli 2012 von der damaligen Familienministerin Kristina Schröder in den einstweiligen Ruhestand versetzt – für sie völlig überraschend. »Rauswurf der letzten Hoffnung«, titelte die »Süddeutsche Zeitung«. Nach einigen Monaten »Denkpause« entschied sich die heute 54-jährige Volkswirtin für einen beruflichen Neustart in der Arbeitsmarkt- und Sozialpolitik: Im März 2013 wurde Welskop-Deffaa mit fast achtzig Prozent der Stimmen in den Bundesvorstand der Dienstleistungsgewerkschaft Verdi gewählt.

Frau Welskop-Deffaa, die einen sagen, wer fünfzig ist und älter habe in Deutschland gute Chancen auf dem Arbeitsmarkt, die anderen sagen, die Aussichten seien schlecht, auch bei guter Qualifikation. Wie schätzen Sie den Arbeitsmarkt für Frauen um die fünfzig ein?

Eva Maria Welskop-Deffaa: Ich glaube, objektiv muss man sagen, dass die meisten Arbeitgeber umso genauer hinschauen, je näher Menschen an das Renteneintrittsalter herankommen. Das liegt einerseits daran, dass wir uns lange Jahre einen »Jugendkult« geleistet haben, andererseits wirkt die ehemals sehr beliebte Frühverrentungspraxis in vielen Betrieben nach. Ich selbst bin Jahrgang 1959 und hatte, als ich 2012 in den einstweiligen Ruhestand versetzt wurde, sehr deutlich das Gefühl, ich sollte mir jetzt nicht allzu viel Zeit lassen, wieder reinzukommen. Mit 53 ist frau noch »Anfang 50«, mit 57 fast schon »Seniorin«. Das ist die Wirklichkeit. Ich nehme aber wahr, dass wir dabei sind, diese Stereotypisierung und damit verbundene Diskriminierung zu überwinden.

Im Familienministerium haben Sie 2008 das Aktionsprogramm »Perspektive Wiedereinstieg« gestartet. Wie waren Ihre Erfahrungen?

Eva Maria Welskop-Deffaa: Das Programm, das das Familienministerium gemeinsam mit der Bundesagentur für Arbeit durchführt, zeigt, dass Frauen, die nach der Geburt eines Kindes ausgestiegen sind und dann mit 40 oder 45 Jahren den Wiedereinstieg ins Erwerbsleben unternehmen, mit einem doppelten Vorurteil zu kämpfen haben: Bist du nicht schon reichlich alt und dadurch nur eingeschränkt leistungsfähig?, lautet die erste Frage. Hinzu kommt die vermutete De-Qualifizierung durch Zeiten der Nichterwerbstätigkeit. Beide Vorurteile halte ich für unberechtigt. Ich habe das nicht nur bei mir selbst, sondern auch bei Kolleginnen und Kollegen festgestellt: Menschen, die mal raus waren aus der Mühle, sind häufig weniger verschlissen und meistens hoch motiviert. Sie haben nicht schon alle Kämpfe im Betrieb zehnmal durchgefochten. Wenn sie nach sechs, sieben Jahren wiederkommen, dann haben sie häufig richtig Lust, am Arbeitsplatz noch einmal etwas zu verändern, zu bewegen.

Wie viele Frauen haben durch das Programm wieder Arbeit gefunden?

Eva Maria Welskop-Deffaa: Die Vermittlungsquote lag bei dreißig Prozent. Das Projekt war ein Erfolg, auch weil wir die Arbeitsagentur wirklich für das Thema sensibilisiert haben. Und das ist nicht nur meine »offizielle Lesart«. Es gibt aber natürlich auch Schattenseiten. Es ist uns nämlich trotz aller Bemühungen nicht gelungen, die Vermittlung in Minijobs zu verhindern. Der Minijob war aber nicht das Ziel des Programms, sondern es geht um den Einstieg in ein sozialversicherungspflichtiges Beschäftigungsverhältnis. Wir wollten Existenzsicherheit fördern. Dazu taugt der Minijob nicht. Im Gegenteil: Der Weg aus dem Minijob in ein richtiges, existenzsicherndes Arbeitsverhältnis ist für Frauen ungleich schwerer als der direkte Weg aus der Erwerbs-unterbrechung in reguläre Beschäftigung.

Die Minijobs sind gerade für ältere Frauen in Deutschland ein Problem.

Eva Maria Welskop-Deffaa: Die schlimmsten Folgen der Minijobs zeigen sich in der Rente. Daher wird ein nicht sozialversicherungspflichtiges Arbeitsverhältnis gerade für Frauen, die älter als vierzig oder fünfzig Jahre sind, sehr gefährlich. Sie verpassen die entscheidende Chance, eigene Rentenanwartschaften zu erwerben.

Verdi fordert ebenso wie der Deutsche Frauenrat eine gründliche Reform der Minijobs, so dass diese prekären Jobs in reguläre Beschäftigungsverhältnisse umgewandelt werden. Wir wollen außerdem einen Rechtsanspruch für Teilzeitkräfte auf Rückkehr zur Vollzeit schaffen, und wir müssen vor allen Dingen auch in den Köpfen der Personalchefs und Arbeitgeber etwas verändern, damit sich die beruflichen Entwicklungschancen für Frauen über fünfzig umfassend verbessern.

Auch hochqualifizierte Managerinnen stellen fest, dass ihr Reichtum an Wissen und Erfahrung am Arbeitsplatz nicht immer geschätzt wird, wenn sie um die fünfzig sind.

Eva Maria Welskop-Deffaa: Die Studie von Professorin Christiane Funken, die das Bundesfamilienministerium gefördert hat, hat uns sehr nachdenklich gemacht. Die Frauen, die befragt wurden, das waren Frauen, die mit einem sehr großen Karriere- und Leistungswillen gestartet sind und die bereit waren, für Aufstiegschancen und Führungsaufgaben in ihrem Berufsleben zum Teil erhebliche Entbehrungen in Kauf zu nehmen. Ihnen standen auch keine Kinderkrippen zur Verfügung, sondern sie haben ihre Kinderbetreuung privat organisiert. Und sie mussten sich jahrelang mit dem Vorwurf auseinandersetzen, sie seien Rabenmütter. Sie haben häufig Studienfächer gewählt, die damals noch reine Männer-Studienfächer waren, und haben sich mit ihren männlichen Kommilitonen rumgeschlagen, und, und, und ...

Wie erklären Sie sich, dass viele dieser Managerinnen ernüchtert aussteigen?

Eva Maria Welskop-Deffaa: Irgendwann sind die Batterien einfach einmal leer. Und wenn man dann feststellt: Ich habe eigentlich alles richtig gemacht, ich habe immer gute Beurteilungen bekommen, ich habe alle Projekte erfolgreich durchgeführt, und trotzdem sehe ich keine realistische Chance, die nächste Karrierestufe zu einem Zeitpunkt zu nehmen, wo sich das für mich noch lohnt, sondern mir werden zwei, drei Mal junge Kerle »vor die Nase geknallt«, dann wirkt Enttäuschung wie ein schleichendes Gift. Irgendwann scheint die Enttäuschung so groß zu werden, dass die Managerinnen 50 plus sich sagen: So, jetzt nicht noch einmal Durststrecken und Entsagung!

Da diese Frauen finanziell häufig gut abgesichert sind und gute Netzwerke haben, entscheiden sich viele für den Ausstieg in die Selbständigkeit. So sorgen sie für eine bessere Balance aus Arbeitszeit und finanziellem Ertrag. Die Top-Positionen im Unternehmen bleiben so fest in Männerhand.

Die Unternehmen nehmen in Kauf, dass ihnen mit den Frauen das über Jahrzehnte gesammelte Wissen, die geballte Erfahrung verlorengeht. Was spielt sich da ab?

Eva Maria Welskop-Deffaa: Im Familienministerium haben wir Professor Carsten Wippermann beauftragt, eine repräsentative Studie über Frauen in Führungspositionen – Brücken und Barrieren – durchzuführen. Sie enthielt auch die Frage, ob Führungskräfte für eine gesetzliche Regelung zur Förderung von Frauen in Führungspositionen sind. Interessant war, dass die größte Ablehnung einer solchen gesetzlichen Regelung bei den Führungskräften zu beobachten war, die selber auf dem Sprung in den Aufsichtsrat oder Vorstand waren. Das sind die fünfzigjährigen männlichen Abteilungsleiter, also diejenigen, die sich als nächsten Karriereschritt wünschen, ins TOP-Management aufzusteigen.

Die direkten Konkurrenten …

Eva Maria Welskop-Deffaa: Ja, das sind die direkten Konkurrenten der Frauen, über die wir gerade gesprochen haben. Die Widerstände unter diesen Männern waren wirklich signifikant größer als bei den jüngeren Männern oder bei den Männern auf den niedrigeren Karrierestufen. Daran ist zu erkennen, mit welch harten Bandagen gekämpft wird. Etlichen Männern, die es so weit nach oben geschafft haben, ist kaum ein Mittel zu unfein, um sich weiter durchzusetzen. Und da ist vermutlich die Erwartung vieler Frauen, die von Professorin Funken interviewt wurden, nicht unzutreffend, dass die Durchsetzung gegen diese Mitbewerber noch einmal mit viel Ellbogeneinsatz und Verwundungen verbunden sein könnte.

Wie ist es Ihnen gegangen, als Sie mit 53 in den Ruhestand versetzt wurden?

Eva Maria Welskop-Deffaa: Nach dieser Erfahrung kann ich das, was diese Managerinnen durchgemacht haben, ganz gut nachfühlen. Man fängt an, besser auf sich zu achten. Ich war bisher ein eher risikofreudiger Typ und auch sehr optimistisch. Aber als die ersten Leute auf mich zukamen und gefragt haben, ob ich bei Verdi kandidieren will, da hat mich zuerst weniger die Frage umgetrieben, ob ich die Aufgabe spannend finde, sondern ich habe gedacht, oh Gott, will ich eigentlich noch einmal ein mögliches Scheitern riskieren? Das hatte gar nichts mit der Außenwahrnehmung zu tun, sondern mit meiner inneren Verfassung und einer neuen Verletzlichkeit.

Wenn man in die Zukunft blickt, liegt ein Schlüssel zur Gleich-
stellung der Geschlechter in einem neuen biographischen Ver-
ständnis, einer Lebenslaufperspektive, bei der nicht mehr streng
chronologisch unterteilt wird in eine Ausbildungsphase, eine Fa-
milienphase und eine Phase der Erwerbstätigkeit?

Eva Maria Welskop-Deffaa: Ja, denn wir müssen begreifen, dass wir in einem so langen Erwerbsleben – die Leute
steigen mit 20 oder 25 ein und sollen bis 67 durchhalten –
und in einer so dynamisch sich verändernden Erwerbswelt
nicht mehr von kontinuierlichen Erwerbsbiographien ausgehen können. Das heißt, wir müssen eine neue Rhythmi-
sierung des Erwerbslebens hinbekommen, wo jemand aus
freien Stücken sagen kann: Jetzt bin ich fünfzig, ich habe
zwanzig Jahre Karriere gemacht im Einzelhandel, ich habe
das Gefühl, wenn ich jetzt nicht ein halbes Jahr noch einmal
etwas lerne, dann verhungere ich – emotional und geistig.
Und das gilt für Frauen wie für Männer. Wir müssen Chancen bieten, damit die Menschen diese Art von Neustart hinbekommen. Entscheidungen dieser Art dürfen nicht mehr
als defizitär betrachtet, sondern müssen als etwas Positives
wahrgenommen werden. Grundsätzlich gibt es dafür bei
der Bundesagentur für Arbeit auch Zustimmung. Aber das
in den Alltag der Arbeitsagenturen, der Universitäten, der
Weiterbildungseinrichtungen und der Unternehmen so zu
integrieren, dass ein solcher Übergang dann auch eingetak-
tet werden kann, das ist eine richtige Revolution. Aber sie ist
dringend nötig.

Die Gleichstellung der Geschlechter steht und fällt auch mit der
gerechten Aufteilung von bezahlter und unbezahlter Arbeit. In
fast keinem anderen Land Europas ist sie zwischen Frauen und
Männern so ungleich verteilt wie in Deutschland. Wie kann eine
Umverteilung im Land des »Familienernährers« gelingen?

Eva Maria Welskop-Deffaa: Ich teile Ihre Einschätzung,
dass in Deutschland die Orientierung am männlichen Er-

nährer-Modell irgendwie mit der Muttermilch weitergege-
ben wird. Kürzlich sind die Ergebnisse des Jungenbeirats
veröffentlicht worden. Der Jungenbeirat wurde während
meiner Zeit im Familienministerium eingerichtet. Jungen
als Experten in eigener Sache und Männer- und Genderfor-
scher haben gemeinsam den Beirat gebildet. Seine zentrale
Botschaft ist, dass sich die Jungen, egal, ob sie einen privilegierten oder eher einen prekären familiären Hintergrund
haben, alle sehr mit der gesellschaftlichen und der Selbst-
Erwartung konfrontiert sehen, eine Familie ernähren zu
müssen. Das ist das, was sie von sich selbst erwarten, das ist,
wovon sie glauben, dass es ihre Freundin erwartet. Familienernährer ist das, was ihre Eltern ihnen mit auf den Weg geben. In dieser Dominanz war das für uns überraschend.

Die Gesetze fördern das Modell des männlichen Familienernäh-
rers, alternative Modelle fördern sie eben nicht. Auch das prägt
die Realität und leitet die Entscheidungen.
  Eva Maria Welskop-Deffaa: Ja, das stimmt. Ich persönlich finde, dass die steuer- und sozialrechtlichen Privilegie-
rungen des Minijobs fallen müssen. Die sind wirklich fatal.
Ich bin auch bei der beitragsfreien Mitversicherung der Ehefrau in der Krankenkasse skeptisch. Ich sehe hier einen er-
heblichen Fehlanreiz. Auch die Steuerklassenkombination 3
und 5 sollten wir abschaffen, die ist überflüssig wie ein Kropf
und bietet viel zu viel Raum für Fehlinterpretationen. Die
Frauen mit der Steuerklasse 5 sehen die hohen Abzüge auf
ihrer Lohnsteuerkarte und denken, die Arbeit lohne sich für
sie gar nicht.

Glauben Sie, dass es den jungen Frauen anders ergehen wird?
  Eva Maria Welskop-Deffaa: Ich bin mir nicht sicher, wie
das ausgeht mit der nächsten Generation. Die jungen Frau-
en schauen ja ziemlich genau, was passiert mit der Generation meiner Mutter, meiner Tante. Und wenn da zu viel Un-

stimmigkeit ist, wenn sie das Gefühl haben, jetzt hat meine Mutter sich ihr ganzes Leben lang abgekämpft und steht am Ende vor den Scherben, was soll da die jungen Frauen animieren?

Insgesamt bin ich optimistisch. Aber den Leuten, die sagen, kümmert euch nicht so sehr um die älteren Frauen, es ist vor allem wichtig, dass wir die jungen Frauen fördern, antworte ich: Das ist totaler Quatsch. Wenn unsere Generation nicht optimistisch bleibt und nicht zufrieden etwas vorlebt von dem Erfolg der Gleichstellung, dann müssen wir uns hinterher nicht wundern, wenn die jungen Mädchen demotiviert werden. Gleichstellungspolitik aus einer Lebenslaufperspektive heraus muss das ernst nehmen! Deshalb sind die Aufwertung der Kindererziehungszeiten für vor 1992 geborene Kinder, faire Wiedereinstiegschancen für Frauen jenseits der vierzig und gute Karriereaussichten für Managerinnen 50 plus die Bausteine einer zukunftsgerichteten Gleichstellungspolitik. Davon werden mit ihren Müttern auch die jungen Frauen von heute profitieren.

Unternehmen mit Ideen

Es gibt Unternehmen, die es ernst meinen, die ausdrücklich ältere Frauen als Mitarbeiter gewinnen wollen. Weil sie sie brauchen, die Fachkräfte, die immer knapper werden. Das Leverkusener Chemie-Unternehmen Lanxess annoncierte 2012 ein Stellenangebot, das sich gezielt an »hochqualifizierte Akademiker nach langer Familienphase« richtete. Die Zeitschrift »Stern« berichtete im Februar 2013 über dieses in Deutschland einzigartige Traineeprogramm.[199] Die Reporterin Doris Schneyink erzählt die Geschichte der 48-jährigen Unternehmensberaterin Erika Lipfert, die, anders als geplant, vor über zwanzig Jahren aus ihrem Job ausgestiegen war, weil es keine zuverlässigen Betreuungsmöglichkeiten für ihre drei Kinder gab. Nach über hundert vergeblichen Bewerbungen und Angeboten für 400-Euro-Jobs durchläuft sie nun zusammen mit zwölf weiteren Frauen und einem Mann, der sogar achtzehn Jahre wegen seiner Kinder aus dem Beruf ausgestiegen war, bei Lanxess das 18-monatige Senior-Traineeprogramm. Der Geschäftsführer ist vom Konzept überzeugt: »Wir wollten bewusst ältere Mitarbeiter gewinnen«, sagt Jörg Hellwig, »weil ihre Erfahrung im Zusammenspiel mit jungen Hochschulabsolventen sehr wichtig ist. Das Programm ist so sinnvoll, wir fragen uns, warum wir nicht schon früher darauf gekommen sind.«[200] Eine neue Ausschreibung ist für März 2014 vorgesehen.

Auch die Bank Ing-Diba setzt auf Ältere, um ihren Nachwuchs zu sichern. Und das schon seit vielen Jahren. 2006 hat die Bank ein Ausbildungsprogramm für über Fünfzigjährige aufgelegt. Zunächst wurden »Servicefachkräfte für Dialogmarketing« ausgebildet, seit 2011 lautet das Berufsziel »Bankassistent«. Zwei Drittel der Auszubildenden sind Frauen. Werden sie übernommen, dann bietet das Unternehmen ihnen eine reguläre Beschäftigung – keine 400-Euro-Jobs. Ing-Diba zählt übrigens mit Katharina Herrmann, Jahrgang 1968, als Vorstandsmitglied zu den wenigen Banken in Deutschland, die eine Frau im Vorstand haben.

Diese Unternehmen haben es vorgemacht. Es ist Zeit, dass ihre Ideen Nachahmer finden. Offenbar sind viele Unternehmen, viele Institutionen und ihre Vorstände noch nicht so weit. Aber immer mehr erkennen vielleicht den »historischen Möglichkeitsraum für die Verbesserung der Karrierechancen von Frauen«,[201] der sich nach Ansicht von Sozialforschern jetzt auftut. Wenn diese Chance genutzt werden soll, dann muss diese Öffnung auch den älteren Frauen zugutekommen. Das bedeutet, dass Altersbegrenzungen bei Stellenbesetzungen fallen müssen, solche, die unausgesprochen bleiben, und solche, die formal festgeschrieben sind. Zum Beispiel an Deutschlands Universitäten. Mit einem Frauenanteil von etwa 19 Prozent unter den Professoren gehört Deutschland zu den Schlusslichtern in Europa. Das ließe sich schnell ändern, wenn man jetzt auch ältere Kandidatinnen nachrücken ließe. Denn jetzt und in den kommenden Jahren werden so viele Professorenstellen frei wie nie zuvor. Bis zum Jahr 2019 scheiden bis zu 11 000 Professorinnen und Professoren aus Altersgründen aus.[202] Werden diese günstigen Umstände genutzt, um den Frauenanteil zu steigern, werden in Zukunft Frauen überall dort leichter in Führungspositionen nachrücken können, wo sie bisher eher als Eindringlinge wahrgenommen werden und wo sie sich als Einzelkämpferinnen behaupten müssen. Denn erst mit einem Frauenanteil von dreißig Prozent ist eine »kritische Masse« erreicht. Erst ab dieser Grenze setzt ein Kulturwandel ein, der dafür sorgt, dass Arbeitsklima und Arbeitskultur auch für Frauen einladend sind.[203]

Abschied vom Wolkenkuckucksheim:
Wie Frauen wohnen werden

Den Bundestagswahlkampf im Herbst 2013 führte die SPD auch mit Slogans gegen die Explosion der Mieten. Bezahlbarer Wohnraum gehört schließlich zum Kerngebiet der Sozialdemokraten. Doch als Peer Steinbrück, im Jahr 2013 SPD-Kanzlerkandidat, kurz vor der Wahl von Talkmasterin Sandra Maischberger gefragt wurde, wie er jetzt Geld anlegen würde, antwortete er ohne zu zögern: »Ich würde es wahrscheinlich meinen Kindern zur Verfügung stellen – für eine Eigentumswohnung.« Dieser Satz sagt mehr aus als die Versprechungen seiner Partei, Mieter vor dem Würgegriff der Immobilienbesitzer zu bewahren. Hier weiß jemand offensichtlich genau, dass es um den Schutz der Mieter vor den Forderungen der Eigentümer in Zukunft nicht gut bestellt ist und Eigentumswohnungen Renditen abwerfen. Sonst könnte man das Geld ja auch anders investieren – und Mieter bleiben.

Die Eigentumswohnung ist im Zug der Euro-Krise zum Inbegriff für Sicherheit geworden. Inzwischen nimmt die Gier nach der Immobilie in Deutschlands Großstädten irrationale Züge an. Selbst Studenten, die noch nie ein eigenes Einkommen hatten, reden vom Kauf einer Wohnung. Fast jeder, der es geschafft hat, Wohnungsbesitzer zu werden, tut das stolz kund. Keiner geniert sich mehr zuzugeben, dass er sein Wohn-Eigentum, nicht selbst erwirtschaftet hat. Mit der Finanzierung aus der Familienschatulle liegt Steinbrück ganz im Trend.

Schnell sein muss man auf dem Markt, die Preise steigen täglich. Mieter werden bald ein Synonym für Abgehängte sein. Selbst in Städten, in denen Mieter bis vor kurzem den

Markt bestimmten – wie in Berlin –, sind sie inzwischen unter einen nie gekannten Druck geraten. Kapitalanleger aus ganz Europa, insbesondere Investoren aus hochverschuldeten Staaten wie Italien, legen in der deutschen Kapitale das Geld in Immobilien an und erwarten satte Renditen. Berlins SPD, die zusammen mit der CDU die Stadt regiert, unternimmt nichts dagegen, im Gegenteil, sie hat selbst mit dafür gesorgt, dass der soziale Wohnungsbau im letzten Jahrzehnt eingestellt wurde und zwischen 1999 und 2006 gut 120 000 landeseigene Wohnungen an private Investoren verkauft wurden.[204]

Derzeit können Vermieter auf dem freien Wohnungsmarkt in Berlin den Mietzins alle drei Jahre innerhalb der gesetzlichen Grenzen um 15 Prozent der Netto-Kaltmiete erhöhen. An anderen Orten in der Republik sogar um 20 Prozent. Außerdem können 11 Prozent der Modernisierungskosten für das Haus auf die Mieter umgelegt werden. Es lässt sich ausrechnen, was eine Mietwohnung dann in zehn oder zwanzig Jahren kosten kann. Die Formel für die Verdrängung der Älteren und Ärmeren aus der Großstadt ist ganz einfach: Die Mieten steigen, die Renten fallen. Noch verdeckt der Wohlstand der heutigen Alten die schwierige Zukunft der Nachfolgenden. Doch die ersten Anzeichen sind in Berlin schon sichtbar.

»Die graue Wohnungsnot« wird weiter voranschreiten, hieß es in einem Artikel in der »Berliner Zeitung«:

»Deutschland wird älter – und die Rentner ärmer. Die Zahl der Menschen über 65 Jahren wird nach Berechnungen des Instituts (gemeint ist das Pestel-Institut) auf Grundlage der jüngsten Zensus-Zahlen bis zum Jahr 2035 um 40 Prozent gegenüber heute zunehmen. Es ist die Babyboomer-Generation, die dann in Rente geht – und viele von ihnen werden auf den Staat angewiesen sein, um zu überleben. Niedriglöhne, prekäre Selbständigkeit und Arbeitslosigkeit führen dem Institut zufolge dazu, dass in den kommenden zwanzig Jahren mehr als jeder vierte Rentner von Altersarmut betroffen sein wird.«[205]

Wie so viele Veröffentlichungen zum Thema Altersarmut erwähnt aber auch dieser Artikel die verschärfte Situation für Frauen mit keinem Wort.

Dabei trifft Frauen diese Entwicklung gleich doppelt: Mit zunehmendem Alter leben sie häufiger allein als Männer,[206] ihr Einkommen und ihre Renten sind deutlich niedriger. Schon heute könnte ein Großteil der Frauen die Miete von ihrer erwarteten Rente nicht bezahlen.

Die Hoffnung dieser Frauen, mit dem elterlichen Häuschen in Dinslaken, Weiden in der Oberpfalz oder Lünen einmal die Eigentumswohnung in einer Groß- oder Mittelstadt zu finanzieren, erweist sich schon jetzt als Illusion. Nicht nur, weil Grundbesitz in solchen Lagen drastisch an Verkehrswert verloren hat, sondern auch weil das Häuschen in vielen Fällen die Kosten für Pflege und Heim der Eltern decken muss. Siebzigjährige »Kinder« werden kaum in der Lage sein, ihre hochaltrigen Eltern zu pflegen. Viele allein lebende Frauen werden auch gar nicht die Mittel haben, den Eltern einen Heimplatz zu bezahlen.

Der – gemessen an früheren Generationen – hohe Lebensstandard, den Rentner heute haben, ist ein vorübergehendes Phänomen. Nie wieder wird es so viele gutsituierte alte Frauen geben, die, verglichen mit ihren Töchtern, dafür wenig oder gar keine Erwerbsarbeit geleistet haben. Bei vielen Frauen um die fünfzig ist die Kluft zwischen den Generationen schon deutlich sichtbar. Hier die alleinerziehende Frau mit zwei Kindern in der Drei-Zimmer-Mietwohnung einer Großstadt. Gerade hat der Neu-Eigentümer bekanntgegeben, dass er die Miete um 15 Prozent erhöhen will. Wichtigtuerisch schreiten Makler und Maklerinnen durchs Treppenhaus und schwadronieren vom Zwei-Millionen-Dachgeschoss, mit dem sie die heruntergekommene Gründerzeitburg aufwerten und für eine solventere Klientel interessant machen wollen. Die Hausgemeinschaft versammelt sich zur Beratung im Innenhof. »Jetzt werden wir gentrifiziert«, sagt eine Mieterin. Sie weiß, dass sie die Miete nicht mehr lange zahlen kann, wenn die Steigerung voll ausgeschöpft wird.

Am anderen Ende der Republik leben ihre Eltern. Die gesunden Mittsiebziger bewohnen allein das 200 Quadratmeter große Haus im Vorort einer beliebten Mittelstadt. Sie können es sich leisten, eine in sich geschlossene Drei-Zimmer-Wohnung im Haus leer stehen zu lassen. Die zu vermieten macht viel zu viel Mühe, schließlich ist das agile Gespann zu jeder Jahreszeit unterwegs. Während die Tochter für zwei Wochen Urlaub im Jahr sparen muss, sind die Eltern nach Lust und Laune auf Reisen, Fünf-Sterne-Hotels sind außerhalb der Saison ja günstig.

Ist diese Tochter kleinlich, wenn sich tief innen ein leiser Widerwille gegen die ungleiche Verteilung der materiellen Ausstattung regt? Man wird ihr das vorwerfen. Die Vorstellung von familiärem Ausgleich zwischen jung zu alt ist tief eingeschrieben, auch wenn sie längst nicht mehr der Realität entspricht. In diesen Vorstellungen schulden die Jungen im reifen Erwachsenenalter den Alten etwas, nicht umgekehrt. Denn die Alten waren in früheren Generationen diejenigen, die von den Jüngeren unterstützt wurden oder es zumindest erwarteten.

Nun kehrt sich das um, übrigens nicht nur bei alleinerziehenden Müttern. Auch andere Frauen mit brüchigen Erwerbsverläufen können ihre Eltern nicht finanziell unterstützen. Ältere Frauen halfen mit ihrer Pflegekraft, wie eine inzwischen 76-jährige ehemalige Rechtsanwalts- und Notariatsgehilfin, die ihre am Ende fast blinde Mutter zu sich geholt und in ihrer kleinen Drei-Zimmer-Wohnung versorgt hat. Viele Jahre zuvor hatte sie ihre beiden Töchter ohne jeden Unterhalt vom Vater allein großgezogen. Das sind Lebensleistungen, die bisher vor allem von denen für selbstverständlich gehalten wurden, die das nie auf sich nehmen würden.

Mit solcher Aufopferung ist bei den Frauen, die heute an der Schwelle zum letzten Lebensdrittel stehen, nicht mehr zu rechnen. Sie versuchen, sich selbst ein sicheres Fundament zu schaffen. Sie planen, wie sie wohnen, ohne sich auf einen Mann oder eine Frau an ihrer Seite zu verlassen. Von diesen allein oder mit Kindern lebenden Frauen wird es in den Großstädten immer mehr geben. Sie verheiraten sich nach einer Scheidung viel seltener wieder als Männer. Ein etwa sechzigjähriger Mann heiratet mit fast neunzigprozentiger Wahrscheinlichkeit eine Frau, die deutlich jünger ist als er, meist mehr als zehn Jahre.[207] Frauen tun das äußerst selten. Früher hat man die ledigen Frauen jenseits der vierzig »alte Jungfern« genannt. Heute gelten sie als »alleinstehend«, was kaum freundlicher klingt. Das Attribut »unabhängig« ziehen feministisch geprägte Frauen vor. Und was tun diese unabhängigen Frauen? Sie suchen ein Projekt. Ein Wohnprojekt. Und stoßen unter dem Stichwort Frauenwohnen im Netz vielleicht auf Jutta Kämper. Noch immer ist die inzwischen 81-jährige Soziologin »Vertretungsberechtigter Vorstand« des Vereins »BeginenWerk« in Berlin. Sie war die treibende Kraft, als sich Mitte der neunziger Jahre Frauen zusammentaten, um »selbstbestimmte und gemeinschaftsorientierte Wohn- und Lebensformen für Frauen zu fördern«. So lautete das Ziel in der Projektbeschreibung. Immerhin leben in Berlin etwa 600 000 Frauen allein.

Auf ihrem Balkon mit Blick über die Baumkronen hinweg in den Kreuzberger Himmel serviert Jutta Kämper Tee, während sie knapp zwei Jahrzehnte der schwierigen Baugeschichte Revue passieren lässt. Auf der Hochbrücke in Sichtweite quietschen die gelben Waggons der Linie U1. Mit seinen geschwungenen Balkonen und der vielfarbigen Glasfassade erscheint das Haus trotz seiner sieben Stockwerke und 53 Parteien leicht und elegant. Viele Jahre war Jutta

Kämper mit dem Fahrrad in Berlin herumgefahren und hatte nach leeren Grundstücken Ausschau gehalten. Da sie lange für die Internationale Bauausstellung in Berlin gearbeitet hatte, kannte sie sich mit den Verwaltungsstrukturen aus und ließ das unbebaute Grundstück in Kreuzberg für ein Frauenwohnprojekt sichern. Die ursprünglich dort geplante Sporthalle war vom Bezirk aufgegeben worden. Doch erst ein niederländischer Investor konnte das Projekt realisieren, nachdem im Jahr 2003 die ursprünglich als Bauträgerin vorgesehene Berliner Bau- und Wohngenossenschaft ausgestiegen war. Durch den Wegfall der »Anschlussförderung im Sozialen Wohnungsbau« im Land Berlin hatte die Berliner Bau- und Wohngenossenschaft keinen Kredit mehr bekommen und konnte deshalb die Vorfinanzierung nicht übernehmen. Von 2005 an wurde mit einem privaten Investor weitergeplant. Spätestens zu diesem Zeitpunkt war klar, dass es sich um den Bau von Eigentumswohnungen handeln würde. Ausschließlich für Frauen. Männer können (mit-)einziehen, aber kein Eigentum erwerben. Natürlich aber darf eine Wohnung an einen Sohn vererbt werden. Eigentum ist geschützt, auch vor ideologischen Ausschlusskriterien.

Die Maisonette-Wohnungen haben einen direkten Zugang zur Dachterrasse, die Gemeinschaftseigentum aller Bewohnerinnen ist, ebenso wie der große Gemeinschaftsraum, der Garten und die Gästewohnung. Diese gepflegte Idylle liegt nur ein paar Schritte entfernt vom Bahnhof Kottbusser Tor, einem Treffpunkt von Junkies und Dealern. Der schlechte Ruf des Quartiers habe wahrscheinlich Frauen mit jüngeren Kindern nicht dazu animiert, hier eine Wohnung zu kaufen, meint Kämper. Nur ein einziges Kind wuchs im ersten Haus des BeginenWerks in Berlin auf. Alleinerziehende Frauen konnten sich die Wohnungen ohne die Hilfe ihrer Familien nicht leisten. Die Preise von ca. 2100 Euro pro Quadratmeter im Jahr 2007 konnten nur von gutverdienenden oder vermögenden Frauen und von Erbinnen bezahlt werden. Inzwischen würde ein Neubau dieser Qualität aufgrund gestiegener Grundstückspreise etwa 1000 Euro pro Quadratmeter mehr kosten.

Bezogen wurde der Bau am Erkelenzdamm in Kreuzberg im Jahr 2007. Aufgrund der großen Nachfrage folgte ein zweites Haus mit Eigentumswohnungen für Frauen im Jahr 2011, ein drittes ist im Bau.

Was ist von der Tradition der Namensgeberinnen geblieben? Im Mittelalter schlossen sich ledige und verwitwete Frauen als Beginen zu religiösen Gemeinschaften zusammen, die nicht unter der Herrschaft von Kirche und Klerus standen. In den Beginenhöfen wurde unabhängig gewirtschaftet. Das Eigentum der Frauen wurde der Gemeinschaft zur Verfügung gestellt. An die Idee von Frauengemeinschaften, nicht aber an die Idee materieller Besitzlosigkeit und frommer Lebensgestaltung knüpfte die Frauenbewegung an. Von den Beginenhöfen blieb in der Berliner Version nicht einmal mehr der Name. Unter dem Oberbegriff »Frauen Wohnen im 21. Jahrhundert« folgt das Projekt deutlich den Zeichen der Zeit: Eigentum statt Genossenschaft oder Miete. Das hat zur Folge, dass hier vor allem Frauen Wohneigentum erwerben, die nicht der Babyboomer-Generation angehören. Frauen um die sechzig und darüber. Sie sind verwitwet oder geschieden und haben keine Lust mehr, die »Hüterin des Familienmuseums«, so Kämper, in einem viel zu großen Einfamilienhaus irgendwo im Westen der Republik zu sein.

Beim neuesten Projekt zeichnet es sich bei den Treffen der Interessentinnen ab: Es sind Frauen dabei, die mit der Beginen-Idee wohl nicht allzu viel zu verbinden scheint. Sie ziehen im Alter nach Berlin, weil die Tochter oder der Sohn dort lebt. Ganz traditionell stellen sich diese Frauen dann für die Betreuung der Enkelkinder zur Verfügung. Oder sie kommen wegen des kulturellen Angebots und wollen nicht in der Anonymität einer Großstadt leben. Die meisten stehen kurz vor der Rente, sind kinderlos und gelangten in stabileren Zeiten auf feste Stellen innerhalb des Uni-Milieus oder des öffentlichen Diensts. Solche Frauen zahlen Eigentumswohnungen in Frauenwohnprojekten, ohne sich Gedanken darüber machen zu müssen, wovon sie hinterher leben. Das können die meisten nur schaffen, wenn sie bereits Wohneigentum haben – geerbt oder in früheren Zeiten günstig gekauft. Die Wohnungen sind überaus begehrt. Deshalb kommt es vor, dass Frauen gleich zwei Wohnungen kaufen – und dann in keine von beiden einziehen. Aus beruflichen oder familiären Gründen leben sie erst einmal noch ein paar Jahre woanders – und kommen dann mit knapp siebzig in ihre Eigentumswohnung zurück. In der Zwischenzeit vermieten sie ihre Wohnungen zum ortsüblichen Verkehrswert. Und der steigt. Eigentum ist geschützt, auch vor noch so sozialen Ideen. Drin ist, wer zahlen kann. Ist das wirklich »gemeinschaftsorientiert«?

Wenn die Kommunen etwas gegen die absehbare spätere Wohnungsnot von Frauen der geburtenstarken Jahrgänge tun wollen, müssen sie heute dafür sorgen, dass Grund und Boden nicht vollständig an private Investoren verkauft werden.

Es gibt andere Modelle. Etwa das Generationen-Wohnprojekt »Amaryllis« in Bonn. Wer einzieht, zahlt eine Einlage von 300 Euro pro Quadratmeter plus monatlicher Nutzungsgebühr, die etwas unterhalb des Mietspiegels liegt. Die Einlage wird beim Auszug wieder zurückgegeben. Die Miete beträgt 8,70 Euro pro Quadratmeter und soll stabil gehalten werden. In drei Mehrfamilienhäusern (Baujahr 2006/07) mit gemeinsamen Gärten und Gemeinschaftsräumen wohnen hier Familien ebenso wie alleinstehende alte Menschen. Wer hier lebt, hat einen langen Prozess des Kennenlernens durchlaufen. Die Wahrscheinlichkeit, dass jemand auszieht, ist gering. Es gibt im »Amaryllis« keine Fluktuation.

Oder das Schammatdorf in Trier. Es ist eines der ältesten Wohnprojekte in Deutschland und inzwischen durch eine prominente Bewohnerin, Malu Dreyer, 52, rheinland-pfälzische Ministerpräsidentin, auch bundesweit bekannt geworden. Das 1979 bezogene Dorf besteht aus einer Reihe von Häusern, die jeweils in einem Halbkreis angeordnet sind. Dreihundert Menschen leben hier, Alte, Junge, Familien mit Kindern, Singles, Paare, Behinderte, nicht Behinderte. Es gibt ein Gemeindezentrum und einen »kleinen Bürgermeister« für das Dorf. Manche Mieter haben ihre Wohnungen gekauft, andere nicht. Mit einem Quadratmeterpreis von 5,40 Euro Kaltmiete ist das Wohnen im Schammatdorf bezahlbar. Malu Dreyer, die ins Schammatdorf zog, als sie noch Sozialdezernentin in Mainz war, hat die politische Dringlichkeit des Themas schon lange erkannt. »Ich habe die Vision, dass in jeder Kommune in unserem Land gemeinschaftliche Wohnprojekte entstehen.« So steht es in ihrer Regierungserklärung.[208]

Berlin, einst Ideenpool solcher Initiativen, scheint sich damit schwerzutun. Eine Neuauflage der längst eingestellten Internationalen Bauausstellung – des Forums für das Wohnen und Bauen der Zukunft – für das Jahr 2020 wurde im Sommer 2013 abgesagt. Sie sei nicht finanzierbar. Dabei wäre eine öffentliche Diskussion über die Zukunft der letzten großen Brachen dringend notwendig.

Was zum Beispiel geschieht mit dem Tempelhofer Feld, den ehemaligen Start- und Landebahnen des geschlossenen Flughafens Tempelhof? Auf der Website der »Tempelhofer Freiheit«, die im Auftrag der Senatsverwaltung für Stadtentwicklung und Umwelt über die Planung informiert, finden sich unter anderem die Rubriken »Genossenschaftliches Wohnen« und »Förderung von generationsübergreifenden Wohnprojekten«.

Die drei beteiligten Wohnungsbaugesellschaften stehen in den Startlöchern. Schon im Frühjahr 2016 sollen die ersten

Wohnungen am Rand des Felds gebaut werden. Die Hälfte davon sollen solche mit relativ niedrigen Mieten sein, zwischen 6 und 8 Euro pro Quadratmeter. Ob es wirklich zum Wohnungsbau kommt, hängt jedoch vom Ausgang eines Bürgerbegehrens ab. Eine Bürgerinitiative fordert den »100-prozentigen« Erhalt der innerstädtischen Freifläche als Park. Sie glaubt den Reden vom bezahlbaren Wohnraum nicht. Initiativen wie diese sind ein Zeichen dafür, wie die Kommunen ihre Glaubwürdigkeit verspielten.

Epilog:
Verstehen, nicht fürchten

Dieses Buch hatte eine längere Inkubationszeit. Zwischen der Ahnung, dass in diesem Land etwas schiefläuft für die Frauen um fünfzig bis hin zur Gewissheit, dass es sich um handfeste Ungerechtigkeiten handelt, lagen Monate intensiver Arbeit. Barbara Riedmüllers Studie über die geringen Renten von Frauen der geburtenstarken Jahrgänge war einer der wichtigsten Impulse, dieses Buch zu schreiben. Ihre Forschungsergebnisse haben uns zugesetzt, aber sie haben uns nicht gelähmt. Wir haben weitergelesen, Experten befragt, uns mit Kollegen und Freunden – nicht nur in unserem Alter – ausgetauscht und dabei gespürt, dass wir mit unserem Unbehagen nicht allein sind. Auch unter jüngeren Frauen gibt es inzwischen einige, die wissen, dass sie sich nicht auf die Errungenschaften älterer Generationen verlassen können, wenn es um Gleichberechtigung geht. Auch ihnen werden nicht selbstverständlich die gleichen Zugangschancen zum Arbeitsmarkt und gleicher Lohn zugestanden wie gleichaltrigen Männern. Auch sie sind mit stereotypen Vorstellungen darüber konfrontiert, was eine Frau kann und was nicht. In dem Dokumentarfilm »Alphabet« aus dem Jahr 2013 etwa sieht man eine Gruppe aufstrebender Unternehmensberater von McKinsey. In lockerer Runde sagt einer der jungen Männer unter ihnen, eine Frau Anfang dreißig sei für ein Unternehmen eine »Zeitbombe«. In Berlin haben sich junge Frauen, Gründerinnen von Start-up-Unternehmen in der IT-Branche, zusammengetan, weil sie nicht mehr ertrugen, wie ihnen von männlichen Kollegen die Kompetenz auf technischem Gebiet abgesprochen wurde. Viele junge Frauen wollen nicht lieber schön als schlau sein, trotz omnipräsenter Sexiness- und Attraktivitäts-Normen. Diese jungen Frauen sind streitbar, sie wissen, dass sie sich früh gegen subtile Ausschlussstrategien wehren müssen. Denn nur weil es von ihnen, den jungen Leuten, in Deutschland so wenige gibt, heißt es noch lange nicht, dass sich junge Frauen keine Sorgen um ihre berufliche Zukunft machen müssen.

Wir, die Frauen, die in den sechziger Jahren geboren wurden, waren viele. Der Zugang zum Arbeitsmarkt war nicht nur aufgrund unseres massenhaften Vorkommens, sondern auch aus wirtschaftlichen Gründen schwierig. Wir erreichten meist höhere Bildungsabschlüsse als unsere Mütter, gingen voller Elan in den Beruf – und wurden jäh ausgebremst, als wir Kinder bekamen. Auf die Zumutungen, die den Frauen unserer Generation schon viele Jahrzehnte zuvor aufgehalst wurden, haben wir in jüngeren Jahren nicht mit angemessenem Ärger geantwortet.

Zu lange wurde geschwiegen über die in Deutschland besonders drastische Lohnungerechtigkeit zwischen Männern und Frauen, zu lange haben wir uns ein katastrophales Betreuungsmängelwesen für unsere Kinder gefallen lassen, zu lange haben sich Frauen in Fehden über das falsche und richtige Muttersein gegenseitig bekämpft. Zu lange haben sie für andere gesorgt und sich selbst dabei aus den Augen verloren. Die Quittung dafür bekommen wir jetzt. Sie kommt in Form des »Rentenbescheids« ins Haus und konfrontiert uns mit der bitteren Bilanz unseres Lebens – und der Wahrheit über ein Lebenskonzept, das Frauen auch heute noch nahegelegt wird: Die Mehrheit der 40- bis 50-jährigen Frauen arbeitet in Deutschland Teilzeit. Auch siebzig Prozent der Minijobs, jener schändlichsten Erfindung des Arbeitsmarkts, wird von Frauen dieser Altersgruppe erledigt. Sie alle erwarten eine Rente weit unter dem Existenzminimum. Es sind keine Einzelfälle, »Einzelschicksale«, wie es früher hieß, und schon gar nicht haben diese Frauen ihr Leben selbst vermasselt, wie ihnen die Ideologie der »Wahlfreiheit« suggeriert. Diese Ideologie leugnet die Existenz jedweder Rahmenbedingungen. Sie leugnet den Einfluss von Herkunft und Geschlecht. Sie schiebt dem Einzelnen die Schuld zu, wenn er fällt. Was die Frauen unserer Generation betrifft, ist diese Ideologie besonders fatal: Denn einerseits wurde die »Selbstaufgabe« einer Mutter noch immer selbstverständlich gefordert, andererseits wird gerade das Sorgen für andere am Ende gnadenlos und bis zur Existenzgefährdung hin abgestraft. Diejenigen, die sich kümmern, sind am Ende die Dummen. Aber keine Gesellschaft kommt ohne die »Kümmerer« aus.

In Politik und Gesellschaft hat sich in den vergangenen zwanzig Jahren ein fundamentaler Wechsel vollzogen. Weg vom »Gemeinwohl«, hin zum selbstverantwortlichen Individuum, das für alles selbst zuständig ist. Nein, wir rufen nicht nach dem Staat, der alles für uns regeln soll, wir reden nicht der Entmündigung und Bevormundung das Wort. Aber ein Staat, der ganze Gruppen der Bevölkerung fallenlässt, indem er sie mit einem für Frauen besonders ungerechten Rentensystem belastet, ein Staat, der sich an der Norm des 45 Jahre ununterbrochen erwerbstätigen männlichen »Eckrentners« orientiert, befördert und billigt die existentielle Not älterer Frauen.

Die Reformen des letzten Jahrzehnts setzten auf Eigenverantwortung auch bei den Frauen, die nicht ausschließlich für sich selbst, sondern sehr viel für andere gesorgt haben. Unter anderer Gesetzgebung haben sie sich auf eine nun für sie höchst ungünstige Verteilung von unbezahlter und bezahlter Arbeit innerhalb ihrer Ehen und Partnerschaften eingelassen. Aber nicht nur geschiedene Frauen sind mit dem neuen Unterhaltsrecht von 2008 gemeint: Es betrifft alle Frauen, die in dem Konstrukt leben, das der Staat entgegen dem Prinzip der Selbstverantwortung wiederum durch ein antiquiertes Steuersystem fördert: die Zuverdiener-Ehe, das deutsche Standard-Modell. Ist der Hauptverdiener nicht mehr da, bricht dieses System zusammen.

Diese Zusammenhänge und die Paradoxien zu verstehen war ein großer Antrieb für uns. Denn nur was in seiner scheinbaren Kompliziertheit verdrängt wird, wächst sich zu einer Bedrohung aus. Etwas zu verstehen heißt auch, Angst und Selbstvorwürfe zu überwinden. Marie Curie sagte: »Dans la vie, rien n'est à craindre, tout est à comprendre.« Sinngemäß übersetzt: Im Leben geht es nicht darum, sich zu fürchten, sondern zu verstehen. Erst dann werden angeblich unverrückbare Fakten nicht mehr fraglos hingenommen. Erst dann können sich Frauen empören, statt sich selbst die Schuld zu geben oder sich von anderen beschuldigen zu lassen. Es geht nicht darum, hochgeschraubte individuelle Ansprüche einzufordern. Für die Frauen, die heute nicht mehr jung, aber noch lange nicht alt sind, geht es um eine Zukunft in Würde.

Dank

Ohne die Hilfe und Anregung vieler Menschen wäre dieses Buch nicht zustande gekommen.

Wir danken den Wissenschaftlern und Experten, die sich Zeit für lange Gespräche mit uns nahmen und uns ihre Forschungsergebnisse und Kenntnisse zur Verfügung stellten:

Prof. Dr. Barbara Riedmüller, Freie Universität Berlin

Prof. Nancy Fraser, The New School of Social Research, New York

Dr. Elke Holst, Deutsches Institut für Wirtschaftsforschung (DIW) Berlin

Dr. Cornelia Heintze, Stadtkämmerin a. D., Politologin

Eva Maria Welskop-Deffaa, Vereinte Dienstleistungsgewerkschaft (ver.di)

Miriam Hoheisel und Antje Asmus, Verband alleinerziehender Mütter und Väter e. V. (VAMV)

Helene Ignatzi, Evangelische Fachhochschule Rheinland-Westfalen-Lippe

Dr. Anika Rasner, Deutsches Institut für Wirtschaftsforschung (DIW) Berlin

Dr. Barbara Stiegler, Diplom-Psychologin, Diplom-Pädagogin

Prof. Dr. Carsten Wippermann, Katholische Stiftungsfachhochschule München/Delta-Institut für Sozial- und Ökologieforschung

Peter-Ulrich Philipsen, Berlin

Jutta Kämper, BeginenWerk, Berlin

Bärbel Reimann, Bremische Zentralstelle für die Verwirklichung der Gleichberechtigung der Frau

Dr. Gisela Notz, Autorin, Sozialwissenschaftlerin

Dr. Ute Scheub, Autorin, Politologin
Prof. Dr. Martin Lücke, Freie Universität Berlin

Wir danken unseren Kolleginnen, Freundinnen und Schwestern dafür, dass sie uns Einblick in ihr Leben gaben und uns freundschaftlich unterstützten, insbesondere Talin Bahcinvanoglu, Gönna Daouki, Dr. Dagmar Deuring, Karin Elvers, Erica Fischer, Emilie Hofstetter, Andrea Künzig, Dr. Katrin Lange, Ursula Logar, Petra Schäfter und Ulrike Schenk. Dank auch an Minna Bylow-Schiele, Ute Ahrens und Sigrid Bubolz-Friesenhahn, die uns während der Arbeit an dem Buch kritisch und engagiert begleitet haben.

Anmerkungen

1 Margot Käßmann: In der Mitte des Lebens. Freiburg im Breisgau 2009, S. 156.

2 Rainer Hank: »Wir sind viele«. Frankfurter Allgemeine Sonntagszeitung, 28. April 2013, S. 39.

3 Anita Blasberg: »Die schon wieder«. DIE ZEIT, 18. April 2013, Dossier S. 17–19.

4 Florian Illies: Generation Golf. Berlin 2000, S. 57, 58, 59.

5 Reinhard Mohr: Generation Z. Frankfurt/M. 2004 (Erstausgabe 2003), S. 29.

6 Paul Nolte: Generation Reform. Jenseits der blockierten Republik. München 2004, S. 53.

7 Ein Begriff des Soziologen Wilhelm Heitmeyer.

8 http://www.sueddeutsche.de/kultur/thilo-sarrazin-und-seine-leser-wer-hat-angst-vorm-fremden-mann-1.1043753

9 vgl. Miriam Gebhardt: Alice im Niemandsland. Wie die deutsche Frauenbewegung die Frauen verlor«. München 2012, S. 28.

10 Katja Kullmann: Generation Ally. Frankfurt/M. 2002, S. 192.

11 Thea Dorn: Die neue F-Klasse. München 2006, S. 38.

12 Ebenda, S. 25.

13 Christina Bylow: Generation Großmutter, 18 Porträts eigenwilliger Frauen. München 2007, S. 96. In diesem Band sind einige Frauen porträtiert, die im Alter offen von den Beschränkungen sprechen, die ihnen in jüngeren Jahren auferlegt wurden.

14 Zitiert nach: Christina Bylow: Generation Großmutter. Hier das Porträt über Gülüzar Demirbüken. S. 63–67.

15 Sabine Bode: Kriegsenkel. Die Erben der vergessenen Generation. Stuttgart 2009.

16 Bode, S. 232.

17 Bode, S. 22.

18 Dazu Meike Dinklage: Der Zeugungsstreik. Warum die Kinderfrage Männersache ist. München 2005.

19 Stefan Willeke: »Geboren 1964«. Zeitmagazin Nr. 39, 17. September 2009, S. 11.

20 Harry Nutt in: Berliner Zeitung, 27. Juni 2013. Tagesthema »Klassenerhalt«, S. 2. Harry Nutt gehört mit seinen zu diesem Zeitpunkt 54 Jahren zur Babyboomer-Generation.

21 Gebhardt, S. 27.

22 Susanne Leinemann: »Macht aus dem Staat Gurkensalat«. DIE WELT, 03. Oktober 2011,

23 Dazu auch »Im Westen nichts Neues«. Fünf Frauen erzählen. Protokolle von Christina Bylow. Cosmopolitan, 11/1998.

24 Kolumne von Bascha Mika »Der tiefgefrorene Mann«. Frankfurter Rundschau, 23. Januar 2013.

25 Barbara Sichtermann: Vorsicht Kind. Eine Arbeitsplatzbeschreibung für Mütter, Väter und andere. Berlin 1982, S. XVII.

26 Statistisches Bundesamt, 2008.

27 Cordelia Fine: Die Geschlechterlüge. Die Macht der Vorurteile über Frau und Mann. Die englische Originalausgabe erschien 2010 in London, die deutsche 2012 in Stuttgart. Zitat auf S. 111.

28 Fine, S. 112.

29 Henning Susebach: »Das Tollste und seine Tücken«. DIE ZEIT, 13. Mai 2004.

30 siehe swr2 Forum »Raus aus der Opferrolle. Warum landen Alleinerziehende so oft im Abseits«. Mittwoch, 11. September 2013, 17.05 Uhr bis 17.50 Uhr. Eine Diskussion mit Meike Büttner, Christina Bylow und Dr. Sabina Schutter. Moderation: Dr. Susanne Kaufmann.

31 Gebhardt, S. 29.

32 Christina Bylow: »Mondsüchtig«. Interview mit Claudia Kessler, CEO der Personalagentur HE Space, die international Ingenieure für die Luftfahrtbranche vermittelt. Business Vogue 4/2013, S. 30–33.

33 Natasha Walter: Living Dolls. Warum Frauen heute lieber schön als schlau sein wollen. Frankfurt/M. 2011. Englische Erstausgabe. London 2010.

34 Bettina Wündrich: Einsame Spitze? Warum berufstätige Frauen glücklicher sind. Reinbek 2011, S. 163.

35 Vgl. Statistisches Jahrbuch 2011, 2.10 und 2.11.

36 Vgl. Statistisches Jahrbuch 2011, 2.10 und 2.11.

37 Vgl. Barbara Riedmüller/Ulrike Schmalreck: Die Lebens- und Erwerbsverläufe von Frauen im mittleren Lebensalter. Wandel und rentenpolitische Implikation. Freie Universität Berlin, Berlin 2012. Ein Anteil von einem Drittel ergibt sich, wenn man die Ergebnisse der Studie von Riedmüller/Schmalreck, die sich auf die Geburtsjahrgänge von 1962 bis 1966 bezieht, hochrechnet auf die Jahrgänge von 1958 bis 1968.

38 Seit Beginn der neunziger Jahre wurden die rentensteigernden Anrechnungszeiten für Schul-, Fachhochschul- und Hochschulausbildung schrittweise abgebaut. Wer 2009 in Rente ging, dem wurden Ausbildungszeiten zwischen dem 17. und 25. Lebensjahr nur noch als Anrechnungszeit zur Erfüllung der Wartezeit angerechnet. Auf die Rentenhöhe hat das keinen Einfluss.

39 Als armutsgefährdet gilt nach Definition der EU, wer weniger als 60 Prozent des mittleren Einkommens der Bevölkerung zur Verfügung hat. Das

Statistische Bundesamt meldete im März 2013, dass der Schwellenwert für Armutsgefährdung im Jahr 2010 für eine alleinlebende Person bei 952 Euro im Monat lag (Pressemitteilung Nr. 121 vom 27.03.2013).

40 Regine Stachelhaus – porträtiert von Margaret Heckel. In: Mama zahlt. Familienernährerinnen berichten. Hrsg. von Annegret Kramp-Karrenbauer /Kristina Schröder, Freiburg 2013, S. 87.

41 Barbara Riedmüller/Ulrike Schmalreck, 2012. Ihre Untersuchung bezieht sich auf die Geburtsjahrgänge von 1962 bis 1966.

42 Die Zahlen sind ebenfalls der Studie von Barbara Riedmüller/Ulrike Schmalreck entnommen und beziehen sich auf die gesamte Bundesrepublik. S. 11.

43 Martin Rupps: Wir Babyboomer. Freiburg 2008, S. 170.

44 Christina Bylow: Familienstand: Alleinerziehend. Gütersloh 2011, S. 54.

45 Riedmüller/Schmalreck beziehen sich auf die Geburtsjahrgänge 1947 bis 1951.

46 Zahlen für 2010 für Frauen von 40 bis 54 Jahren. Riedmüller/Schmalreck, S. 12.

47 Susanne Wanger: Erwerbsbeteiligung von Frauen. Mit halben Zeiten im Spiel. IAB-Forum 1/2009, S. 10–17.

48 Zahlen für 2010 aus: DIW Wochenbericht Nr. 42, 2011.

49 Die Teilzeitquote bei erwerbstätigen Männern liegt weit unter der von Frauen. 2007 betrug sie 16,1 Prozent, bei Frauen liegt sie bei über 50 Prozent. Vgl. Susanne Wanger, 2009, S. 10/11.

50 Jutta Allmendinger: Verschenkte Potenziale? Lebensläufe nicht erwerbstätiger Frauen. Frankfurt/M. 2012, S. 140.

51 Frauen im Minijob. Motive und (Fehl-)Anreize für die Aufnahme geringfügiger Beschäftigung im Lebenslauf. Studie von Prof. Dr. Carsten Wippermann im Auftrag des Bundesministeriums für Familie, Senioren, Frauen und Jugend, Oktober 2012. S. 71.

52 Studie des Wissenschaftszentrums Berlin (WZB). Vgl. WZB-Brief, August 2012.

53 Eine Studie des Rheinisch-Westfälischen Instituts für Wirtschaftsforschung (RWI), zitiert in der Berliner Zeitung, 19. März 2013, S. 9.

54 Laut Quartalsbericht der Minijobzentrale vom 13. März 2013 nutzen nur 25 Prozent der Minijobber die Rentenversicherungspflicht.

55 Frauen im Minijob, 2012.

56 Wippermann, 2012, S. 17.

57 »Closing the Gender Gap«, Bericht der OECD vom 17. Dezember 2012.

58 Dies ist das Ergebnis einer Umfrage der Hans-Böckler-Stiftung (www. lohnspiegel.de). Pressemitteilung zum Equal Pay Day, 22. März 2012.

59 Vgl. Johanna Storck/Daniela Glocker: Finanzielle Attraktivität fachspezifischer Bildungsabschlüsse von Frauen und Männern. Vortrag auf der 1. Gender Studies Tagung des DIW Berlin und der Friedrich-Ebert-Stiftung, 9. Oktober 2012.

60 Dass die Berufswahl als Argument nicht taugt, sondern Einkommensunterschiede zwischen Frauen und Männern in Deutschland in erster Linie auf die Hierarchien innerhalb der Berufe zurückzuführen sind, zeigen zahlreiche Studien unter anderem des Instituts für Arbeitsmarkt und Berufsforschung, vorgestellt in der Zeitschrift IAB-Forum, 1/2009; S. 4–9.

61 Dies ist das Ergebnis einer Umfrage der Hans-Böckler-Stiftung (www.lohnspiegel.de). Pressemitteilung zum Equal Pay Day, 22. März 2012.

62 Panorama 3, NDR-Fernsehen, 26. Februar 2013, 21.15 Uhr, »Mütter-Diskriminierung auf dem Arbeitsmarkt«. http://www.ndr.de/regional/muetterdiskriminierung101.html

63 Zitiert in: Hermann Gartner/Thomas Hinz: Löhne von Frauen und Männern. In Schieflage. IAB-Forum, 1/2009, S. 4–9.

64 Christina Boll: Lohneinbußen von Frauen durch geburtsbedingte Erwerbsunterbrechungen. In: Wirtschaftsdienst, 10/2010, S. 700–702. Die Wirtschaftswissenschaftlerin Christina Boll, Forschungsdirektorin am Hamburgischen Weltwirtschaftsinstitut (HWWI), hat erstmals berechnet, wie sich die finanziellen Einbußen für Frauen mit Kindern im Laufe des Berufslebens summieren. Diese Opportunitätskosten nehmen ab, je später im Berufsleben eine Frau ihr Kind bekommt. Das Aufschieben von Geburten ist für Frauen in ökonomischer Hinsicht sehr vernünftig. Sie minimieren damit das Risiko finanzieller Abhängigkeit.

65 Anika Rasner: Gender Pension Gap im Kohortenvergleich. Können die Babyboomer-Frauen die Lücke schließen? 1. Gender Studies Tagung des DIW Berlin und der Friedrich-Ebert-Stiftung, 9. Oktober 2012.

66 OECD, 2013, Gleichstellung der Geschlechter: Zeit zu handeln, OECD Publishing. http://www.oecd.org/berlin/publikationen/gleichstellung-der-geschlechter.htm

67 Das Durchschnittsgehalt, an dem sich die Höhe der Entgeltpunkte und der Rentenwert orientieren, liegt für 2012 bei 32 446 Euro in Westdeutschland, 27 605 Euro in Ostdeutschland. Dieser Wert wird jährlich zum 1. Juli neu bestimmt.

68 Die Renten- und Demographie-Expertin Anika Rasner und ihre Kollegen vom DIW haben die Erwerbsverläufe der verschiedenen Altersgruppen untersucht und festgestellt, dass die Männer mit langen Ausbildungszeiten und Vollerwerbsbiographie in den geburtenstarken Jahrgängen sogar noch stärker vertreten sind als in der Vorgängergeneration. DIW-Wochenbericht Nr. 23. 2012, S. 3–13.

69 Rente – So wird sie berechnet. Deutsche Rentenversicherung Bund, 13. Aufl., 1/2013, S. 11.

70 Zahlen aus 2009 für die Gruppe der 42- bis 52-Jährigen: Statistisches Jahrbuch 2011, 2.10 und 2.11.

71 Anke Radenacker: Männer klar im Vorteil. Frauen tragen bei einer Trennung weiterhin die finanzielle Hauptlast. WZB-Mitteilungen, Heft 134, S. 10–12.

72 So geschehen in der SWR-Talkshow »Nachtcafé« am 29. Juni 2013. Der Ex-Ehemann, ein Pilot, kritisierte in der Sendung seine Ex-Ehefrau, die ihn mit Hilfe der Familiengerichte angeblich finanziell ausnimmt.

73 Hinterbliebenenrente: Hilfe in schweren Zeiten. Deutsche Rentenversicherung, Berlin 2011, S. 8.

74 Nach Angaben des Deutschen Gewerkschaftsbundes (DGB) nimmt die Zahl der Haushalte mit Alleinverdienerin zu. Derzeit zählt jeder fünfte Haushalt dazu. Der DGB hat den Familienernährerinnen eine eigene Internetseite gewidmet: www.familienernährerein.de

75 Für ihre vergleichende Studie zu Rentenerwartungen verschiedener Alterskohorten in Ost und West haben DIW-Wissenschaftler verschiedene Erwerbstypen gebildet. Es zeigt sich, dass der »Bildungs-/Vollzeit-Typ« nur in der Babyboomer-Kohorte in Westdeutschland zugelegt hat gegenüber der Vorgängergeneration (Geburtsjahrgänge 1946 bis 1955). Siehe DIW-Wochenbericht Nr. 23. 2012, S. 7.

76 Vgl. Riedmüller/Schmalreck, 2012, S. 1 und DIW-Wochenbericht Nr. 22, 2012, S. 14.

77 Diese Kontinuität in der Rentendiskussion beschreiben Mechthild Veil, Karin Prinz und Ute Gerhard in dem Band: Am modernen Frauenleben vorbei. Verliererinnen und Gewinnerinnen der Rentenreform 1992. Berlin, 1992.

78 Zitiert nach Barbara Vinken: Die Deutsche Mutter. Der lange Schatten eines Mythos. München 2001, S. 79.

79 Elisabeth Badinter: Der Konflikt. Die Frau und die Mutter. München 2010, S. 151.

80 Deutscher Bundestag Drucksache 17/6317, 29. 6. 2011, S. 2.

81 »Ackern im Alter – wenn die Rente nicht reicht« war am 5. September 2012 Thema der Talkshow von Anne Will. http://daserste.ndr.de/annewill/archiv/erste10871.html; Sendung: http://www.youtube.com/watch?v=tEQvNAhBWdA

82 Vgl. Otker Bujard: Armut im Alter – ein Problem von gestern? Zur ideologischen Entsorgung der wachsenden sozialen Ungleichheit. In: Christoph Butterwege, Gerd Bosbach, Matthias W. Birkwald (Hrsg.): Armut im Alter. Probleme und Perspektiven sozialer Sicherung. Frankfurt/M. 2012, S. 83.

83 Vgl. Mechthild Veil/Karin Prinz/Ute Gerhard (Hrsg.): Am modernen Frauenleben vorbei. Verliererinnen und Gewinnerinnen der Rentenreform 1992. Berlin 1992, S. 47.

84 Unter dem Titel »Sparmodell für Witwen« kommentierte Wolfgang Gehrmann Norbert Blüms Rentenreform am 26. 10. 1984 in: DIE ZEIT. http://www.zeit.de/1984/44/sparmodell-fuer-witwen/seite-1

85 Vgl. Josef Schmid/Johannes Klenk/Daniel Wissmann. Österreich – Modell eines erfolgreichen Wohlfahrtsstaats? Working Paper Nr. 38–2008. Universität Tübingen.

86 Agnes Wichert (1988) zitiert nach Veil/Prinz/Gerhard, 1992, S. 48.

87 Den Begriff »Fair-Teilen« schlägt Elke Hannack, stellvertretende DGB-Vorsitzende, vor, weil das Wort Umverteilen negativ besetzt sei. Südwest Presse, 19. April 2013.

88 Deutscher Bundestag Drucksache 17/6317, 29. 6. 2011, S. 3.

89 Ebenda, S. 113.

90 Ebenda, S. 113.

91 Ute Frevert: Frauen-Geschichte. Zwischen bürgerlicher Verbesserung und Neuer Weiblichkeit. Frankfurt/M., 1986. S. 21.

92 Zahlen für das Jahr 2010, zitiert nach Der Spiegel, Ausgabe 6, 2013, S. 24.

93 Den Steuervorteil durch Ehegattensplitting kann jeder nachrechnen auf den Internetseiten des Bundesfinanzministeriums. http://www.bundesfinanzministerium.de/Web/DE/Service/Abgabenrechner/abgabenrechner.html

94 Diese Zahlen beruhen auf Modellrechnungen, die die Wirtschaftswissenschaftlerin Katharina Wrohlich angestellt hat, um die Erwerbsanreize für Frauen in Deutschland zu untersuchen. Vortrag auf der 1. Gender Studies Tagung des DIW und der Friedrich-Ebert-Stiftung, 9. Oktober 2012.

95 Neue Wege – Gleiche Chancen. Gleichstellung von Frauen und Männern im Lebensverlauf. Erster Gleichstellungsbericht des Bundesministeriums für Familie, Senioren, Frauen und Jugend vom 16. Juni 2011. S. 120. http://www.bmfsfj.de/BMFSFJ/Service/Publikationen/publikationen,did=174358.html

96 Berliner Zeitung, 10. April 2013, S. 1.

97 DIW-Wochenbericht Nr. 41. 2011, S. 13–19.

98 Das DIW hat für diesen Zeitraum untersucht, wie sich Einkommensverhältnisse in Partnerschaften entwickelt haben: Der Anteil der Haushalte, in denen die Partner ein ähnlich hohes Gehalt haben, blieb mit etwa einem Viertel konstant (2000: 24 Prozent; 2011: 26 Prozent). Ebenfalls unverändert bei 9 Prozent blieb der Anteil der Partnerschaften, in denen Frauen mehr als 60 Prozent zum gemeinsamen Verdienst beitragen.

99 Interview mit Nancy Fraser am 17. Januar 2013.

100 Nancy Fraser: »After The Family Wage: Gender Equity and the Welfare State«. Political Theory, Bd. 22, Nr. 4, November 1994, S. 591–618.

101 Berliner Zeitung, 29. Februar 2013, S. 4.

102 Die Regierung unter Konrad Adenauer hatte 1951 zunächst die steuerliche Zusammenveranlagung von Ehegatten wieder eingeführt. Weil diese steuerliche Regelung in Kombination mit der Steuerprogression Ehepaare benachteiligte, widersprach das Bundesverfassungsgericht. Anstatt aber wieder zur Individualbesteuerung zurückzukehren, wie vom Verfassungsgericht empfohlen, führte die Regierung Adenauer 1958 zur Kompensation der Nachteile das Ehegattensplitting ein.

103 Franz-Josef Wuermeling: Familie – Gabe und Aufgabe. Köln 1963.

104 Zitiert in Helga Hirsch: Endlich wieder leben. Die Fünfzigerjahre im Rückblick von Frauen. Lizenzausgabe für die Bundeszentrale für politische Bildung, Bonn 2012, S. 32.

105 Angaben des Statistischen Bundesamtes. Stichwort »Bevölkerung«. https://www.destatis.de/DE/ZahlenFakten/Indikatoren/LangeReihen/ Bevoelkerung/lrbev06.html?cms_gtp=151960_list%253D3&https=1

106 Bulletin (Presse- und Informationsamt der Bundesregierung) Nr. 144, 08/54, 1290. Zitiert nach: Die Frau als Konsumentin im Spannungsfeld zwischen wirtschafts- und familienpolitischen Anforderungen im Westdeutschland der 1950er Jahre. GRIN Verlag, 2007, S. 51.

107 Franz-Josef Wuermeling: »Die Familie von heute und ihre Erziehungskraft«, in Bulletin (Presse- und Informationsamt der Bundesregierung), Dezember 1961.

108 Ute Frevert, 1986, S. 133/134.

109 Die 1939 in Dresden geborene ehemalige Familienministerin (1998–2002) Christine Bergmann schreibt dazu in ihrer Biographie: »Zwar war allgemein akzeptiert, dass die Frauen erwerbstätig waren. Das war ein hohes Gut. Aber dadurch hatte sich nicht das Rollenbild der Männer geändert. Familienarbeit war Frauenarbeit.« In: Von Null auf Hundert. Stationen eines politischen Lebens. Berlin, 2012, S. 62.

110 Vgl. Helga Hirsch, 2012, S. 92.

111 Familienminister Franz-Josef Wuermeling, zitiert nach Helga Hirsch, 2012, S. 36.

112 Interview mit Barbara Riedmüller am 17. Januar 2013.

113 Zitiert nach Christine Bergmann, 2012, S. 90/91.

114 Aufruf zum Frauenstreik 1994. Flugblatt des Streikkomitees Köln-Bonn und des Berliner Büros des Unabhängigen Frauenverbandes (UFV).

115 »Arbeit aus Liebe – Liebe aus Arbeit« war das Motto der ersten Berliner Sommeruniversität für Frauen im Jahr 1976. Zugleich ist das der Titel eines Aufsatzes aus demselben Jahr, in dem die beiden Wissenschaftlerinnen Gisela Bock und Barbara Duden die Funktion der Hausarbeit in der kapitalistischen Gesellschaft erstmals aus feministischer Perspektive untersucht haben.

116 Darf man Hausfrau sein? Ein Pro und Contra von Sabine Rückert und Christoph Drösser. DIE ZEIT, 31. Oktober 2013.

117 Elisabeth Badinter: Der Konflikt. Die Frau und die Mutter. München 2010, S. 182.

118 Der US-amerikanische Gelehrte Richard Sennett hat diese gesellschaftlichen Verhältnisse in seinem Buch »Der flexible Mensch«, Berlin 1998, eindringlich beschrieben.

119 Elisabeth von Thadden: Familiäre Gründe. Berlin 2000, S. 10.

120 Ebenda, S. 50.

121 Ute Frevert, 1986, S. 283–284.

122 Zitiert nach: Jenseits der Tagespolitik – Die Enquete-Kommissionen: Teil 1.

http://www.bundestag.de/dokumente/textarchiv/serien/23 690 862_en-quete_serie/21 987 896_enquete1/index.html

123 Der vollständige Titel lautet: Demographischer Wandel: Herausforde-rungen unserer älter werdenden Gesellschaft an den Einzelnen und die Politik.

124 Zwischenbericht der Enquete-Kommission Demographischer Wandel – Herausforderungen unserer älter werdenden Gesellschaft an den Einzel-nen und die Politik, Drucksache 12/7876, 14.06.1994. S. 71/72. http://dip21.bundestag.de/dip21/btd/12/078/1 207 876.pdf

125 Zwischenbericht der Enquete-Kommission Demographischer Wandel, 1994, S. 73.

126 Ebenda S. 73.

127 Ebenda S. 92.

128 Frank Schirrmacher, Herausgeber der Frankfurter Allgemeinen Zei-tung, hat das besonders erfolgreich betrieben. In seinem Büchern »Das Methusalem-Komplott« von 2004 und »Minimum. Vom Vergehen und Neuentstehen unserer Gemeinschaft«, erschienen 2006, trieb er die Be-drohungsszenarien auf die Spitze.

129 »Es gibt keine ideale Mutter«, Interview von Christina Bylow mit Elisa-beth Badinter, Berliner Zeitung, 27. November 2010. Siehe auch: Elisa-beth Badinter: Der Konflikt. Die Frau und die Mutter. München 2010.

130 Die Literaturwissenschaftlerin Barbara Vinken analysiert in ihrem Buch »Die Deutsche Mutter. Der lange Schatten eines Mythos«, München 2001, sehr überzeugend den Einfluss des Protestantismus auf das Mutterbild – vom Reformator Luther über den Philosophen Rousseau bis zum Päd-agogen Pestalozzi.

131 Carsten Wippermann, Katja Wippermann, Andreas Kirchner: Eltern – Lehrer – Schulerfolg. Studie der Katholischen Stiftungshochschule Bene-diktbeuren im Auftrag der Konrad-Adenauer-Stiftung und des BMFSFJ. Stuttgart 2013, S. 65.

132 Forschungsprojekt der Berlin-Brandenburgischen Akademie der Wis-senschaften und der Nationalen Akademie der Wissenschaften. http://www.zukunft-mit-kindern.eu/projekt

133 Interview mit Elke Holst am 7. Januar 2013. Die Ökonomin ist For-schungsdirektorin am Deutschen Institut für Wirtschaftsforschung (DIW) Berlin und hat dort 2010 den Bereich Gender Studies gegründet. Seit 2001 gibt sie jährlich den Führungskräftemonitor heraus, der »die starke Unterrepräsentation von Frauen in Führungspositionen« belegt.

134 Jutta Allmendinger: Verschenkte Potenziale? Frankfurt 2012, S. 12.

135 Zitiert nach Cordelia Fine: Die Geschlechterlüge. Stuttgart 2012, S. 24. In ihrem Buch entlarvt die australische Autorin, wie Forscher neurowissen-schaftliche Befunde zu Beweisen für Geschlechterstereotype umdeuten.

136 GEO Kompakt, Nr. 28, S. 67. Aufmerksam gemacht auf diese Äußerun-gen des Hirnforschers Gerhard Roth hat mich der Berliner Mathematiker

Günter Ziegler. Geschrieben darüber hat er in seinem Blog »Mathematik im Alltag«.http://www.scilogs.de/mathematik-im-alltag/m-dchen-haben-weniger-talent/

137 Natasha Walter: Living Dolls. Warum Frauen heute lieber schön als schlau sein wollen. Frankfurt/M. 2011, S. 254.

138 Antje Schmelcher: »Eine steile Karriere«. FAZ, 16. April 2007. http://www.faz.net/aktuell/politik/inland/ursula-von-der-leyen-eine-steile-karriere-1437519.html

139 Kristina Schröder/Caroline Waldeck: Danke, emanzipiert sind wir selber. Abschied vom Diktat der Rollenbilder, München 2011. S. 9.

140 Franz-Josef Wuermeling, zitiert nach Helga Hirsch, 2012, S. 36.

141 Die Sozialwissenschaftlerin Cornelia Heintze auf dem Eröffnungspodium der Fachtagung »Who cares? And how?« der Friedrich-Ebert-Stiftung am 19. April 2013 in Berlin.

142 Richard Sennett: Der Flexible Mensch. Die Kultur des neuen Kapitalismus. Berlin 1998.

143 Richard Sennett, 1998, S. 11.

144 Pierre Bourdieu: Die männliche Herrschaft. Frankfurt/M. 2012, S. 7.

145 Simone de Beauvoir: Das andere Geschlecht. Sitte und Sexus der Frau. Hamburg 1956. S. 11.

146 Diese Meinung vertraten Prof. Dr. Joachim Wieland von der Deutschen Universität für Verwaltungswissenschaften in Speyer und seine Kollegin Prof. Dr. Ute Sacksofsky von der Goethe-Universität in Frankfurt am Main bei der Anhörung des Bundestages zum Betreuungsgeld am 14. 9. 2012.

147 Wilhelm Heitmeyer: Gruppenbezogene Menschenfeindlichkeit (GMF) in einem entsicherten Jahrzehnt. S. 15. In: Deutsche Zustände. Folge 10. Hrsg. Von Wilhelm Heitmeyer. Berlin 2012. S. 15–41.

148 Die deutlichsten Anstiege in den höheren Einkommensgruppen (ab 2598 Euro) verzeichnet Heitmeyer von 2009 auf 2010 für Rassismus, Fremdenfeindlichkeit, die Abwertung von Homosexuellen, von Obdachlosen und Behinderten, von Langzeitarbeitslosen und von Frauen. Vgl. Heitmeyer, 2012, S. 28–29.

149 Einkommensungleichheit nimmt OECD-weit zu – in Deutschland besonders schnell. Pressemitteilung der OECD. Paris/Berlin, 5. Dezember 2011.

150 Vgl. Thomas Rhein: Deutsche Geringverdiener im europäischen Vergleich. IAB-Kurzbericht 15/2013.

151 Christina Bylow, 2011.

152 Alleinleben in Deutschland. Ergebnisse des Mikrozensus 2011. Statistisches Bundesamt, Wiesbaden 2012. S. 5.

153 Alleinerziehend – Tipps und Informationen. Verband alleinerziehender Mütter und Väter (VAMV), Bundesverband e. V., 20. überarbeitete Auflage 2012. S. 11.

154 »Die Frauenvertrösterinnen«, so lautete der Aufmacher der Berliner Zeitung vom 16. April 2013. Auf dem Titelfoto sind die drei CDU-Spitzen-Frauen Angela Merkel, Ursula von der Leyen und Kristina Schröder abgebildet. Nach einem innerparteilichen Streit um die Frauenquote hatten sie sich auf einen Kompromiss geeinigt, der Frauen bis zum Jahr 2020 vertröstet. Dann erst sollte nach dem Willen der damaligen CDU/FDP-geführten Regierung von Angela Merkel die 30-Prozent-Quote für Führungspositionen in der Wirtschaft greifen.

155 Beatrice Behn: »Auf der Suche nach dem Glück«. kino-zeit.de, abgerufen am 21. Dezember 2012.

156 »Tourismus ist eine Form der Ausbeutung«. Der Regisseur Ulrich Seidl über seinen Film »Paradies: Liebe«. Interview: Christina Bylow. Berliner Zeitung, 2. Januar 2013. Alle folgenden Zitate von Ulrich Seidl sind diesem Gespräch entnommen. Siehe auch das Porträt über Ulrich Seidl: »Die Einsamkeit schreitet voran«, von Christina Bylow, Frankfurter Rundschau, Berliner Zeitung, 7. Februar 2013.

157 »Die Liebes-Hölle«. Von Sabine Vogel. Berliner Zeitung, 02. Januar 2013.

158 Simone de Beauvoir: Das Alter. Hamburg 1990, S. 273.

159 Eva Illouz: Warum Liebe weh tut. Berlin 2011, S. 148.

160 beschrieben in der Reportage: »Schamlippen verkleinern, bitte«. Von Christina Berndt und Cornelia Pollmer. Süddeutsche Zeitung, Wochenende, 6./7. Juli 2013.

161 Cora Stephan: Gefühltes Alter. In: Kursbuch. März 2003. S. 26, 30.

162 Eva Demski: Der letzte Auftritt. In: Kursbuch. März 2003. S. 60, 61.

163 »Nehmen, was um die Ecke kommt.« Ein Gespräch mit Martina Gedeck. Von Christina Bylow. Berliner Zeitung, Magazin. 10. Februar 2007.

164 »Frauen in meinem Alter«. Interview mit Barbara Sukowa. Von Christina Bylow. Berliner Zeitung, Magazin, 13. September 2008.

165 http://www.quotenmeter.de/n/41 666/kein-quotenwechsel-mehr-fuer-klimawechsel

166 »Das geht uns alle an.« Interview mit Anne Wizorek. Von Jakob Augstein. Freitag, 10.Mai 2013.
http://www.freitag.de/autoren/jaugstein/das-geht-uns-alle-an

167 Rainer Volz/Paul Zulehner: Männer in Bewegung. Zehn Jahre Männerentwicklung in Deutschland. BMFSFJ Forschungsreihe Bd. 6, Stuttgart 2009, und Carsten Wippermann: Männer: Rolle vorwärts, Rolle rückwärts? Identitäten und Verhalten von traditionellen, modernen und postmodernen Männern. Opladen 2009. Zu den vier Männertypen siehe auch: Carsten Wippermann: Macho, Müsli oder Alpha-Softie? Selbstverständnis und Rollenbild von Männern – für Männer in verschiedenen Milieus, DELTA-Institut für Sozial- und Ökologieforschung 2013. Hier lautet die Bezeichnung für die beiden moderneren Männertypen »postmodern-suchender Mann« und »moderner neuer Mann«.

168 zitiert nach Walter Hollstein: »Vom Singular zum Plural. Männlichkeit im

Wandel«. ApuZ. Aus Politik und Zeitgeschichte. Hrsg. Bundeszentrale für politische Bildung. Nr. 40/2012, 1. Oktober 2012, S. 10–16, hier S. 15.

169 Bettina Wündrich: Einsame Spitze. A. a. O. S. 37: »Inzwischen bin ich aber der Meinung, dass Frauen sich Männer aussuchen, die in ihr Lebenskonzept passen. Ich will es mal so sagen: Mich hat der Cowboy immer mehr interessiert als der Farmer. Ein Leben, das ich frei gestalten kann, war mir sehr viel wert.«

170 Elisabeth Badinter: Die Identität des Mannes. Seine Natur, seine Seele, seine Rolle. München 1997, S. 197.

171 Ebenda, S. 198.

172 »Es gibt keine ideale Mutter«. Interview mit Elisabeth Badinter. Von Christina Bylow. Berliner Zeitung, Magazin, 27./28. November 2010.

173 »Die Not der neuen Mütter« von Cathrin Kahlweit. Süddeutsche Zeitung, 24./25. April 2010.

174 Illouz, 2011, S. 126.

175 Ebenda, S. 254.

176 Das Urteil wird zitiert in »Papas Pflichtstunde« von Esther Caspary. Fachanwältin für Familienrecht in Berlin. Frankfurter Allgemeine Sonntagszeitung, 28. Dezember 2008.

177 Sven Walser: http://www.werder.de/media/native/pdf/wm_295_doppelseite.pdf

178 Margot Käßmann: In der Mitte des Lebens, Freiburg 2009, S. 53.

179 Anna Berger: »Marktplatz der Eitelkeiten«. Berliner Zeitung, Magazin, 5. Oktober 2012.

180 Sendung am 16. Juli 2013. http://www.zdf.de/37-Grad/Eine-f%C3%BCr-alle-28323646.html

181 Diese Werte von 2001 und die folgenden Zahlen zur Lastenverteilung von Pflege- und Sorgearbeit stammen von Dr. Barbara Stiegler: »Care als geschlechterpolitische Herausforderung«. Vortrag auf der Fachtagung der Friedrich-Ebert-Stiftung am 19. April 2013: »Who Cares? And How? Auf dem Weg zu einer geschlechtergerechten Verteilung von Betreuungs- und Pflegearbeit«. http://www.fes.de/forumpug/inhalt/documents/PraesentationBarbaraStiegler.pdf

182 Pressemitteilung der Techniker Krankenkasse Niedersachsen vom 12. September 2013.

183 Gerade einmal 400 Familien haben die Regelungen des Gesetzes ein Jahr nach Inkrafttreten in Anspruch genommen. Das meldete die Berliner Zeitung am 29./30. Dezember 2012, S. 9.

184 Statement von Ulrike Mascher, Präsidentin des Sozialverbands VdK Deutschland, anlässlich der Pressekonferenz zum Auftakt der bundesweiten VdK-Kampagne »Pflege geht jeden an« am 9. Februar 2011 in Berlin.

185 Vgl. Lohnspiegel der Hans-Böckler-Stiftung. http://www.lohnspiegel.de/main/zusatzinformationen/pflegeberufe

186 Vgl. Cornelia Heintze: Auf der Highroad – der skandinavische Weg zu einem zeitgemäßen Pflegesystem. Ein Vergleich zwischen fünf nordischen Ländern und Deutschland. Abteilung Wirtschafts- und Sozialpolitik der Friedrich-Ebert-Stiftung (Hrsg.), Bonn 2012, S. 43.

187 Diese Zahl nennt die Berliner Zeitung:»Nach Angaben des Bundesverbandes privater Anbieter sozialer Dienste fehlen aktuell tatsächlich rund 30 000 qualifizierte Beschäftigte im Pflegebereich.« 25. März 2013, S. 2.

188 Helene Ignatzi: Polnische Pflegekräfte in deutschen Privathaushalten – Motive, Kompetenzen, Aufgabenspektrum. In: Kalitzkus, Vera/Wilm, Stefan (Hrsg): Familienmedizin in der hausärztlichen Versorgung der Zukunft. Düsseldorf 2013, S. 215–235.

189 Deutschland hat die ILO-Konvention 189 im September 2013 ratifiziert. In der deutschen Pressemitteilung der Internationalen Arbeitsorganisation (International Labour Organization, ILO) heißt es dazu:»Diskriminierung und Ausbeutung von Hausangestellten ist nicht auf die Entwicklungsländer begrenzt. Auch in Europa und Deutschland kommt es vor, dass Hausangestellte von ihrem Arbeitgeber misshandelt und sogar gefangen gehalten werden. 2,6 Millionen deutsche Haushalte beschäftigen laut Schätzung des Deutschen Gewerkschaftsbunds (DGB) regelmäßig Hausangestellte – 90 Prozent auf irregulärer Basis: ohne Arbeitsvertrag, ohne Anmeldung, ohne Sozialversicherung und Steuerabgaben.«

190 Cornelia Heintze, 2012, S. 22.

191 Pro Einwohner über 65 Jahren wurden in Deutschland im Jahr 2010 aus der Pflegeversicherung 1209 Euro gezahlt (1999:1189 Euro), in Dänemark lagen die öffentlichen Pflegeausgaben bei 6357 Euro. Eine vergleichende Übersicht hat Cornelia Heintze (2012) in ihrer Expertise zusammengestellt. Siehe S. 35.

192 Cornelia Heintze (2012), S. 17.

193 »Vor dem Jahr 2005 konnten in Deutschland diejenigen Frauen, die in dem jeweiligen Jahr 65 Jahre alt geworden waren, noch jeweils gut 9 von Gesundheit geprägte Lebensjahre erwarten. Ab dem Jahr 2005 sind es nur noch zwischen 6 und 7,5 Jahren. Cornelia Heintze (2012), S. 12.

194 Süddeutsche Zeitung Magazin, 30/2013.

195 Christiane Funken: Managerinnen 50plus – Karrierekorrekturen beruflich erfolgreicher Frauen in der Lebensmitte. Hrsg. vom Bundesministerium für Familie, Senioren, Frauen und Jugend. Berlin 2011, S. 54.

196 Richard Sennett, 1998, S. 104.

197 Dass die Arbeitsämter die Empfänger von ALG II vorzeitig in Rente schicken können und diese dafür Abschläge in Kauf zu nehmen haben, ist erst seit 2008 möglich. Bis dahin galt die sogenannte 58er-Regelung. Damals bekam, wer mit 58 arbeitslos wurde, 32 Monate lang Arbeitslosengeld. Anschließend, ab 60, konnte er Rente beziehen – ohne Abschläge. Viele Unternehmen sollen damals die Bestimmung missbraucht haben,

um ihre Belegschaft zu verjüngen. Vgl. Ulrike Meyer-Timpe: Arm ins Alter? Die Zeit, 11. 10. 2007.

198 Isabella Heuser: Glücklichmacher. So kommen Frauen entspannt durch die Lebensmitte. Berlin 2007, S. 11–12.

199 Stern, Ausgabe 10/2013, S. 63–65.

200 Stern, Ausgabe 10/2013, S. 65.

201 In der Pressemitteilung des ISF München – Institut für Sozialwissenschaftliche Forschung e. V. vom 29. Juni 2012 heißt es: »Wissenschaftler des ISF München und der Friedrich-Alexander-Universität Erlangen/ Nürnberg haben die Karrierestrategien von Frauen und Männern untersucht. (…) Ihre Forschungsergebnisse zeigen, dass aus dem Zusammentreffen der Veränderungen im öffentlichen Diskurs und der gegenwärtigen Umbruchprozesse in Unternehmen ein historischer Möglichkeitsraum für die Verbesserung der Karrierechancen von Frauen entstanden ist.«

202 Vgl. Susanne Keil: Dauerproblem Gleichstellung. Und bist Du nicht willig, so brauch ich die Quote. Unabhängige Deutsche Universitätszeitung (DUZ), September 2012.

203 Das Konzept der »Kritischen Masse« geht auf Rosabeth Moss Kanter zurück, Professorin an der Harvard Business School. In ihrem bahnbrechenden Artikel von 1977 folgerte sie, dass Frauen in einer Gruppe erst dann als Individuen anstatt als stereotype Vertreter ihres Geschlechts wahrgenommen werden, wenn das zahlenmäßige Verhältnis von Männern gegenüber Frauen 65:35 beträgt.

204 Ulrich Paul: »Zurück auf Staat«. Berliner Zeitung, 30. Oktober 2013, Tagesthema S. 2.

205 Jonas Rest: »Die graue Wohnungsnot«. Berliner Zeitung, 26. Juni 2013.

206 Sonja Nowossadeck/Heribert Engstler: Familie und Partnerschaft im Alter. Report Altersdaten Heft 3/2013. Deutsches Zentrum für Altersfragen: Berlin.

207 Ebenda, S. 7.

208 Zitiert nach »Zusammen ist man weniger allein.« Von Lilo Berg. Berliner Zeitung, 9. Juli 2013.